JN173790

性的虐待を受けた子どもの施設ケア

児童福祉施設における生活・心理・医療支援

八木修司
岡本正子
［編著］

明石書店

はじめに

現在、多くの子どもたちが、本来なら一番安全で安心な家庭の中で保護者から「虐待」を受けています。2016年度の厚生労働省の報告では、全国の児童相談所対応件数が過去最多の12万2,578件になりました（速報値）。ここ数年、警察からの通告が多くあり、子どもの面前でのDV（ドメスティックバイオレンス）における心理的虐待の件数が著しい増加傾向にあります。虐待の内容別でみると、心理的虐待が前年度より1万4,4876件増え6万3,187件（51.5％）と最多、次いで身体的虐待が3万1,927件（26.0％）、ネグレクトが2万5,842件（21.1％）、性的虐待が1,622件（1.3％）の順になります。

ー性的虐待は「隠れた最悪の虐待」ー

性的虐待は2006年度が1,180件（3.2％）、2007年度に1,293件（3.2％）と微増していき、2016年度は1,622件（1.3％）ですから、児童虐待の全体からすれば、それ程多くはないと思われるかもしれません。しかし、家庭内の閉じられた空間で密かに進行する「隠れた最悪の虐待」であると言えましょう。その問題の性質上、通告される件数が多くないのは容易に想像されます。実際、児童福祉施設に入所後に告白する子どもも少なくありません。また、現状の「児童虐待防止法」における性的虐待の定義では、血の繋がった実父母や戸籍上の継父母からの性被害は性的虐待になりますが、きょうだいや祖父母、保護者の内縁関係の人から被害を受けた際は、ネグレクトとしてカウントされます。したがって、本書ではそのような事案について「家庭内性暴力被害を受けた子ども」と表記しました。

ー性犯罪の刑法改正ー

この度、刑法の性犯罪規定が改正され厳罰化する方向になり、2017年7月13日から施行されました。性犯罪を巡る大幅な改正は、明治時代以来の110年ぶりとなります。特に家庭内での性的虐待については、被害者である子どもの拒否が難しいと考えられることや、その後の人生に与える影響の深刻さが指摘されているところから、親などの「監護者」が、支配的な立場を利用して18歳未満の子どもに対して性的な行為をした場合には、暴行・脅迫がなくても処罰することができるものとして、「監護者わいせつ罪」と「監護者性交等罪」が新設されました。そして、監護者わいせつ罪は強制わいせつ罪と、監護者性交等罪は強制性交等罪と、それぞれ同等に処罰できるようになりました。また、これまで性犯罪は女子のみが対象にされていましたが、改正により男子にも適用されることになりました。ここでは詳しく刑法改正の中身に触れませんが、大きな一里塚であることは確かです。早晩児童虐待防止法の規定改正もなされると考えます。

ー性的虐待や家庭内性暴力被害を受けた子どもの施設内支援やケアー

さて、今回、取り上げた「性的虐待」を受けた子ども、「家庭内性暴力被害」を受けた子ども、また、「性的問題行動」を示す子どもたちの課題はとりわけ深刻です。実際に施設での支援やケアは大変難しいと思います。それでも、各児童福祉施設では大きなテーマではないでしょうか。

私たちは厚生労働省の科学研究費助成を受けて、どの施設においても用いることができるガイドラインの作成に取り組みました。①子どもたちの安全・安心を図るためにどうするか、②子どもたちが示すトラウマ（心的外傷）症状などをどのようにケアするか、③子どもたちの再被害の防止や施設で生じる性的問題行動にどう対応するか、④家庭復帰のためのソーシャルワーク展開をどうするか、それが難しい場合にどのように自立支援を行うかなど、さまざまな課題について検討しました。一方で、これらに対してこうしたらという助言だけでは不十分ではないかと考えています。児童福祉施設において抱える課題を整理すること、そして、どうしたら良いのかをともに考えることが大切かと思いました。施設の現状をできる限りオープンにして一緒に打開策を検討できればと考えています。

編者　八木修司

プロローグ

本書を有効にご活用いただくために、筆者（八木）作成の紙上ロールプレイングを用意しました。以下のストーリーの流れに沿って、それぞれの場面でどのような支援やケアを行うか、ご自身で、あるいは関係者でイメージトレーニングをしてみましょう。また、ポイントとなる事項について参照すべき章・節を記した本書の利用ナビをつけましたので併せてご活用ください。

〔紙上ロールプレイング法－児童福祉施設編〕

性的虐待（家庭内性暴力被害）を受けた子どもや性的問題行動を示す子どもを理解するために取り組んで下さい。生活支援や心理ケアをする際に、役割（ロール）を担った方がやるべきことが明確になります。また、子どもの役割（ロール）をしてみると心理を理解するのに役立ちます。それぞれの役割を担った中で考えていく方が具体策を見つけやすくなると思います。

〔登場人物（職員）〕―それぞれの役割（ロール）を決めて考えてみよう！―

・光が丘学園　園長（30年目）　（仮名：金本静男）
・光が丘学園　主任（20年目）　（仮名：黒田昭雄）
・光が丘学園　主任（15年目）　（仮名：篠原純子）
・光が丘学園　指導員（3年目）　（仮名：有村まさみ）
・光が丘学園　指導員（新任）　（仮名：広瀬奈々）
・光が丘学園　心理士（5年目）　（仮名：河合順）
・光が丘学園　看護師（4年目）　（仮名：藤原佳奈）
・阪神子ども家庭センター（25年目）　（仮名：山本文昭）

〔登場人物（子ども）〕—それぞれの役割（ロール）を決めて考えてみよう！—

・光が丘学園　児童（小3）　　　　　　　（仮名：A君）

・光が丘学園　児童（中2）　　　　　　　（仮名：Bさん）

光が丘学園紹介

光が丘学園は大都会に隣接した神姫市（人口30万人）に所在している児童養護施設です。定員は50名（幼児～高校生）です。生活をケアする職員（指導員）の他に、心理士や看護師、栄養士や調理員が働いています。

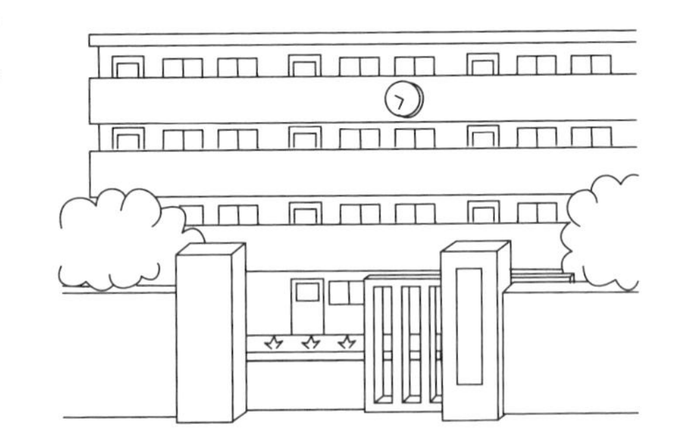

4階立ての建物を中心にグラウンドもあります。1階は事務所や面接室、食堂、プレイルーム、面接室。2階は幼児棟、3階は小学生棟、4階は中学生・高校生棟です。

金本園長が両主任と相談

黒田先生、篠原先生、ご相談したいことがあるので、園長室に来て下さいますか？

金本「最近、大変なことが続いていますね。子ども同士のケンカや物の取り合い、火遊びや深夜の部屋移動、困ったことです」

黒田「対応に苦慮することばかりですが、特に最近は性的な問題も起きてきています」

金本「と言うと、どんなことですか！」

黒田「高校生はエロ本を持ち込んで小学生にまで見せたり、エッチな話を教えたりです」

篠原「女子中学生や高校生の読んでいるコミック本も性的な描写が一杯です。それと性的関心がとても激しいというか、本当かどうかまだ確かめていないのですが、性体験をしたという高校生がいて、中学生も興奮して、その話を聞いたりしているようです」

金本「新任の広瀬先生が女児から性的な体験に関することを聞かれて悩まれているようですね」

篠原「そうなのです！　広瀬先生や3年目の有村先生も困っています。こんな状況だと辞めたいと言うこともあります」

金本「どうしたらいいでしょうか？」

こんな時、どうしたら－PART 1－

〔安全・安心を図るための環境づくり〕

被虐待児童が70%を超えた光が丘学園では、さまざまな問題が吹き出しているようです。このような状況に対して施設ではどのように課題を解消していくべきでしょうか。現実的に考えて下さい。

〔ポイント〕

・建物構造（トラブルが起こる場の把握、子ども間の生活における枠組みも含めて）
・日課（トラブルが起こる時間帯の把握、勤務体制）
・子どもと職員の関わり方（信頼関係、言葉掛けの工夫）
・園長や主任のリーダーシップやスーパービジョン
・職員の話し合い（会議や引き継ぎ、普段の支え合い）
・子どもの基本的な過ごし方の課題への対応（掃除や片付け、職員の世話、等）
・生活ルールの確認と徹底
・性教育（心理教育を含む）
・子ども観（子どもをどのように見ているか）の確認
・職員の役割分担（老若男女、勤務年数、性格、等）

性的虐待（家庭内性暴力被害）を受けた子、性的問題行動を示す子の入所を巡って

（篠原）阪神子ども家庭センターの依頼で性的虐待（家庭内性暴力被害）を受けたＡさん（中2）と性的問題行動を抱えるＢ君（小3）を一時保護所に見に行きました。センターの山本先生にケースについて詳しく話を聞きました。両名ともに支援の難しさを感じました

【出会った印象】

Ａさん（中2）

Ａさんはとても大人しくて、表情も乏しく、名前や学校、学年については話してくれましたがそれ以外のことはあまり話してくれませんでした。したがって、私も無理をしませんでした。ふと、宙を見て、私を見ていないような感じもありました。最後に泣いてしまいました。かわいそうにという気持ちがこみ上げてきました。

Ｂ君（小3）

Ｂ君は身体に関しては小３としてはやや小さく、随分と幼い印象を持ちました。落ち着きがなく、動き回る子です。あれこれと話してくるのですが場の状況を理解していないような感じでした。「お姉ちゃん、オッパイちゃん大きいね」とか、「チューしていい！」

などの性的な発言もあります。急に黙り込むこともあり、しばらくして、「ゴンって殴る人いるの？」とか、「悪いことしたら飯抜きってあるの？」と言います。私は「そんなことないよ」と答えました。

こんな時、どうしたら－PART 2－

〔入所に関する留意事項〕

Ａさん（中2）やＢ君（小3）を新たに受け入れるにあたってどのように取り組みますか。子ども家庭センターでの情報を踏まえて、施設でどのように配慮するべきでしょうか。Ａさん（中2）やＢ君（小3）に対する個別支援と集団支援について、心理士や看護師の関わりも踏まえて考えて下さい。これも現実的に検討して下さい。

〔ポイント〕

・子ども家庭センター（児童相談所）の情報把握（どこまで、どのように）
・どのように情報を職員が共有化するべきか？（実際はどうか）
・「子どもの権利」について、どのように伝えているか？
・加害、非加害の保護者との関わりは？
・当面の支援方針をどのように立てるか？（共有しているか）
・自立支援計画はどのようにしているか？
・個別支援での関わり上の配慮
・心理士の関わり（セラピーも含む）、看護師の関わり
・集団支援での留意事項
・基本的生活での関わり上の留意事項
・引き継ぎや会議のあり方
・性的被害を受けた子どもへの性教育
・施設内での適切な「境界線」（バウンダリー）の配慮

性的問題行動の支援や治療

〔B君の性的問題行動にどのように支援・ケアするか〕

〔B君の家庭での状況〕

・父親、母親とB君の3人家族。父親は工場勤務だが仕事を休むことも多い。母親はパート勤務している。両親の収入は低い。
・母親は家事をほとんどしない。父親も家事を手伝わない。したがって、家庭内は相当散らかっている。生ゴミ袋も家庭内にあるような状況で異臭もする。
・父親が買ってきたエロ本や性的な内容のDVDも散乱している。
・性生活も無頓着であり、B君が起きていても平気である。目撃されることもあるようであり、大声で「ガキは寝とらんか！　ボケが！」と言い、B君がベランダに出されて殴られている様子を隣人が見たことがある。
・断続登校が目立ち、両親は学校の指導にもしたがわない（給食費も長期滞納）。
・学校の通告から一時保護となり、光が丘学園へ入所となる。

〔B君の光が丘学園での状況〕

・性的な言動や行動が多い。特に若い女子職員（有村先生や広瀬先生）に身体接触を繰り返す。赤ちゃんのような声で近づいて来ることもあり、甘えかなと思うと「いいお尻やな」とか「気持ちいいのと違う？」と言うことで広瀬先生は「ゾクッとすることあります」と篠原主任に言うこともある。
・朝に起こしに行くと、裸で布団にくるまって、ペニスを触っていることがあった。

・他の小学生（女児）の前でズボンを脱いで、ペニスを見せて喜んでいた。
・食事は貪欲であり、目の前に残っていても「おかわり」の要求をする。偏食は多い。
・夜尿がある。夜尿後に、着替えるのを極端に嫌う。
・勉強はできないことはないが、集中力がない（15分持てばいいところ）。
・今のところ、両親の面会はないが、両親には「会いに来て欲しい」と言ったり、「来なくていい」と言ったり、葛藤が見られる。

こんな時、どうしたら－PART 3－

〔B君の性的問題行動やその背景となる課題も踏まえて、どうする？〕

Ｂ君の問題行動に関して、どのように支援（心理士の関わりも踏まえて）したらいいでしょうか。家庭内の課題も多くありますね。実際に日常での関わりも難しい子どもではないでしょうか。新任の広瀬先生や3年目といっても若い有村先生も、その対応に困っています。施設のチームワークが大事となります。これも現実的に検討して下さい。

〔ポイント〕

・どのように情報を職員が共有化するべきか？（実際はどうか）
・若い女子職員をどのように支えるか？
・親に対する葛藤は？　どうする？　親との接触は？
・どのようにＢ君の問題行動を理解するか？
・その生活支援・心理療法、等をどのように組み立てていくか？
・そのために、施設内でどのようなチームワーク支援を図るか？

〔陥りやすい問題〕

・有村先生や広瀬先生が若いから！
・こんな親はどうにもならない！
・Ｂ君の悪いところはビシッとやらないと！

性的虐待を受けた子どもの支援と心理ケア

〔Aさんの症状や行動にどのように支援・ケアするか〕

〔Aさんの家庭での状況〕

・母親と養父、姉とAさんの4人家族。母親と実父はAさんが小4時に離婚した。実父はギャンブル好きで母親にしばしば暴力も振るっていた。姉は19歳で結婚した（家族から離れたかったのだろう―Aさん談―）。

・中1時に母親は養父と再婚した。当初、養父は優しかったが、Aさんがクラブ活動から帰ってきてシャワーを浴びている時に養父が覗き見をして怖かった。

・母親が外出した際に、養父はいきなりAさんを抱きしめて性行為に及ぶ。夕方に母親が帰ってきたが、Aさんは自室に閉じこもり出てこなかった。不安に思った母親が問いただすが、Aさんは言えなかった。

・以降、登校時に自宅から出るが、学校に行かない日が3日続いた。学校も自宅に訪問するが母親、養父おらず。Aさんは姉宅へ。事実を告白する。

・姉は母親や養父に伝え、事実を巡って口論になる。母親、養父は認めず。

・姉は阪神子ども家庭センターに通告し相談になる。姉は引き取ることも考えたが、経済事情もあり、光が丘学園に入所となった。

〔Aさんの光が丘学園での状況〕

・大人しい。寝付きは良くない。食欲も不安定である。二人部屋で同室の女児（中2）とも会話は乏しい。

・入浴は嫌がる。他児の入った後に入浴を認めている。

・登校はしていない。入所して1日目は登校したが、翌日は起きなかった。
・男子職員や男子児童、生徒とすれ違うと警戒する態度を示す。
・心理士と相談して、個別に関わってもらっている。初回と2回目の面接ではあまり話さなかった。
3回目の面接で左記（12頁のイラスト）のように語った。
・担当はベテランの篠原主任であるが、有村先生や広瀬先生も日常関わっている。心理士の河合先生や看護師の藤原先生も関わっている。

こんな時、どうしたら－PART 4－

〔Ａさんの被性的虐待に関する症状や行動にどう支援する？〕

Ａさんの抱える問題はとても深刻です。どうしたらいいかについては慎重に関わらないといけない課題です。大きなトラウマ（心的外傷）に対して、職員としてどのように関わるかです。一人では難しいと考えますが、場面においては、個人で関わることもありますので、不安もあります。チームアプローチが大事であると考えます。医師や心理士、看護師、他の機関における専門職のスーパーバイズも必要かと考えます。地域の学校にはどのように伝えるかも課題です。検討課題は多いです。

〔ポイント〕

・どのように情報を職員が共有化するべきか？（実際はどうか）
・どのように役割分担と協働（コラボ）をするべきか？（実際はどうか）
・どのようにＡさんの症状を理解するか？
・その生活支援・心理治療・看護、等をどのように組み立てていくか？
・学校へはどのように伝えるか？
・家族をどう理解しアプローチするか？（加害・非加害）

〔陥りやすい問題〕

・難しいケースであるので、職員が精神的に消耗する。
・男子職員が関わりづらい状況になる。どうするか？

（八木修司）

こんな時、どうしたら〈本書の利用ナビ〉

PART 1

〔安全・安心を図るための環境づくり〕

・建物構造（トラブルが起こる場の把握、子ども間の生活における枠組みも含めて）	☞第3章第2節
・日課（トラブルが起こる時間帯の把握、勤務体制）	☞第3章第1節
・子どもの基本的な過ごし方の課題への対応（掃除や片付け、職員の世話、等）	☞第3章第1節
・生活ルールの確認と徹底	☞第3章第1節
・性教育（心理教育を含む）	☞第3章第2節
・子ども観（子どもをどのように見ているか）の確認	☞第3章第2節
・職員の役割分担（老若男女、勤務年数、性格、等）	☞第3章第2節

PART 2

〔入所に関する留意事項〕

・児童相談所の情報把握（どこまで、どのように）	☞第1章第1・2節
・どのように情報を職員が共有化するべきか？（実際はどうか）	☞第2章第3節 ☞第5章第2節 ☞第8章第1節
・「子どもの権利」について、どのように伝えているか？	☞第6章第3節
・加害、非加害の保護者との関わりは？	☞第1章第2節 ☞第5章第1節
・当面の支援方針をどのように立てるか？（共有しているか）	☞第2章第3節

・個別支援での関わり上の配慮	☞第３章第２節
・心理士の関わり（セラピーも含む）、看護師の関わり	☞第３章第１・２節 ☞コラム⑥
・集団支援での留意事項	☞第３章第１節
・基本的生活での関わり上の留意事項	☞第３章第１節
・引き継ぎや会議のあり方	☞第３章第１節 ☞第８章第１節 ☞コラム③
・性的被害を受けた子どもへの性教育（トラウマ治療、心理教育など）	☞第３章第１節
・施設内での適切な「境界線」（バウンダリー）の配慮	☞第３章第１節

PART 3
〔Ｂ君の性的問題行動やその背景となる課題も踏まえて、どうする？〕

・どのように情報を職員が共有化するべきか？（実際はどうか）	☞第９章第１・２・３節
・若い職員をどのように支えるか？	☞コラム④
・親に対する葛藤は？　どうする？　親との接触は？	☞第９章第３節
・どのようにＢ君の問題行動を理解するか？	☞第３章第１節 ☞第９章第１・２・３節
・その生活支援・心理ケア、等をどのように組み立てていくか？	☞第３章第１節 ☞第４章第２節 ☞第９章第１・２・３節
・そのために、施設内でどのようなチームワーク支援を図るか？	☞第９章第１・２・３節

PART 4
〔Aさんの被性的虐待に関する症状や行動にどう支援する？〕

・どのように情報を職員が共有化するべきか？（実際はどうか）	☞第2章第3節 ☞第3章第2節
・どのように役割分担と協働（コラボ）をするべきか？（実際はどうか）	☞第1章第1・2節 ☞第2章第3節 ☞第4章第1・2節 ☞第7章第1・2節
・どのようにAさんの症状を理解するか？	☞第1章第2節 ☞第7章第1・2節
・その生活支援・心理治療・看護、等をどのように組み立てていくか？	☞第3章第2節 ☞第4章第1・2節 ☞第6章第1・2・3節 ☞第7章第1・2節 ☞コラム⑥
・学校へはどのように伝えるか？	☞第3章第1節
・家族をどう理解しアプローチするか？（加害・非加害）	☞第1章第2・3節 ☞第5章第1・2節 ☞コラム①、②、⑤

性的虐待を受けた子どもの施設ケア
──児童福祉施設における生活・心理・医療支援

CONTENTS

資　料

序章

性的虐待（家庭内性暴力被害）を受けた子どもの実態

第1節 性的虐待（家庭内性暴力被害）を受けた子ども

1.「性的虐待」「家庭内性暴力被害およびその疑い」を受けた子どものとらえ方

性的虐待は、児童虐待防止法の定義：「保護者（親権者等）や監護責任者（里親や施設長など親権者に代わる養育責任者）による子どもへの性暴力」だけでなく、「生活の場で子どもと同居あるいはそれに近い状態にある、きょうだいや親族・知人など、子どもと親密な関係にある者からの性暴力被害」を含めてとらえる必要があります[1)]。

家庭内性暴力被害にあった子どもの多くは、日常的に生活を共にし、時には最も大切な養育者であり、愛着と依存の対象である人から性暴力被害を受けています。被害にあった子どもの多くが、何が行われているのか理解できず、びっくりしたり、戸惑ったり、困惑したりして、とっさに自分のとるべき行動を教えられていないために知らず、被害にあってしまいます。こうした性的侵害行為は子どもが激しい嫌悪を示したり、強い拒否を示して抵抗したりしない限り、親密なおふざけのようなフリを装いながら徐々にエスカレートしていきます。

これまで児童相談所が把握してきた事例では、圧倒的に女子の被害件数が多く、男子は女子の7分の1くらいしか確認されていません。ただし、男子の被害件数が本当に少ないという証拠はありません。男子の被害は女子に比べて被害にあう年齢が幼く、かつ自身の被害を認識することも、その事実を被害と認めることも、ましてそれを誰かに訴えることも難しいと考えられています[2)]。

児童相談所の事例では、子どもへの家庭内性暴力加害者として確認された人物のうち、およそ50～60%が親あるいはそれに近い養育者で、残る40～50%が親・養育者以外の家族・親族・同居人です[3)]。前者は児童虐待統計上、「性的虐待」に該当しますが、後者は該当せず、「親権者・監護責任者のネグレクト」に算入されるか、あるいはそれ以外の相談に伴う追加的なエピソードに留まっていて、件数としては把握されていない事案が多いとみられます。

厚生労働省が報告している全国の児童相談所の相談件数をみると、性的虐待は近年およそ1400～1500件前後で推移しています。おそらくそれと同数に近い親族、同居人による性暴力被害が相談現場では取り扱われているとみられ、「家庭内性暴力被害およびその疑い」としての総数はおよそ3000件前後と見込まれますが、その具体的な件数は示されたことがなく、別の「主な相談種別」に隠れた追加的エピソードに留まったままの事例も含めると、それ以上の件数が隠れていると見込まれます。

そして「児童福祉施設内での性暴力被害」と「学校関連の性暴力被害」がこれに加わります。前者は現実的に「家庭」に代わる子どもの生活の場での性暴力被害で、「家庭内性暴力被害」に極めて近い性質と、日常的な集団生活の場、共同生活を送っている人間の間での被害という点で、後者の「学校関連の性暴力被害」に近い性質を併せ持つ被害問題です。「学校関連の性暴力被害」では、教員等、代替的養育者の立場に近い者からの被害と、「いじめ暴力被害」に含まれる子どもどうしによる性暴力被害があり、これには学校内に留まらず日常生活圏内全体における被害が認められています。ただしこれらの被害実態はいずれもどの程度の件数になるか明らかではありません。その多くが隠されたままの事件です。

2．Sexual Abuse：判明している事実と隠れている実態

国際的には「Sexual Abuse」は、人権侵害としての性暴力・性的侵害行為全般を指します。厳密に定義するまえに、性暴力には極めて多様な加害・被害実態があるため、社会が発見のための注意力を低下させないように

「Sexual Abuse」という呼称が広く使い続けられていると理解する必要があります。

より厳密には、特定の優位な立場にある者から弱い立場にある者への性的加害行為を指し、主として年長者から子どもへの性的加害、親密な関係、家庭内における子どもへの性的侵害行為等を指します。子どもへの性暴力を特に明記する際には「Child Sexual Abuse: CSA」と記載されます。CSAともう一つの重大なfamily violenceであるDV加害との間には緊密な相関関係があることが欧米では指摘されていますが、日本での認知はまだまだです[4)]。

日本の「児童虐待」としての「性的虐待」は、その名称には示されていませんが、上述したとおり、対象範囲が極めて狭く、親権者・監護責任者自身が子どもに行った性暴力・性的暴力のみを指します。児童虐待防止法施行後4年目の2004年の通知により、親以外の家族・同居人による子どもの性暴力・性的暴力被害については、「親権者・監護責任者のネグレクト」として「児童虐待」に含まれることが追確認されましたが、統計上の「性的虐待」は元の親権者・監護責任者による性暴力・性的暴力だけが報告され続けており、家庭内で発生する子どもへの性暴力・性的暴力被害全体の件数は公式には示されないままとなっています。

世界中で子どもの性暴力被害は、その大半が隠れたまま、秘密のままになっている対人暴力被害事案です。特に子どもの性暴力被害は隠される傾向が強いのです。子ども自身からの被害申告が少なく、第三者による発見・発覚の機会が乏しく、社会的・文化的な被害者の烙印化と関係者のスキャンダル化という社会的圧力が極めて強いなどの条件下で、子どもの生活・養育・教育現場などの親密圏に、多数の性暴力が潜在しているとみられています。

欧米では1980年代から子どもへの性暴力問題が児童虐待問題の重点的課題とされ、社会問題化されてきました。1983年、アメリカで起こったマクマーチンプレスクール事件、続いて起こったジョーダン事件、1987年にイギリスで起こったクリーブランド事件など、深刻な子どもの性暴力被害問題とそれに対する社会的な対応の未整備が白日の下にさらされる事件が続いて注目され、その対応が問われてきました[5)]。しかしそれだけですべての事態が変化したわけではありません。なおも子どもへの性暴力は隠され続け、多くの子どもの性暴力被害が深い闇の中に隠れているとみられています。社会的にも信頼と責任ある宗教関係者や教育関係者による性的虐待事件や、社会的に高い地位にある人たちのネットポルノへの関与事件、組織的な人身売買に結びつく子どもの人身売買問題など、その一端が断続的に世間に出てくる姿をみると、世界中で子どもへの性暴力問題はまだまだ隠れている方が多い事案であると考えざるを得ません[6)]。

3．隠れる・隠される「家庭内性暴力被害」

「家庭内性暴力被害」事案の多くがなぜ隠れ、隠されるのかについては、先に述べてきた理由の根底に「性」に関する文化的な抑圧・抑止の圧力が作用しています。それらの一つが「沈黙の壁」「沈黙の共謀」と呼ばれてきた事象です[7)]。

長期に繰り返して家庭内性暴力被害にあってきた子どもは、その長い被害経験の途中で、誰か心を許せる親族や年長者に自分の被害をほのめかして気づいてもらおうと試みていることがあります。しかし、多くの子どもが自分の被害を語るべき具体的な「ことば」を知らず、例えば日本では、幼い子どもは親密な人間関係で生じる性暴力被害について、何を被害として、誰にどのように話せばよいか教えられていません。西欧市民社会における子どもについての観察によれば、無邪気に性に関する経験や発見を自ら話すのは、せいぜい4歳前後までと報告されています[8)]。それより年長の子どもは、口にするのも恥ずかしくて、「性」にかかわる話をどう切り出したらよいか困ってしまうのです。そしてある日思い切って、でも、もじもじ、ニヤニヤしながら「おばちゃんもセックスするの？」と子どもが話しかけたら、大人はどう反応してきたでしょうか。多くの大人が反射的に子どもの話しかけを無視したり、気づかないふりをして話題を変えたり、時には、たしなめる、といった反応を示すのです。その場で子どもに「そんなお話をするって、何かあったの？」と尋ねる大人は少ないのです。

もう一つの文化的圧力はジェンダー・バイアスと呼ばれてきた偏見です。レイプ神話と呼ばれてきたことがらをはじめとして、歴史的には男権社会、家父長社会において形成されてきた偏見、性暴力に関する偏見があります。フェミニズム運動が指摘してきたことですが、残酷な暴力が平然と大衆の娯楽として流通していたような昔の時代においては、性の暴力性・加害性が過小評価されてきたであろうことは容易に想像がつきます。子どもへの殺人や強姦を含む深刻な暴力が、急速に減少に向かってきた現代社会では、過去から引きずってきた価値観と現実生活での感覚のズレが大きくなってきています。

例えば、性関係というものに強引さといった要素はつきものであり、無理やりなどといってもそれだけで加害性が立証できるのか、とか、すぐに助けを求めたわけでもなく、ずっと加害・被害が続いてきたような状態は、当事者間に一定の合意があった疑いを排除できず、それだけで加害・被害関係と言えるのか、といった見解は、男性に限らず、一般市民社会におけるジェンダー・バイアスとしてずっと存在してきています。欧米では後述の性被害の事実認定評価に関してCSAAS（Child Sexual Abuse Accommodation Syndrome）と呼ばれる事象がずっと法廷で論争されてきた経過[9]がありますが、日本の裁判所ではそうした概念があることもまだ十分には認知されていません。

人間社会が文化として、ある価値観を形成するには、必ず何らかの合目的性と非合理性が伴っています。「沈黙の共謀」についても「ジェンダー・バイアス」についても、そのことで社会が安定を得る何らかの利益と、そのために抑止・排除される不利益が共に存在しており、そこには多様な政治・経済・文化的な社会的要素が絡みついています[10]。物事は単純な正義観や道義的倫理観だけでは裁断できない複雑性に満ちていながら、多くの不当な被害者を生み続けている実態があります。

4．性的虐待（家庭内性暴力被害）を受けた子どもの実態

厚生労働省による統計では親権者・監護責任者による「性的虐待」は近年、およそ1400～1500件台で推移しています。2016年度の「性的虐待」件数は1622件で[11]、児童虐待防止法が施行された2000年の754件のおよそ2倍になっています。

子どもへの性暴力に関する疫学的な発生件数については、そもそも子ども虐待問題全般についての疫学的な推計自体が、世界的に未知数である[12]といわれてきていますが、2014年にユニセフが部分的にしろ世界調査として

の最新データを報告しています（残念ながら日本のデータは含まれていません）。この報告によると、0～20歳の女性のおよそ10人に1人（10%）が性暴力被害を経験しているとされています（男性の被害は遂に世界各地において未知数のままであるとされている）[13]。

この推計値を日本の2013年の0～20歳の女性の人口推計値に当てはめると、およそ109万4400人という被害推計値になります。日本の古典的な任意調査「子どもと家族の心と健康調査（1998）」[14]の39.4%と比べればずっと抑えられた発生率ですが、それでもこれだけの数になるのです。

おそらく事実の全体像が明らかになることは、これからも難しいのでしょうが、われわれの直ぐ近いところに多くの性暴力が存在し、その被害者が隠されていること、その何割かは家庭内性暴力被害にあった子どもであるかもしれないこと、その多くが被害を訴える機会を見つけられず、あるいは発覚を望まないで、しかし、その多くが「沈黙の壁」「沈黙の共謀」に取り囲まれたまま、被害とそのダメージから逃れられずに苦しんでいる現実が存在していることをわれわれは肝に銘じておく必要があります。社会はそれらのダメージのために、個々の出来事の原因や経過、問題が示している本当の意味をよく知ることのないまま、被害者のダメージによる問題症状やトラブルを、さまざまな形（受容・支援から搾取、非難・排除まで）を通じて共有している現実が目の前にあるのです。

（山本恒雄）

注

1） 行政的には2013年8月に改正された厚生労働省の「子ども虐待対応の手引き　平成25年8月改正通知版」において、児童相談所における性的虐待対応については、2011年3月の厚生労働科学研究報告書にある「児童相談所における性的虐待対応のガイドライン 2011年版」（以後、ガイドライン2011年版と呼ぶ）に基づくことが規定された。この「ガイドライン2011年版」では「親権者・監護責任者による「性的虐待」」と「その他の家族・同居人等からの性暴力被害で「監護責任者のネグレクト」とされる被害事案」を合わせて「家庭内性暴力被害」と定義し、さらにその実態の解明を目指しての調査保護の要件から「疑い」を追加して「家庭内性暴力被害およびその疑い」として全体像を示すこととしている。

海外の諸定義では「性暴力」は直接接触によることを指し、直接接触によらない、周辺的な性暴力について「性的暴力」とあえて呼称を分けることも散見されるが、ここでは全体を指して「性暴力」と呼ぶ。

2) 例えばリチャード・B・ガートナー著、宮地尚子ほか訳（2005）『少年への性的虐待―男性被害者の心的外傷と精神分析治療』作品社〔Gertner, R. (1999) *Betrayed as boys : Psychodynamic treatment of sexually abused men*, The Guilford Press〕、アンデシュ・ニューマン／ベリエ・スヴェンソン著、大田美幸訳（2008）『性的虐待を受けた少年たち―ボーイズ・クリニックの治療記録』新評論〔Nyman, A., Svensson, B. (1995)（原著はスウェーデン語）〕などを参照。また児童相談所の件数については注3）を参照。

3) 山本ら（2009）「児童相談所における性的虐待対応ガイドラインの策定に関する研究」厚生労働科学研究費補助金政策科学総合研究事業（政策科学推進研究事業）子どもへの性的虐待の予防・対応・ケアに関する研究（研究代表者 柳沢正義）平成20年度総括・分担研究報告書31-82、山本ら（2012）「家庭内性暴力被害児（児童虐待・児童ポルノ等）の発見・支援における各関係機関の対応と連携に関する調査研究」平成23年度児童関連サービス調査研究等事業報告書 財団法人こども未来財団、山本ら（2013）「全国児童相談所における子どもの性暴力被害事例（平成23年度）」報告書『全児相』通巻95号別冊、全国児童相談所長会など。

4) 例えばランディ・バンクロフト／ジェイ・G. シルバーマン著、幾島幸子訳（2004）『DVにさらされる子どもたち―加害者としての親が家族機能に及ぼす影響』金剛出版〔Bancroft, R., Silverman, J. G. (2002) *The Batterer as Parent: Addressing the impact of domestic violence on family dynamics*, Sage Pulications〕参照。より詳しくはMaClosky, L. A., Figueredo, A. J. & Koss, M. (1995) The effect of systemic family violence on children's mental health. *Child Development*, 66 1239-1261.; Paveza. G. (1988) Risk factors in father-daughter child sexual abuse. *Journal of Interpersonal Violence*, 3(3) 290-306などを参照。

5) 例えばエドガー・W. バトラーほか著、黒沢香／庭山英雄監訳（2004）『マクマーチン裁判の深層―全米史上最長の子ども性的虐待事件裁判』北大路書房〔Butler, E. W., Fukurai, H., Dimitrius, J. & Krooth, R. (2001) *Anatomy of The McMertin Child Molestation Case*. University Press of America〕、上野加代子（1996）『児童虐待の社会学』世界思想社、三島亜紀子（1999）「社会福祉の学問と専門性―児童福祉領域における議論を中心として」大阪市立大学修士論文、北山秋雄（1994）「クリーヴランド事件（1987）―英国を席捲した「子どもの性的虐待」の衝撃」『CAPニューズ』第12号、子どもの虐待防止センター事務局　などにこれらの事件とそれにまつわる議論が展開されている。

6) ちなみに日本においては非行問題にみられる子どもたちの性的被害はこれまで「性非行」として一括されて扱われてきたが、その中には明らかな犯罪としての性暴力や「商業的搾取」、あるいは子どもに対して「対価としての性行為」を要求する「性的取引」など、何らかの優位な立場からの広義の「性的搾取」が相当数含まれていることを認識しなければならない。

法務総合研究所の調査によれば、女子少年院に入所している女子のおよそ80％に同意によらない性暴力被害経験があり、20％には家庭内性暴力被害経験が認められている［法務総合研究所（2001）法務総合研究所研究報告11　児童虐待に関する研究（第一報告）中、少年院在院者に対する被害経験のアンケート調査を参照］。

7）例えば Butler, S. (1978, 1985, 1996) *Conspiracy of Silence: The Trauma of Incest.* Volcano press. を参照。さらに、ロジャー・J. R. レヴェスク著、萩原重夫訳（2001）『子どもの性的虐待と国際人権』明石書店〔Levesque, Roger J. R. (1996) *Sexual Abuse of Children: A Human Rights Perspective.* Indiana University Press〕によれば、子どもの性暴力被害は社会体制全体のネグレクトを受けてきたとされている。

8）Johnson, T. C. (2010) *Understanding Children's Sexual Behaviors; What's Natural and Healthy.* San Diego, CA, Institute on Violence, Abuse and Trauma. ／藤岡淳子（2016）「性暴力の理解と治療教育」『児童青年精神医学とその近接領域』57（3）、pp.372-378による引用、Gil, E. & Johnson, T. C. (1993) *Sexualized Children; Assessment and Treatment of Sexualized Children and Children Who Molest.* Launch Press. などによれば正常発達に認められる性表現の特徴として、自ら抑制することなく自身が発見・経験した性的な事柄を話すのは3・4歳までで、それ以降は性に関係する表現への社会・文化的な禁止・抑制がはたらいてくるものとみられている。

9）例えばSummit, R. C. (1983). The child sexual abuse accommodation syndrome. *Child Abuse and Neglect,* 7, 177-193.また、Nysse-Carris, K. L., Bottoms, B. L., & Salerno, J. M. (2011). Experts' and novices' abilities to detect children's high-stakes lies of omission. *Psychology, Public Policy, and Law,* 17(1), 76-98. などを参照。CSAASは性被害の立証要件として認められてきたわけでなく、被害事実の立証を争う争点とされてきた重要な概念である。日本社会においては被害の可能性を一方的に否定する見解としてCSAASで争われている見解がそのまま無批判に機能してきていることに課題がある。

10）例えばウォルター・ケンドリック著、大浦康介監訳（2007）『シークレット・ミュージアム―猥雑と検閲の近代』平凡社〔Kendrick, W. (1996) *The Secret Museum: Pornography in Modern Culture.* University of California Press.〕

11）厚生労働省（2017）平成29年度全国児童相談所長会議資料

12）小林美智子監修（2011）『エビデンスに基づく子ども虐待の発生予防と防止介入―その実践とさらなるエビデンスの創出に向けて』明石書店／World Health Organization (2006) *Preventing Child Maltreatment: A Guide to Taking Action and Generating Evidence.*

13）Unicef (2014) *Hidden in Plain Sight: A Statistical Analysis of Violence against Children.* 参照。裏表紙に全体の要約が記載されている。http://www.unicef.org/publications/index_74865.html

14）「子どもと家族の心と健康」調査委員会（代表 平山宗宏）（1999）『「子どもと家族の心と健康」調査報告書』日本性科学情報センターによれば、18歳までに身体的非接触・接触による被害を受けた女性は調査回答した母集団（1280名）の39.4％であり、さらに身体的接触被害に限ると29.0％となっている。

第1章

性的虐待（家庭内性暴力被害）への基本的な対応

児童相談所の対応を中心に

第1節

性的虐待（家庭内性暴力被害）の発見から児童福祉施設入所の流れ

1．児童相談所における性的虐待（家庭内性暴力被害）相談対応の視点

国の「児童相談所における性的虐待対応ガイドライン2011年版」では、「性的虐待は被害者の親密性や愛着」にかかわる安全感や自己評価、対人関係能力の根幹に深刻な損傷を与え、神経学的にも損傷を生じることが指摘されている。心身のダメージは後の人生における各段階において、繰り返し、心的外傷性のダメージを持続的に与え続ける。そのために被害者の成長・発達、対人関係、社会適応や人格成熟へのダメージが極めて深刻である」と示されています。

児童相談所の対応においては、性的虐待（家庭内性暴力被害）の通告を受理した時点で、重篤な虐待としてとらえ、性的虐待（家庭内性暴力被害）の疑いが確認された場合には、正確な虐待被害の調査と子どもの安全確保のため、加害者のいる生活環境から子どもを分離し、詳細な調査を開始することを原則としており、調査を目的とした職権による一時保護を行います。

しかし、保護者の意に反する一時保護は、しばしば、子どもの安全と被害回復支援の重要な協力者となり得る非加害保護者に、児童相談所に対する反発や、子どもとの関係悪化を生じさせてしまうことになります。そのため、児童相談所は、子どもへの長期的な支援を見据えて、介入時点から一貫して、非加害保護者の立場や状況を理解し、非加害保護者に支援の視点を持って対

応することが求められます。

2．児童相談所における性的虐待（家庭内性暴力被害）相談の対応の流れ

以下に、国のガイドラインに沿って、対応の各段階のポイントや具体的な内容を示しています。図1-1は、児童相談所における対応フローであり、図1-2は、初期対応におけるポイントを具体的に示したものです。2つの図の番号に照らして読み進めてください。

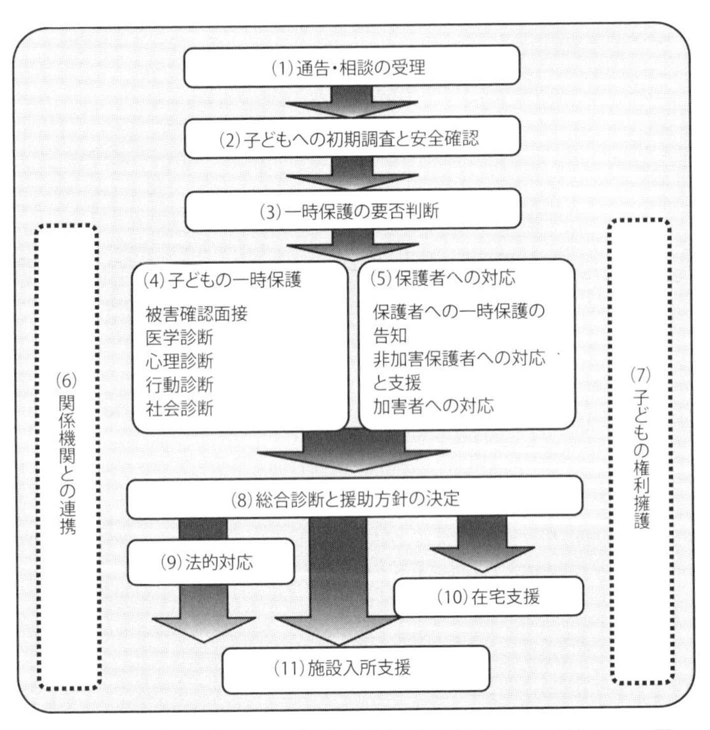

図1-1　児童相談所における性的虐待（家庭内性暴力被害）対応フロー図

（1）通告・相談の受理

子ども本人が児童相談所に直接相談することはまれであり、子ども自身が信頼する人、例えば、非加害の保護者、学校等関係機関の職員、知人や親族

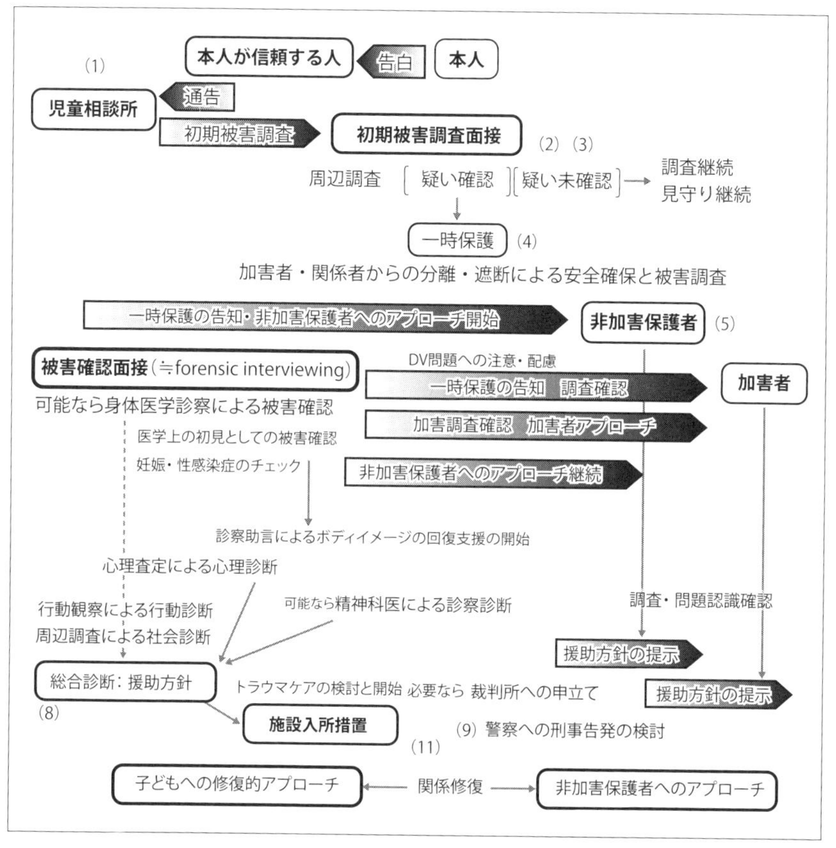

図1-2　性的虐待（家庭内性暴力被害）発覚からの初期対応の流れ
（出所）山本恒雄氏作成

などに告白し、それを聞いた人から通告を受理することにより、児童相談所は性的虐待（家庭内性暴力被害）やその疑いを把握することになります。その中でも、非加害保護者からの相談に対しては、非加害保護者自身がショックを受け混乱していることを理解し、対応する配慮が必要です。

通告受理後、子どもからの告白を直接聴いた人や、子どもの様子から性的虐待（家庭内性暴力被害）を疑った人に直接会い、事実を確認します。性的虐待（家庭内性暴力被害）に関する情報は非常にセンシティブな情報であるため、情報共有する人を限定し、情報管理について取り決める必要があります。

（2）子どもへの初期調査と安全確認

通告を受理した児童相談所は緊急受理会議を行い、子どもが具体的に話した内容、子どもの所在、家族状況の把握を行った上で、調査、安全確認、保護の実施手法や判断手順、対応の役割分担を協議します。また、きょうだいの有無と所在の確認も行います。

性的虐待（家庭内性暴力被害）の疑いが強いと考えられる場合は、速やかに子どもと直接接触し、初期被害調査面接を実施し、一時保護の要否判断を行います。その際、子どもの安全を確認し、子どもが所属する学校等の協力を得て、子どもが落ち着いて面接できるような環境を設定することが重要です。この段階で子どもが被害について全て話すことは少なく、周囲の反応にとまどい、調査に不安や抵抗を示すことが多いことを理解する必要があります。子どもの不安をできるだけ和らげるよう配慮します。初期被害調査面接は、子どもの自発的で具体的な被害事実を聴き取り、一時保護の要否判断に必要な性的虐待（家庭内性暴力被害）の疑いを確認することが目標となります。

（3）一時保護の要否判断

初期調査において、子どもから性的虐待（家庭内性暴力被害）の疑いを確認した場合には、子どもの安全を確保し、加害者や関係者のいる生活環境から分離し調査することが原則となります。他にきょうだいがいる場合は、そのきょうだいについても、リスクを判断し、調査保護の必要性や対応を検討します。一時保護の要否判断においては、再被害を防ぐ必要性、加害者や関係者の影響を受けることなく事実調査を行う必要性、関係者への調査を行うことによって子どもが巻き込まれることを防ぐ必要性について留意します。

（4）子どもの一時保護

一時保護後、子どもは家族や地域から分離され保護されたことにショックを受けています。多くの子どもは、一定期間新しい環境への適応にエネルギーを使いながら、周囲の状況が安全で、周囲の大人からサポートされていると感じられた時に、これまでの生活から抜け出したいと思い、変わろうとします。そのため、まず、子どもが安全感・安心感を持てるように支援することが重要です。その上で、性的虐待（家庭内性暴力被害）やすべての虐待被害について調査を行います。具体的には、身体医学診察、被害確認面接、心理診断による評価、精神医学的評価、行動観察による行動診断等の総合的なアセスメントを行います。

性的虐待（家庭内性暴力被害）についての身体医学診察（婦人科診察など）は、子どもにとって未知の経験であり、強い不安を感じさせるものです。性的虐待（家庭内性暴力被害）を受けた子どもは、自分の身体が正常ではなくなったなどボディイメージを傷つけていることにも配慮し、診察への不安を聴き、サポートするとともに、心配して見守っている人の存在をわかりやすく示します。

被害確認面接とは、子どもから被害（状況）を聴取するため、法的な客観性と立証性を確保するための要件を満たす事情聴取法により、具体的事実を直接扱う調査面接のことです。児童相談所が、子どもの安全のために、一時保護以外に、親権者に対する権限を行使する必要性を判断する事実確認のために実施します。なお、警察や検察が性暴力被害と加害行為の立証のために事情聴取する必要がある場合、子どもの心理的負担を最小限にするために、児童相談所と連携した1回限りの合同面接の取り組みが進められています。

（5）保護者への対応

再被害を防止するために子どもや家族関係をアセスメントし、支援を検討するためには、保護者に対し、一時保護を告知する面接に加え、複数回面接を重ねる必要があります。

一時保護を告知する際には、非加害保護者に対しては、子どもの虐待状況をどの程度知っていたのか、知らなかった場合、どのように知りえない立場に置かれていたのかなどを確認するとともに、事実を知った時のショックや感情について丁寧に聴いていく必要があります。

また、非加害保護者が子どもの支援者になり得るのかのアセスメントを行います。非加害保護者に対する支援を考慮し、性的虐待（家庭内性暴力被害）の背景にDV問題がある事例が多いことからも、加害の疑いのある人物とは分離した単独面接を設定することが重要です。

子どもの一時保護の告知を受け混乱した状況にある非加害保護者に対し、児童相談所の今後のプロセス、具体的には、調査を継続し、子どもから話を聞き、婦人科受診をはじめとする身体医学的診断や心理学的アセスメントなどを行った上で方針が決まることを丁寧に説明します。その際、非加害保護者が、性的虐待（家庭内性暴力被害）が子どもに与える影響や、子どもをサポートすることが子どもの被害からの回復に最もつながることについて理解できるよう、初期段階から伝える必要があります。

加害もしくは加害の疑いのある保護者に対しては、一時保護の告知において、児童相談所が何を理由に子どもの一時保護と調査を開始するのかを説明します。その後の面接においては、加害もしくは加害の疑いのある保護者に対し、虐待事実、子どもとの関係性や家族関係について確認します。また、加害保護者に対して、子どもの安全が確認できない限り帰せないこと、児童相談所が必要と判断した場合、警察に相談することを伝えます。

（6）関係機関との連携

子どもに関わってきた関係機関に対し、虐待が発覚するまでの子どもの状況や、加害者や非加害保護者との関係、家庭環境等調査を実施します。その際、先述したように情報管理を徹底する必要があり、特に性的虐待（家庭内性暴力被害）はセンシティブな情報であるため、情報共有する職員を限定するなど慎重な対応が求められます。

また、非加害保護者に関わり、支援を担う関係機関に対しては、一時保護後の対応状況を共有するとともに、非加害保護者が、子どものケアの重要なキーパーソンであること、被害者としてダメージを受け支援を必要としていることなどの共通認識を図っていきます。

（7）子どもの権利擁護

一時保護中の子どもにとって、強いストレスになる被害確認面接や身体医学診察の実施にあたっては、児童福祉司と一時保護所担当職員が連携し、事前に子どもにしっかりと説明し、不安を受け止めるサポートを行います。また、両者で実施前後の子どもの状態について共有し、状態確認を行います。

多くの子どもが、性的虐待（家庭内性暴力被害）が起こったことを境に、加害者や非加害保護者、家族に対する複雑な感情を抱き、混乱しています。さらに、性的虐待（家庭内性暴力被害）が発覚してからのそれぞれの家族が示した反応と、事態の急激な変化により、感情の整理ができなくなります。なかでも、子どもが、最も気にするのは、非加害保護者との関係であり、非加害保護者の動向です。子どもが抱く感情、矛盾し混乱するさまざまな気持ちをそのまま受け止めるサポートが重要です。

また、子どもにとって、一時保護された意味や、家族との今後の関係、家族が自分のことをどう言っているのか、誰が何を知っているのか、これからの生活はどうなるのか、などについて整理がつかない状況にあります。子どもの意思を受け止め、十分に話し合うことが、長期支援に向けての基盤となります。

（8）総合診断と援助方針の決定

子どもの再被害を防止するためには、子どもの生活圏からの加害者（疑われる者を含む）の排除が基本原則であり、加害者が居住する自宅への家庭引き取りや加害者を含む家族関係の修復はあり得ません。そのため、子どもの生活圏内に加害者が接近する可能性がある限り、家族からの分離が必要であり、施設入所・里親委託措置が必要となります。

（9）法的対応

加害者が子どもの生活圏に再接近できる状況にあるなど、保護者が子どもの再被害を防げないにもかかわらず、児童相談所の施設入所などの分離方針に同意しない場合は、直ちに児童福祉法第28条による家庭裁判所への申立ての検討を準備します。加害者が親権者である場合は、親権喪失の申立ての検討を同時に開始する必要があります。

（10）在宅支援

非加害保護者が子どもの性的虐待（家庭内性暴力被害）被害の訴えを信じ、子どもが受けた被害の影響を理解し、加害者を子どもの生活環境から排除する動きをとることが確認できれば、家庭引き取りを前提に、在宅支援を計画します。その際、子どもと同様に、非加害保護者自身の被害状況を把握し、回復や親子関係修復のための支援ニーズのアセスメントを行います。子どもと非加害保護者には、児童相談所及び関係機関の支援の内容について合意を得る必要があります。

また、性的虐待（家庭内性暴力被害）を受けた子どもが思春期の女児の場合、子どもを守る行動をとった非加害保護者であっても、母親と子どもの間に複雑な葛藤が存在する可能性があることを踏まえ、親子関係の修復に向けて支援する必要があります。

（11）施設入所支援

施設入所までに、子どもに対し、「あなたが悪いのではない」ということを繰り返し伝え、自責感をできるだけ持たないようにサポートし、施設入所の必要性、入所後の支援の目的や支援内容について子どもが理解できるように説明します。また、たとえ厳しい状況であったとしても、非加害保護者や家族との関係調整の見通しについてもできる限り説明を行います。

非加害保護者に対しては、加害者との関係や子どもに対する立ち位置を考慮した上で、施設入所の必要性や子どもへの支援内容を具体的に伝え、子どもに対する支援の目的について理解を一貫して求めます。

施設入所後の、子どもと非加害保護者との面会等の接触については、児童相談所として子どもの安全と福祉を優先し、マネジメントを行います。面会等の接触が持てない場合も含め非加害保護者に対しては、子どもの生活の様子や、施設及び児童相談所の支援経過について定期的に伝えます。また、子どもが非加害保護者や家族にどんな思いを持っているのかなどを伝え、必要に応じ、手紙のやりとりなどを実施し、非加害保護者と子どもの関係調整を行います。その過程において、非加害保護者自身の支援ニーズを把握し、援助関係を構築しながら、子どもを守る立場に立てていない非加害保護者に対しても子どもを守る立場に転ずる機会を待ちます。　（薬師寺順子）

第2節

子どもと非加害保護者への支援を巡って

1．子どもへの支援

（1）子どものアセスメント

1）性的虐待（家庭内性暴力被害）を受けた子どもの心理学的アセスメント

児童相談所が性的虐待（家庭内性暴力被害）を受けた、あるいはその疑いがあるという相談を受理した場合、子どもが再び被害にあう危険性があれば一時保護を優先します。子どもの安全を確保した上で、性的虐待（家庭内性暴力被害）に関する一連のアセスメントを進めます。アセスメントには、身体医学診察、被害（事実）確認面接、心理診断による評価、精神医学的評価、行動観察による行動診断等があり、性的虐待（家庭内性暴力被害）による身体的、心理的影響など、子どもが抱える問題を明らかにして処遇方針を決定します。被害（事実）確認面接、身体医学診察は第1章第1節2（4）に述べていますので、ここでは心理学的アセスメントを中心に述べます。

子どもの心理学的アセスメントは、子どもが抱える心理的な問題を精神力動的な観点や社会心理学的な観点から理解するための方法です。児童相談所における子どものアセスメントでは、知能（発達）検査や人格検査等の心理検査とともに、行動や生活状況の観察を行って、知的（発達的）側面、情動面、行動面の状態をつぶさに把握していきます。

性的虐待（家庭内性暴力被害）を受けた子どもに対するアセスメントでは、発達上の課題やアタッチメントの課題等を把握することに加えて、子どもが自分の被害をどのように認知し理解しているのかを把握し、健康な性の発達からの逸脱の兆候の有無と程度、性的虐待（家庭内性暴力被害）によるトラウマ関連症状の有無と程度等、性的虐待（家庭内性暴力被害）による心理的影響がどの程度あるのかを丁寧に確認することが大切です（八木・岡本 2012）。

そのためには、心理検査を行うだけではなく、面接や子どもに関係する人物への調査によって、子どもが示す（あるいは過去に示した）情緒・行動の問題や精神的／身体的症状とその経過、また、生育歴、生活歴、家族歴を把握します。その際、虐待については、虐待の種類や内容・時期・期間・頻度、虐待の重複、性的虐待（家庭内性暴力被害）の際に脅しや暴力を伴ったか、虐待者との関係性等、包括的な調査が不可欠です。

2）被害体験の理解のあり方を探る

子どもが性的虐待（家庭内性暴力被害）という被害体験をどのようにとらえているかは、年齢や発達段階、認知の仕方によって違います。例えば、低年齢や、発達年齢が低い子どもであれば、自分が受けた被害を遊びの延長である、大人からの愛情表現である、ととらえている場合もあります。

児童期の逆境的体験は、子どもの認知面、感情面、行動面等、発達過程全般に強く影響を与えます。まずは、性的虐待（家庭内性暴力被害）という体験が、子どもの認知や感情、行動にどのように影響しているのかについて検討し、子どもの現在の行動面や対人関係における課題を見出すことが重要です。性的虐待（家庭内性暴力被害）にあった子どもへの対応として、性的虐待（家庭内性暴力被害）という被害にあったと認識し、被害体験が自身に与える影響等について、子ども自身が正しい知識を学習し理解できるように心理教育を実施する必要があります。また、子どもが情緒・行動面の問題を示す場合、あるいは精神的／身体的症状がある場合、それらの問題と性的虐待（家庭内性暴力被害）との関連性について、子ども自身の理解を促しながら、それらの問題への対処と、自己コントロール力や自己肯定感を高めること等を目的とした心理治療を行う必要もあります。その際、知的（発達的）側面や情緒面のアセスメント結果をもとにして、個々の子どもに応じてどのようなアプローチが有効かを検討することが大切です。

性的虐待（家庭内性暴力被害）にあった子どもの知的（発達的）側面や情緒面の状態などの基本的なアセスメントの上で、子ども自身が自分の被害をどのように認知しているのかを理解し、対人関係のあり方や自己評価のあり方等を把握することが望まれます。

3）子どもの性行動の理解

知能や情緒が年齢とともに発達するのと同じように、「性」についても標準的な性行動の発達段階があり、年齢に応じた適切な性的遊びや性行動がみられるとされています（Johnson 1999）。しかし、年齢に不相応な性行動や性の知識、性の問題行動の背景には、子どもが性的な刺激に曝されていることや、性的な経験をしている可能性があることが示唆されます。また、性的虐待（家庭内性暴力被害）を受けた子どもが、後に性的な問題行動を示す場合がありますが、この場合、性的虐待（家庭内性暴力被害）によって性に関する誤った知識を学習してしまい、年齢相応の性行動がゆがめられたものと考えられる場合があります。

子ども自身が、性的な問題行動を、他者への愛情表現や、他者との親密な関係を構築するための唯一の手段であるととらえていたり、ただ単に楽しい遊びであるととらえていたりすることがあります。また、その子どもの家族の性に対する意識や価値観が、子ども自身のバウンダリー（境界線）や性的規範意識の形成やあり方に影響を与えていることが考えられます。あるいは、本来抱えている感情のコントロールの弱さや対人関係スキルの未熟さが、性暴力という形となって表れていることもあり、これらには、子どもが受けた性的虐待（家庭内性暴力被害）による認知面、感情面、行動面への影響が大きいと考えられます（Cohen *et al.* 2006）。

子どもの性行動の発達段階を理解しておくことは、子どもの被害や加害の気づきや理解に役立ちます。もし年齢に不相応な性行動や性に関する問題行動があれば、その子どもが性的虐待（家庭内性暴力被害）の被害を受けている、あるいは受けていたことを疑い調査が必要といえます。性的虐待（家庭内性暴力被害）の被害にあっていたのであれば、どのような被害にあったのか、子どもが被害体験をどのようにとらえているのかということを理解する必要があります。そうすることで、子どもが示す逸脱した性行動の意味を深く理解することができ、子どもが自分の身を守るための正しい知識を身につけるためには、どのような心理教育や心理治療を行うかを判断することができます。

4）トラウマ関連症状、精神症状に関する理解

性暴力・性的虐待という重篤な被害にあった子どもには、トラウマ関連の症状やさまざまな精神症状や身体症状がみられることは珍しくありません。子どもによっては、それが被害によるものであることが理解できず自分はお

かしくなってしまったのではないかと誤解している場合もあります。また、長期にわたって被害にあっており症状が日常的に続いている場合、子どもがそれらの症状に気づいていない場合や、周囲もそれらの症状に気づきにくいことはよくあります。症状を把握していくためには、生活状況や行動面をしっかり観察し、時には性的行動やトラウマ関連症状の評価スケールを活用することが有効です。性的行動やトラウマ関連症状の評価法として、CSBI（子どもの性的行動チェックリスト）、日本版TSCC（子ども用トラウマ症状チェックリスト）、UPID（DSM-V版 UCLA 外傷後ストレス障害インデックス）等があります。また、精神医学的診察とも連携したアセスメントは欠かせません。

そして、子どもが性的虐待（家庭内性暴力被害）という被害体験や、精神症状等をどのようにとらえているかを把握することで、その後の心理教育や心理治療、生活場面におけるケアにおいて、取り組むテーマや方向性がより明確になると考えます。アセスメント時点で問題や症状が見られず、現実の生活に適応している子どももいますが、その場合は長期の見守りを行う必要があります。　（伊庭千惠）

（2）一時保護から入所までの心理教育

1）家庭分離に伴う子どもの困惑に寄り添う

子どもの福祉という観点から考えれば、一時保護を行うことには、再被害を防止して安全な環境で必要な調査を行うという重要な目的があるのですが、当事者である子どもにとって、一時保護という事態に対する受け止めはさまざまです。「こんなはずではなかった」「よく考えたら、たいしたことではなかったような気もするから、早く元のところに帰りたい」などと考えている子どもも少なくありません。まずは、目の前にいる子ども自身が現状をどうとらえているのだろうかということを把握しておくことが重要です。そして、そうした心情になることについての共感と、「そのように感じるのは当然で、あなたと同じように考えている子はたくさんいるよ」と伝えることから、子どもへの治療的な関わりが始まります。子どもの抱える混乱、当惑、怒りなどの感情を推測しながら、丁寧に話を聞き、その子どもが感じていること、考えていることをありのままに聞き取り、否定せずに、まずは受け止めることで、すくいあげていくという作業が必要になります。

2）性的虐待（家庭内性暴力被害）を受けた子どもへの心理教育

性的虐待（家庭内性暴力被害）は、さまざまなトラウマ体験のなかでも深刻な影響を与える危険性の高いものであるといわれています。被害を受けた子どもは、安全感を損なわれた環境で過ごすなかで、自責感や罪悪感、恥の感情などを抱えていたり、感情を麻痺させていたりすることがよくあります。そのために、具合が悪くても必死で隠そうとしたり、自分が体験したことをたいしたことではなかったかのようにふるまったりすることが少なくありません。しかし、そうした麻痺、回避といった対処は、一時的にはトラウマ関連症状を意識せずに済みますが、症状自体は軽減せず、むしろ、慢性化する危険性が高くなります。

そこで、子どもの安全感と主体的な回復力を高めるために、性的虐待（家庭内性暴力被害）とはどういったものなのか、そしてどういった影響があるのかについての正しい知識や情報を伝え、回復へのイメージを共有するという心理教育の実施が効果的だといわれています。

伝えるべき内容としては、次のようなことが挙げられます。

①性的虐待（家庭内性暴力被害）の被害を受けた子どもは少なくなく、あなただけではない。

②性的虐待（家庭内性暴力被害）とはどういうものなのか。

③どんな場合も、被害に遭った子どもには責任はない。加害者の行動が正しくなかったのだ。だから、あなたは安全を守るために、一時保護所に来たのだ。

④性的虐待（家庭内性暴力被害）に遭うと、いろんな気もち、考えが出てきて当然である。（加害者に対して、非加害保護者に対して、自己イメージについて等）

⑤こころや身体にもいろんな症状が出ることがよくある。それは、トラウマ関連症状であり、手当てができることなのだ。など

こういったことを、子どもの発達段階、理解度、個々の体験の内容などに応じて、具体例を示しながら、子どもとの対話をしながら伝えていくことが大事です。まずは、①～③について説明し、子どもが体験したことの意味を

明確にしていくことから始めます。そのとき、その時点で、子どもが自分の体験をどれぐらい受け止め、開示しようとしているかの程度によって（＝子どもの回避の強さに応じて）、説明のトーンを工夫することも大切です。例えば、回避の強い子どもに対しては、「あなたにあてはまるかどうかはわからない。もしかしたら、当てはまらないかもしれないけど、一般にはこういうことが言われていてね」というような導入をし、子ども自身の体験を直接扱うのではなく、少し間接的に、一般的なこととして心理教育を行うということもあります。

子どもに侵入的な感覚を持たせないように、安心感を損なわずに、かつ、必要な情報を伝えるという、支援者側がうまくバランスをとったアプローチが、子ども自身のペースで、自分の体験との心理的距離を取り、それに向き合っていく勇気を獲得していくことを支えることになります。「自分の体験したことは、"性的虐待（家庭内性暴力被害）"であり、それは、子どもにとって安全でないことだから、安全を守るために、今は、家を離れて、施設入所するんだ」というスタート地点に子ども自身の足でしっかりと立つことが、一時保護中の心理教育のなかでは非常に大事な部分であり、それが、その後の施設での生活の安定にもつながります。また、虐待環境から離れて、保護された子どもは、安全を感じたからこそ、これまでは自覚していなかったトラウマ関連症状が顕在化することがよくあります。そうした症状についても、心理教育において、正しい知識を伝えることで、自分の状態への気づきを深め、それは"おかしいこと"ではなく、"性的虐待（家庭内性暴力被害）の被害という体験があれば、当然"であることを知り、症状をひとりで抱えるのではなく、支援者に"わかってもらえる"という安心感を持てるようになることが、その先の自己コントロールへの意欲を育てることになります（上記④⑤）。子どもに対しては、そうしたトラウマ関連症状を抱えながらも、日常生活を一生懸命こなしてきたことについての敬意を伝えることが子どもたちの自己肯定感にもつながるでしょう。また、症状をある程度客観的にとらえられるようになれば、それを自分で安全にコントロールする方法を考えていくことができます。子ども自身が、すでに自分なりの対処法を持っている場合もあります。そのときは、そうして乗り越えてきた子どもを褒め、そのうえで、さらによりよい方法があるかを話し合うこともできるでしょう。

また、性的虐待（家庭内性暴力被害）の影響として、不適切な性的行動を呈する子どももいます。その場合は、再被害を防ぎ、安全を守るという意味で、性についてのルールの教育が必要になってきます。“身体のパーツについて／プライベートゾーンについて”“よいタッチ－悪いタッチ”“NO-GO-TELL”などの内容を、子どもの発達段階に配慮しながら伝えていきます。ただ、こうした性についての正しいルール、安全スキルを伝える際には、子どもが、「被害当時に（こうしたことが）できなかった私が悪い」という自責感を強めないように、伝えるタイミングや内容は、子どもの状態に合わせていくという配慮が必要です。

3）施設入所への移行期をトラウマという視点でつなぐ

施設入所という移行期に向けては、子ども自身が自分のこころや身体の状態を把握することだけでなく、入所先の職員に、子どもの状態についての引き継ぎを行い、その視点でのサポートを継続することが重要です。子どもの持つトラウマ関連症状について、施設職員と子どもが共有し、“子どもの自己コントロールを、施設職員が支える”という関係づくりにつなげることが、子どもをエンパワメントし続ける上で大きなポイントだと考えられます。

（島ゆみ）

2．非加害保護者への支援

性的虐待（家庭内性暴力被害）は、被害を受けた子どものみではなく、家族全体に大きな影響を及ぼします。

また、子どもの安全を守るための児童相談所の介入も、子どもや家族に大きな影響を与えます。そのため、子どもへの支援を考える際、家族全体への影響の視点と、児童相談所の介入の影響という視点も視野に入れながら、家族、特に性的虐待を行っていない保護者（非加害保護者）への支援が重要な意味を持ってきます。

国の「児童相談所における性的虐待対応ガイドライン2011年版」では、非加害保護者への関わりとして「子どもへの支援者としての非加害保護者」「第二の被害者としての非加害保護者」「子どもの安全の責任者としての非加害保護者」「非加害保護者の評価と支援」と整理されており、非加害保護者への継続したサポートの重要性が指摘されています。ケースワークでの家族・親子関係への働きかけや、経済的・社会的課題への支援、また心理的ケアなど、さまざまな支援への取り組みが欠かせません。

本項では、特に（加害者がパートナーである）性的虐待が明らかになった時に、非加害保護者はその事実をどのように感じ、被害を受けた子どもや加害者にどのような気持ちを抱き行動するのかについて理解し、そのような非加害保護者に対する児童相談所の支援について考えていきたいと思います。

（1）非加害保護者支援の意義

性的虐待（家庭内性暴力被害）の判明、介入は、その家族の関係性や抱える課題を浮き彫りにします。非加害保護者がショックを受けながらも子どもの訴えを信じ、子どもを守ろうとする場合は、子どもにとって大きな支えとなります。一方、非加害保護者が虐待者との関係や、経済事情などさまざまな事情を抱え、黙認や否認、曖昧な対応を続けると、子どもはよりどころを失くし、その後の回復にも大きく影響を及ぼします。しかし、初期の児童相談所に対する抵抗から子どもを守る姿勢へと変わっていく非加害保護者も少なくありません（岡本・渡邉 2011)。「子どもの安全と被害からの回復に重要な鍵を握っている非加害保護者」を支援するためには、なぜ非加害保護者がそのような対処をとらざるを得ないのか、非加害保護者の状況を十分に理解していくことが大切です。

1）非加害保護者が向き合う課題

非加害保護者は、子どもを守る役割を担う保護者として、次のような課題に直面します。

①虐待事実にしっかり目を向けること
②子どもの受けた被害や子どもの気持ちを理解し、サポートすること
③虐待が起こった原因、虐待者との関係を考え、整理すること
④子どもを守るため、安全な環境を用意すること
⑤家族の他の子ども全員を支えること
⑥自分自身へのケア

これらの課題は、児童相談所による初期介入が契機となり非加害保護者に突き付けられることが多いといえます。つまり、性的虐待（家庭内性暴力被害）対応の原則である「加害者排除」と、それが難しい場合には子どもの保護を提起され、非加害保護者は緊張と混乱の中で一気にこれらの課題に直面することになります。受け入れ難さをこらえ虐待事実に目を向けていくこと、被害事実を開示した子どもの言葉を信じ、子どもの気持ちを受け止めていくこと（①、②）、そしてパートナーに決別の問題提起をしていくこと（③、④）は、裏切られ感や怒りを抱いていたとしても、これまでの生活とパートナーを自ら喪失するということであり、不安や揺れ戻しを伴う大きな試練となります。とりわけ、疾病や障害などを抱え、パートナーに経済的・心理的に依存せざるを得ない場合や、DVなど支配構造のなかにいるなどの場合には、その関係性を変えていくこと、そこからの離脱・自立はなかなか容易なことではありません。

また、②において、非加害保護者と子どもの間で葛藤が生じてくることもあります。非加害保護者自身が子どもに対して、とまどいや不安、罪責感を過度に抱く場合、子どもへの密かな怒りや嫉妬などがある場合、また逆に、子ども（特に思春期）が非加害保護者に混在した感情（守ってほしいという願いだけでなく、不安や怒り、不信など）を抱いた場合、不安定な親子関係を結び直していかなければなりません。

さらに、子どもの被害事実から、非加害保護者が自分自身の過去の性的被害の記憶を想起してしまい、その被害感を重ねて、今の虐待事実の受け止めや子どもの気持ちへの共感にさまざまな感情を増幅させてしまうこともあります。

2）課題に向き合うことへの支援

非加害保護者がこれらの課題に向き合っていくのは痛みを伴う苦しい作業であるだけに、性的虐待（家庭内性暴力被害）とは何なのか、子どもも非加害保護者も被害者であることをしっかり伝え、起こってきたさまざまな感情や葛藤を理解しながら、子ども、虐待者、非加害保護者、それぞれの状態や関係性、一つひとつに光を当て、整理していけるような支援が必要になります。ケースワークの中で、あるいはより一歩進めた継続的な心理ケア等の中で、これまでどのように夫・パートナーと人生を共にし、子どもを育ててきたのか、今の不安は何か、何を、誰を大事にしたいと思っているのか、非加害保護者自身が見つめていけるよう、寄り添い、非加害保護者の立場に立つ支援が求められます。これらの過程の中で、非加害保護者自身が、自分はなぜ虐待に気づけなかったのか、なぜ子どもを守れなかったのかの気づきを深めることができれば、次に向かう一歩につながります。これらの支援の受け止めは、非加害保護者の状況等にもよりさまざまですが、多くの非加害保護者は少しずつ子どもの被害を理解し支えるとともに、自分自身の傷つきの回復にも向かっていきます。また、子どもも自分も大事にする、という視点は、DVの問題など、非加害保護者が巻き込まれている問題から抜け出す糸口につながるかもしれません。

3）関わりの中で起きてくること

なお、児童相談所は、これらの途上、特に介入初期、危機管理として一旦、一時保護等により、子どもの安全確保や調査、ケアをしなければならないと判断した場合、それを受け入れられない非加害保護者に対峙的にならざるを得ないことが多くあります。その支援過程において、非加害保護者を責めているのではないこと、一時保護の意味、安全な家庭復帰の目指すべき方向を示し、その時間は、非加害保護者が自分の人生のありようも含め考えていける大事な時間であることをしっかり伝えていく必要があります。子どもの一時保護は、非加害保護者が力を取り戻す機会ともいえます。

また、子どもの安全確保をめぐって非加害保護者と対立的になった場合や、なかなか子どもを守る姿勢が見られない場合、支援者側に不安や焦り、否定的な感情が起こったりし、非加害保護者との関係がうまく構築しにくいことも起こりえますが、支援者側の逆転移に留意し、非加害保護者の状態（これまでの生活歴や虐待者との関係、受けたダメージや、抱えている不安や葛藤など）のアセスメントが十分行われているか、冷静に見ていくことが不可欠です。

4）非加害保護者支援において大切なこと

Calderは、（非加害保護者の大半が母親であることから「母親」を軸に）「専門家と同様、多くの母親は性的虐待について学んでいるところ」であり、「母親は子どもと同じように加害者からグルーミングされてきており、母親もまた被害者である」こと、「ほとんどの母親が専門家の介入によって多大な喪失を経験している」こと、「母親は専門家が彼女らに対し、虐待の加害者とともに罪に値するということに焦点を当てることにポジティブに反応できない」といったことを支援者側が踏まえておくべきであると示しています（Calder 2001）。

非加害保護者の無力さばかりに焦点を当てるのでなく、Calderの示す、非加害保護者の「事実の発覚に直面することの困難さ」や「現在の状況でとりうる選択肢」「母親のストレングス」などを非加害保護者とともに明らかにしていくことが支援につながります。

子どもより最終的にパートナーとの関係を選択する非加害保護者もあり、その場合は、長期の取り組み、あるいは一旦、支援困難と判断せざるを得ない場合もあります。一方で、非加害保護者が子どもにも自分にも目を向け、時間がかかっても、虐待者にとらわれない安全な家庭の土台づくりをしているその姿は、子どもにとって大きな支えとなり、モデルとなります。子どもと生活を再開した後に、再び元の家族状況に立ち戻ってしまったり、同じようなパートナーが登場して子どもに再被害が起こったりすることがないよう、非加害保護者がエンパワーでき、一歩ずつ自分の選択で着実に歩んでいけるよう、丁寧な取り組みが求められます。母親を「変える」のでなく、母が「気づき」、「変わる」過程を支えることが大切です。

（2）非加害保護者のアセスメント

1）危機管理（リスク）アセスメントと非加害保護者支援アセスメント

非加害保護者への支援の土台として、子どもの安全が図られているか、安全が脅かされていないかは重要であり、危機管理（リスク）アセスメントにより継続的に確認していく必要があります。この危機管理（リスク）アセスメントでは、虐待者の状態（問題認識や、家族との関係、接触の可能性の有無など）や、子どもの状態（被害事実、影響、気持ちなど）などとともに、非加害保護者がどのような状態であるのか、守れる存在となっているかが問われます。しかし、危機管理（リスク）アセスメントだけではなく、子どもを守る最もキーパーソンとなり得る非加害保護者には、「危機管理」と「支援」、両方のアセスメントを行っていくことになります。この２つは相反するものではなく、車の両輪ともいえ、安全を確認しながら、もう一方で支援の道を探し進んでいくものです。非加害保護者が十分に子どもを守る行動が取れないでいる場合、その背景に何があるのか、何に困っているのかを理解し、また、守ろうとしている中でも、気持ちの整理や子どもへの関わり方、生活の自立などの困りごとやニーズはないか、非加害保護者の状態を理解し、支援の軸を掴むのが「支援のためのアセスメント」です。

２）支援のためのアセスメントの実際

非加害保護者への支援を行うためには、非加害保護者が、①虐待事実の受容、②子どもの被害を理解しサポートすること、③子どもの安全を守ること、④虐待者との関係整理などにおいて、どのような状態、段階にいるのか、⑤非加害保護者自身がどのような課題や葛藤、不安を抱えていて、その背景に何があるのか（生活歴や虐待者との関係、など）、⑥子どもとの関係はどうか、などのアセスメントが必要です。そして、それらを総合的に判断する中で、非加害保護者が子どもを守ろうとする力の状態や、子どもと非加害保護者自身のために必要な支援ニーズは何なのか、などをアセスメントすることが求められます。

Calderは最終的なアセスメントの目的について、母親を軸に以下のように述べており、非加害保護者の主体性やニーズを十分に踏まえた支援の明確な方向性を示唆しています。

・母親のストレングス（強み）を明らかにすること
　母親がその事実の発覚に直面することの困難さを明らかにすること
・母親が現在の状況で取りうる選択肢を明らかにすること
・母親が必要としている支援を明らかにすること
・母親がその問題をマネジメントするための母親自身の行動計画を明らかにすること
・母親の子どもを守る力についてアセスメントすること

またこのアセスメントを行う際の留意点として、「関係者が知識や情報を共有し、協働による包括的アプローチを行うことや、個々人のニーズや強みを「その人の毎日の生活の文脈（背景）で考察」し、「リスクのさまざまな要素、関係性を考察しアセスメントの質を上げる」こと」などを指摘しており、これら開かれた視点で関わることは、非加害保護者の弱みを支え、強み（ストレングス）を引き出していくことにつながります。

3）情報の集約と整理の視点

非加害保護者への支援アセスメントのためには、さまざまな角度から具体的な情報を集め、整理していく必要があります。中心的な情報の軸として挙げられるのは、「虐待事実の認識や問題への対応の仕方」、「これまでの生活状況や養育状況」、「虐待者との関係」、「子どもとの関係」、「非加害保護者自身が持っている力・リソース（資源）」、「支援ニーズや課題」などです。

これらの情報の活用にあたっては、非加害保護者の置かれている状況や直面している課題によって、すぐに子どもを守るための一歩を踏み出せる人もいれば、何度も揺れ動きながら少しずつ変わっていく人、抱える課題が大きく事態の変容が難しい人など、多様であることを踏まえ、初期介入時から関わる経過の中で何度も情報を押さえ直すこと、その変化を見ることが不可欠です。また、重きを置くべき支援のポイントも各々違うため、継続的にアセスメントすることが大切です。（渡邊治子）

（3）性的虐待（家庭内性暴力被害）を受けた子どもを支える役割を担う非加害保護者への支援の実際

児童虐待の防止等に関する法律によると、児童相談所では、性的虐待（家庭内性暴力被害）の非加害保護者である、主に母親については、その状況を「ネグレクト」としてとらえることになります。なぜなら、「非加害保護者は、家庭内で子どもが性的虐待（家庭内性暴力被害）に遭っているのに、加害者から子どもを守れなかった」という側面があり、「ネグレクトの状態にあった養育状況が性的虐待（家庭内性暴力被害）を引き起こした」と考えられるからです。

しかしながら、性的虐待（家庭内性暴力）の加害行為は、加害者に責任を問うべきものです。「性的虐待（家庭内性暴力）が起こっていることに気づけなかった」もしくは「さまざまな困難を抱える」非加害保護者を不適切な母親だと責めるだけでは、児童相談所が非加害保護者と二人三脚で子どもを守り、支えていくことはできません。

児童相談所と非加害保護者の関係が介入的な子どもの一時保護からスタートしたとしても、児童相談所の関わりによって非加害保護者が子どもへの支援者に変化していった事例は少なくありません。非加害保護者への対応で重要なことは「子どもにとって非加害保護者は子どもの安全と被害からの回復の重要な協力者となりえる」ととらえることです。

以下に、非加害保護者の支援の実際について、支援の視点とポイントについて述べます。

1）非加害保護者のショックや感情を受け止める

非加害保護者が置かれている状況はさまざまであり、非加害保護者は子どもの虐待状況をどの程度感じたり、知ったりしていたのか、また事実を知った時のショックや感情について丁寧に聴くことが必要です。

また、子どもの被害を信じたくない、なぜもっと早く子どもが打ち明けてくれなかったのかと考える非加害保護者の気持ちに理解を示すことは重要です。また、たとえ子どもを守る動きをとれているからといっても非加害保護者は複雑な葛藤を抱えているととらえるべきです。そのため、まず、今後の支援やその見通しについてできるだけ丁寧に、その目的と内容を伝え、子どもへの支援において「非加害保護者だからこそできること」を繰り返し説明し、一緒に確認することが重要です。

2）支配－被支配関係が背景にある可能性を念頭におく

虐待の加害者と非加害保護者との間に、支配－被支配関係が存在している場合は、加害者が虐待行為を否認した場合、非加害保護者は加害者から子どもを守る姿勢が揺らぎ、非加害保護者の葛藤に子どもを巻き込む可能性があります。非加害保護者について、子どもを守れるのかどうか、「再発防止に向けたアセスメント」という目的をもって、非加害保護者との面接を重ねていくことが必要となります。

3）非加害保護者との単独面接を設定する

性的虐待（家庭内性暴力被害）が発生する背景にDVの問題が潜在している事例も多いことから、できるだけ早い段階で加害を疑われる人物と分離した形で、非加害保護者単独の面接を設定します。実際、一時保護の告知にあたって、非加害保護者である母に先に電話連絡をいれ、母単独で面接をもつ場合もあります。単独面接を設定することで、非加害保護者と加害者との関係が見えてきます。

4）今後のプロセスを丁寧に説明する

非加害保護者の多くは子どもの一時保護を受け混乱した状況に置かれています。一定の見通しを伝えることは、非加害保護者にとって気持ちを落ち着かせる助けとなります。今後の具体的なプロセスや手続きについて、丁寧に説明しておくことにより、例えば、身体医学的診断の同意を得るなど保護者として協力が必要な場面において理解を得やすくなります。施設入所の際は、入所の必要性や子どもへの支援内容を具体的に伝え、子どもに対する支援の目的について一貫して理解を求めます。入所後も、定期的に、子どもの生活の様子や、施設での支援内容、児童相談所における支援経過などを伝えます。

5）「非加害保護者は第二の被害者であり支援を必要とする」という視点を持つ

加害者との関係性や、非加害保護者にとって支援者となり得る機関や親族の有無などを丁寧に聴き取るようにします。ただし、非加害保護者が当初から、自分も被害者でないかと思い、支援の必要性を感じている事案ばかりではありません。最初はなかなか、自身の被害者としての側面、つまり自分自身が受けている被害や置かれている状況に気づくことができず、支援を求めたり、支援を受ける必要性を感じていない非加害保護者も多く、継続的に関わる中で徐々に意識化され、支援が必要だと感じられる場合もあります。

6）「非加害保護者だからできること」について理解を促す

非加害保護者のための冊子などを非加害保護者に渡し、それを活用して面接を行うことも有効です。性的虐待（家庭内性暴力被害）が子どもにどんなダメージを与え、子どもの回復のためにどのような配慮と援助が必要かについて説明し話し合う中で、非加害保護者自身に生じる不安やとまどいを受け止めつつ、子どもにとって非加害保護者自身の行うサポートが重要であることに気づくよう働きかけます。

7）非加害保護者と子どもとの面会を検討する

非加害保護者から、「子どもに直接何があったのか聞きたい」など、子どもとの面会を求められることが多くあります。しかし、児童相談所は、非加害保護者の態度が子どもに与える影響を考慮し、子どもとの面会はすぐに設定することはありません。そのため、「どうして子どもに会わせてくれないのか」などと非加害保護者の児童相談所への対立感情が生じてしまうこともあります。

非加害保護者が冷静に子どもの立場から事態を考えられるようになることが、面会設定の基本要件になります。面会における接触は、子ども、非加害保護者の双方にとって大きな影響を与える場合があります。子どもの立場に立って考えられるようになった非加害保護者であっても、実際に面会を終えて、「なぜ私に子どもは（被害を受けていることを）言ってくれなかったのか」「私のことはどう思っているのか」という感情的な反応が示されることも、当然のこととして受け止めていく必要があります。

8）非加害保護者への支援計画

非加害保護者が子どもの安全を守り、支援者として動けるようになるためには、非加害保護者自身が生活の見通しを立てられる状況になることが必要です。そのため、非加害保護者に対する相談支援を継続し、経済的支援や心理的ケア、また虐待の加害者との関係整理（DV相談など）ができる関係機関と連携し、支援の計画について協議し、スムーズに支援を受けられるようにすることが必要です。（河野真寿美・池田かおり）

3．子どもと非加害保護者への医療と治療的アプローチ

（1）性的虐待（家庭内性暴力被害）を受けた子どもへのケアの課題と問題点

本来自分をいつくしみ、守ってくれるはずの親から虐待を、しかも性的虐待（家庭内性暴力被害）を受けるということは子どもにとって非常に辛く、受け止めがたい出来事です。「なぜ性的なことを繰り返しされるのだろう」、「なぜ自分だけがされるのだろう」、「どうしたら終わるのだろう…」などを考えますが、これらの理由は全く分からず、「自分が悪い子だからではないか」、「自分の我慢が足りないだけではないか」、「これを我慢すれば家の中がうまくいくに違いない」、「大人はみんなそういうものなの」などといった誤った理由付けをして子どもたちは何とか生きようとします。

しかしながらその「理由付け」をしても、性的虐待（家庭内性暴力被害）の事実を受け止めるなどということはできるはずもなく、心理的あるいは精神的な外傷、つまりトラウマを生じ、子どもの心理的発達に深刻な影響が出てしまいます。そしてそれにより身体的・知的発達の問題、心理的・精神的な問題、行動の問題など、さまざまな問題が生じてきます。

このような状態の子どもたちをその虐待環境から分離した後、まずは、子どもたちに安心・安全を体感してもらうことが重要になります。安心・安全を少しずつ体感できてくると、子どもたちは上記のような、さまざまな問題を表出してきます。その中には今までの体験から、他者への信頼感を築けなかったり、怒りの感情を表出すること自体が良くないことであると感じていたり、相手を不快にさせないようにするためには自分の感情を後回しにしてしまったりするということが学習してきた結果として見られることもありますし、フラッシュバックや解離、強い不安や恐怖といったPTSD症状が問題行動として表出されていることもあります。

子どもの中には、睡眠障害、抑うつや希死念慮、強い攻撃性、重度のPTSD症状等のために薬物療法が必要な子どもたちもいます（性暴力被害児支援の際の、精神科医療の役割とポイントについては第7章を参照下さい）。しかし、性的虐待（家庭内性暴力被害）により認知が歪み、辛さを表出できないでいたり、自責的になっていたりする子どもたちにとっては、薬物療法だけでは十分ではありません。そのために現在、TF-CBT（トラウマ焦点化認知行動療法）をはじめとするさまざまな心理教育・心理治療が存在しており、トラウマを持った子どもたちに非常に有効とされています。しかし、児童相談所でたくさんの子どもたちに会っていると、自分自身のトラウマ体験に直面する段階に至っておらず、直接被害体験を扱う心理治療を開始するための基盤ができていない子どもたちが大勢いるという実態を目にします。その様な子どもたちに対しては、例えば「1.子どもへの支援」で述べたように、一時保護中などの、初期の段階から心理教育を実施することが始まっていますが、治療者として何をすることができるのか考えてみたいと思います。

（2）非加害保護者（母親）へのケアの課題と問題点

非加害保護者の理解と支援の意義、支援の枠組みや課題等については、「2.非加害保護者への支援」で述べてきました。この項では、まず児童相談所において医療に求められることを整理し、次に子どもと非加害保護者へのケアについて、職種を越えた視点も含めて考えてみたいと思います。

1）精神科医師に求められること

児童相談所で医療に求められることは、①精神医学的診断（子どもや非加害保護者の状態は医学的にどのように理解できるか）と、②精神科医療（薬物療法など）の必要性、③地域医療機関へ紹介する場合に、紹介先や情報提供に関わることなどです。特に、子どもや非加害保護者に、抑うつや希死念慮、自傷行為、攻撃性が強い時、不眠やPTSD症状が重度の時などには、医療の必要性についての判断が必要になってきます。児童相談所に常勤の医師がいるところは全国的に見た時に少ないのですが、常勤医師がいなくても非常勤の嘱託医師がおり、上記の役割を果たしています。

2）非加害保護者と薬物療法

児童相談所の常勤医師として、筆者は年間延べ約1300ケースの診察・協議を行っています。その経験からの私見ですが、薬物療法が必要な非加害保護者と、支援の中で何とか薬物療法を行わずにやっている非加害保護者、子どもの被害に関しては頑張っているものの、自分自身への被害体験は解離し、辛さを感じないために表面上、薬物療法が不要となっている非加害保護者は、おおむね3分の1ずつのように思われます。

しかし、支援の中で何とか薬物療法を行わずに生活している非加害保護者の場合、支援が途切れた際に状態は悪化する場合があり、注意が必要です。例えばアルコールや市販薬（頭痛薬や風邪薬など）の乱用をすることで、何とか自分自身をコントロールしようとしたり、病状が悪化し、地域の医療機関に受診してはいるものの、自身の辛さを十分に伝えることができず、「ただ薬だけをもらいに行く」という状況になってしまったりするケースなどもあります。だからこそ、できる限り、母親への支援が中断することがないように心掛けていかねばならない、と思います。もちろん、決してすんなりといく訳ではありません。また、結果が出るまでには時間のかかることでもあります。しかし丁寧に関わることで、必ず変化は認められていきます。

3）医療機関に紹介する状況とそのつなげ方

上述のように、子どもも母親も、抑うつや希死念慮、攻撃性が強い時や、不眠やPTSD症状が重度の時には、薬物療法が必要であり、そのために地域の医療機関につなぐ必要が出てきます。また、そのケースの支援を中長期的に考えた時に、家事支援や訪問看護、その子どもの進学・就職等の際の周囲の理解・支援を必要とする時にもやはり、医療機関につなぎ、各支援のための申請手続き（診断書、意見書等）を依頼することが大切となるでしょう。この時に「○○病院に受診してください」と伝え、紹介状を手渡すのみでは、ほとんどのケースは受診には至りませんし、初診予約の電話すらかけてもらえないことがほとんどでしょう。診察の初診予約を児童相談所で取るようにしたり、一緒に初診予約の電話をしたり、紹介状を受診する病院に直接郵送し、取りに来る手間を省いたり、時には初診に同行したりして、できるだけ初診までの“やること”を少なくすることも重要だと考えています。これは他の相談機関につなぐ時も同じだと考えています。児童相談所が、こうしたひと手間をかけることによって、他の機関につながることができ、さまざまな方面からのサポートを受けることができるようになりますし、それは最終的にはケース全体の力になっていくと考えられます。

（3）揺れ動く非加害保護者への支援

子どもと加害者の間で揺れ動き、児童相談所の初期介入の早い時期に子どもを守る行動をとることが難しい非加害保護者は子どものケアを考える時に大きな課題になっています。

そこで、揺れ動く母親、特に、加害者であるパートナーとの関係がDV関係であったり、自身がDV家庭で育ってきたりした母親へのケアを中心に、筆者の実践を述べたいと思います。

1）DVと性的虐待

DVと性的虐待の相関関係は言うまでもなく、増井らの調査（2016）では、婦人相談所における一時保護中の子どものうち性的虐待を受けた子どもは11.4%であるという結果が出ています。その逆もしかりで、山本らの調査

(2011) によると、性的虐待のケースでDVが認められる率は17.9%であるとのことです。また、母親自身が性的虐待（家庭内性暴力被害）を含む何らかの虐待や性被害のサバイバーであったり、DV家庭に育っていたりしているということも多く見受けられます。たとえ子どものために行動したいと考えていたとしても、母親自身が守ってもらえた経験が乏しい中では、どのように子どもを守り、どのように自分が行動すればいいのかを具体的に考えてもらおうとしても、上手くいかないことが多いのではないでしょうか。このため、結果的に加害者と別れなかったり、迷っていたりする非加害保護者も多く見かけます。「子どもが辛いのなら考えるけど、辛いとか嫌だとか言わないし……」、「夫も優しい所もあるし、良いパパのこともあるし……」、「スキンシップのつもりだったのかもしれません」、「どちらの話も信用できないんです」、というのはよく聞く言葉です。

このような母親たちに対し、DVの心理教育・心理治療がなされることは重要ですが、そのような場はまだまだ少なく、適切につながっている被害者は少ないのが現状です。また、母親自身がDV被害者、すなわち当事者である、と認識しにくかったり、過去の自分自身の体験と向き合えなかったりして、その心理教育・心理治療を中断してしまうこともあり、結果として、支援が途切れてしまう、ということにもなりかねません。

2）コンカレントグループプログラムの活用
—埼玉県の児童相談所における実践—

ここで、被害体験を直接扱う心理治療を開始するための基盤ができていない子どもや、自身の被害に直面化しにくい母親に対して、どのようにして支援を行っていったらよいのか、改めて考えてみたいと思います。

①コンカレントプログラムとは？

埼玉県で行っている方法の一つに、コンカレントグループプログラムがあります。このプログラムはカナダで開発された心理教育プログラムで、日本では、2008年からNPO法人RRP（Respectful Relationships Program）研究会が武蔵野大学心理臨床センターの子ども相談部門と協力して導入・実践をしています。このプログラムはDVを受けた子どもとその母親のためのもので、子どもには子ども用の、母親には母親用のプログラムがあり、母子同時並行のプログラムです。子ども用のプログラムは、オリジナルでは全12回、短縮版は全7回行います。「暴力」「責任」「感情」「安全」などの言葉をキーワードとして、体験に対する認知的理解を深め、暴力による傷は「外側の傷」「内側の傷」「性的暴力」の3つがあるのだという「3つの傷」や、両親のDVや自分自身への暴力は自分の責任ではないのだという「行動の責任」、適切な感情表現などを学んでいくものです。

コンカレントグループプログラムは、DV被害を扱うことを通して、暴力全般という形から虐待について扱うことになり、またグループで行うことで、その子どもがトラウマに直面化することなく実施することができます。コンカレントグループプログラムはあくまで長期的な回復過程の最初の部分を担うものであり、その後のフォローは重要です。しかし、この「最初の部分」を扱うための術を、支援者側が持っているかいないかは、重要なことだと思います。

②コンカレントプログラム活用の実際

被害体験を直接扱う心理治療を開始するための基盤ができていない子どもたちに対しても、このコンカレントグループプログラムは行いやすいように感じています。本来は母子同時に、且つ、グループで行うプログラムですが、筆者のいる埼玉県では、母子同時に実施するということが困難なケースが多いこと、個人情報が開示されるやり取りになってしまうために子ども同士のグループが作りにくいケースにおいても、子どもと個別に実施しています。担当児童心理司、担当児童福祉司、ファシリテーターといったメンバーでプログラムを行うことで、個別の実施を可能にしています。こうすることで一時保護中の子どもに対しても実施することができています。

具体的には、児童福祉司や児童心理司がグループのメンバーとなり他児の役割をし、その中で、子どもがなかなか発言できなかったり、何を言えばいいか迷ったりしている時などには、敢えて先に発言して、対象である子どもが発言しやすくします。子ども役の大人と子どもというグループをファシリテーターがまとめていくという形でプログラムを進めていきます。

またコンカレントグループプログラムは全3回、全5回などに短縮して行うこともできるため、一時保護所で第1クールを終了し、施設入所後に補足

表1-1　日本版子どもグループのテーマと内容

	テーマ	内容
第1回	互いに知り合い、家族の中で起きた虐待についてひみつを明かす	・グループの目的を理解する ・互いに知り合い、自分が1人ではないことを体験する ・さまざまな虐待や暴力の種類について理解し、家の中で起こっていた虐待について、秘密を明かすことを助ける
第2回	さまざまな感情の理解	・メンバーが、自分の感情を表現する語彙を増やす ・メンバーが、自分の感情を自覚することを助ける ・話をする時に感情をどのように話すかを学ぶ
第3回	家族の中で体験した暴力	・家族の中での傷つき体験を話す ・自分は1人ぼっちではないということを知る ・メンバーから聞いたことを受け止め、メンバーの被害体験を承認する
第4回	暴力の責任と理解／さまざまな問題解決	・両親の間で起きた暴力について、メンバーには責任がないことを理解する ・自分の行動の個人的な責任について気づく ・誰でも問題を経験するということを理解し、問題解決の仕方を考える
第5回	怒りの理解と表現	・メンバーが怒りを感じて良いということ、怒りは自然な感情であることを理解する ・怒りを感じたからと言って、人を傷つけてはいけないことを理解する
第6回	暴力が起こった時の家族の変化／私の安全計画（性暴力の防止）	・家での暴力によって起こる生活の変化を自覚・認識する ・安全かつ信用できる人と場所を見つけるのを助ける ・助けてくれる場所や人への連絡方法を知る （・メンバーに性的暴力に関する知識を提供する）
第7回	自己尊重とお別れパーティ	・子どもたちの自己尊重と自尊心を高める ・子どもたちが適切にグループを終結できるようにする

的に第2クール目を行うことも可能ですし、一時保護所から開始して施設入所後も継続する、ということも可能です。

子どもにコンカレントグループプログラムを活用して心理教育を行うと同時に、母親にも子ども用のプログラムを実施し、心理教育を行っています。非加害保護者の中で、子どもの支援者になろうと思っている母親は、確実に存在しています。しかし、母親自身の問題として、直面化しにくいことも事実です。そのような場合は、母親の「母親」としての役割を前面に出して、支援のプログラムに乗ってもらうようにしています。

具体的には、敢えて母親には母親用のプログラムではなく、子ども用のプログラムを行っています。「子どもの受けたダメージを、子どものために学びながら、子どもと同じものを行う」という導入の仕方のほうが、本来は当事者でもあるはずの母親には敷居が低く、受け入れてくれることが多いように感じられるからです。同時にこのような切り口のほうが、継続して診察や通所につながる印象があります。DVを受けた当事者としては受け入れにくくても、「子どものための話」とすることで、暴力や行動の責任、適切な感情の表出について学んでいってもらうことができ、結果として母親自身の心理教育にもなっていきます。併せて、子どもの傷つきや被害も理解することもでき、それが性的虐待（家庭内性暴力被害）を受けた子どもへの支援につながっていくことにもなります。

一方で、母子ともに、抑うつや希死念慮、攻撃性が強い時や、PTSD症状が重度の時には、薬物療法が必要であることが多く、この時には薬物療法を優先しています。また、性的虐待（家庭内性暴力被害）で警察・検察が介入し、事情聴取の最中で状態が不安定になりやすい時にはプログラム開始のタイミングではない、と考え、経過を見ていくことにしています。

（4）何より重要なこと

埼玉県での実践を述べてきましたが、その中で精神医学的な診断と薬物療法は医師の領域の話です。しかしコンカレントグループプログラムについては、チームの中でケースの見立てを十分に行えており、コンカレントグループプログラムの講習をきちんと受け、支援の継続と連携の大切さをきちんと理解してさえいれば、臨床心理士でも社会福祉士でも精神保健福祉士でも行えることだと思うのです。

非加害保護者を消極的加害者として支援を終了してしまうのでは、最終的に性的虐待（家庭内性暴力被害）を受けた子どもの支援にはなりません。非加害保護者を、性的虐待（家庭内性暴力被害）を受けて傷ついている子ども側にいかに引き寄せ、母子ともに継続して支援し、一緒に歩んでいくということ。それが一番重要なことなのではないでしょうか。　（古田洋子）

〈引用・参考文献〉

・Calder, M. C., Peake, A. and Rose, K. (2001) *Mothers of Sexually Abused Children: A Framework for Assessment, Understanding and Support*, Russell House Publishing.

・Cohen, J. A., Mannarino, A. P. and Deblinger, E. (2006) *Treating Trauma and Traumatic Grief in Children and Adolecents*, The Guilford Press.〔ジュディス・A・コーエン／アンソニー・P・マナリノ／エスター・デブリンガー著、白川美也子／菱川愛／冨永良喜監訳『子どものトラウマと悲嘆の治療―トラウマ・フォーカスト認知行動治療法マニュアル』金剛出版〕

・Johnson, T. C. (1999) *Understanding Your Child's Sexual Behaviour: What's Natural and Healthy*, New Harbinger Pubns Inc.

・増井香名子／丸橋正子／加藤典子／岡本正子（2016）「婦人相談所一時保護からみるDV被害者とその子どもの実態―社会的養護としてのDV被害母子の支援への視点」『子どもの虐待とネグレクト』17-3、pp.400-407

・NPO法人RRP研究会（2010）「改訂版　コンカレントプログラムマニュアル―DV被害にあった母親と子どもたちの同時並行心理教育プログラム」

・岡本正子（2016）「性的虐待事案に係る児童とその保護者への支援の在り方に関する研究」平成26・27年度厚生労働科学研究費補助金［政策科学総合研究事業（政策科学推進研究事業）］総合研究報告書（研究代表者：岡本正子）

・岡本正子／渡邊治子（2011）「性的虐待・家庭内性暴力を受けた子どもへの家族支援の現状と課題―児童相談所における非加害親支援を中心に」『子どもの虐待とネグレクト』13-2、pp.216-228

・春原由紀編著（2011）『子ども虐待としてのDV―母親と子どもへの心理臨床的援助のために』星和書店

・八木修司／岡本正子編著（2012）『性的虐待を受けた子ども・性的問題行動を示す子どもへの支援―児童福祉施設における生活支援と心理・医療的ケア』明石書店

・山本恒雄（2011）「児童相談所における性的虐待対応ガイドライン2011年版」、厚生労働科学研究費補助金（政策科学総合研究事業［政策科学推進研究事業］）「子どもへの性的虐待の予防・対応・ケアに関する研究（主任研究者柳澤正義）平成20・21・22年度総合報告書」

・山本恒雄／新納拓爾（2011）「DV問題に関連する児童虐待相談およびその通告に関する調査研究―警察・婦人相談所と児童相談所との連携における課題について」『日本子ども家庭総合研究所紀要』46、pp.265-288

コラム❶

子どもを守る力について

非加害保護者の全体像を理解するとともに、非加害保護者の子どもを守る力をどのように見たてていくかは重要なポイントです。イギリスでEducational Pshychologistとして、長年、性的虐待を受けた子どもとその母親への支援を地域や教育現場で行ってきたアン・ピークは、その点に着目して、「子どもの虐待が発覚した時の母親の反応」や「虐待された子どもやきょうだいの親としての養育力」、「加害者とのつながり」「個人の資質、資源、ネットワーク」などいくつかの軸をおき、それぞれにおいて、脆弱な保護機能（less able to protect）と、良好な保護機能（more able to protect）の具体的な像を示しました。

長年の活動の中で、彼女は、事案を支援する専門家の中においても、母親（非加害保護者）への理解が十分でなく、加害者に協力（同調）している存在としてとらえられていること、また支援対象としてはほとんど考えられていないことが多いことに気づいたとのことです。しかし、性的虐待は加害者の責任であり、母親自身も被害者として、また当事者として支援の対象であること、子どもの被害回復に母親は重要な存在であることを他の研究も踏まえて確信し、その視点での発信や活動を行ってきています。

筆者は、2015年の訪英時にアン・ピーク氏に会い、著書（2001）の中に記載されている、これらの軸の日本語訳と日本の実情に合わせた改変の許可を得ました。彼女は、父親的存在から性的虐待を受けた子どもの多くの母親（非加害保護者）との話の中から、これらの軸を整理したということです。

非加害保護者について集めた具体的な情報（姿）を、このようにいくつかの軸で整理することで、非加害保護者の子どもを守る力の強みや弱みを理解し、支援につなぐことができますので、以下に「子どもの虐待が発覚した時の母親の反応」と、「虐待された子どもやきょうだいの親としての養育力」を紹介します。

（岡本正子）

子どもの虐待が発覚した時の母親の反応

脆弱な保護機能（less able to protect）	良好な保護機能（more able to protect）
・被害を受けた子どもの開示の時点で秘匿を企てる。	・他者からの注意を受けて子どもを気にかける。
・出来事を過小評価する。	・情報、助言、支援を求める。
	・虐待の詳細や、理解の仕方を知ろうとする。
・被害を受けた子どもに敵対する。	・子どもの言うことを信じ、開示や介入の際、一貫して子どもを支援している。
・言葉で非難する／子どもを犠牲にする。	・加害者が手なづけるプロセスを理解している。
・虐待について、誰彼構わず、何でも話す。	・虐待の全履歴や詳細を知り、友人や支援者へ適切に説明する。
・拡大家族・友人・付き合いのある人に話していない。	・拡大家族・友人・付き合いのある人たちに伝えて、日常的・社会的・心理的支援を確立している。
・加害者の拡大家族に伝えておらず、彼らと関係を持ちつづける。	・加害者の拡大家族に話し、協力的ではない反応から自分自身や子どもを守る。

（出典）Calder, M. C., Peake, A. & Rose, K. (2001), *Mothers of Sexually Abused Children: A Framework for Assessment, Understanding and Support*, Lyme Regis: Russell House Publishing, p264を基に一部改変

虐待された子どもやそのきょうだいの親としての養育力

脆弱な保護機能（less able to protect）	良好な保護機能（more able to protect）
・自分自身のニーズで頭が一杯である。 ・子どもを拒否・遺棄した記録がある。 ・一貫性のない、不適切な子どもの養育。 ・子どもと情緒的な距離がある。 ・子どもの身体的、社会的、情緒的安全に関して、無視やネグレクトがある。 ・（子どもは）学校への出席状況が良好ではなく、学業のサポートができず、学校と良好な関係を築くことができない。 ・子どもと話し合うことができない。 ・子どもの難しい行動を自分への威嚇とみなし、一貫しない反応で子どもの不安や混乱を増す。	・通常、子どもの育ちのニーズを優先することができる。 ・子どもを安定して世話した履歴がある。 ・有益な日課と境界線の設定と維持が可能な子育てのスキルを持つ。 ・温かく肯定的な子どもとの関係がある。 ・子どもに対する共感性がある。 ・子どもに対して、適切で気遣いのある指導ができる。 ・子どもの教育をサポートできる。 ・子どもと虐待について話し、質問を扱うことができる。 ・行動化を含め、一貫して行動を管理できるスキルを持つ。

（出典）Calder, M. C., Peake, A. & Rose, K. (2001), *Mothers of Sexually Abused Children: A Framework for Assessment, Understanding and Support*, Lyme Regis: Russell House Publishing, p226 を基に一部改変

コラム❷

DV被害者である非加害保護者への支援

1. DV被害者である保護者への支援は子どもの福祉に直結する

性的虐待（家庭内性暴力被害）がある家庭にDVが潜んでいる、DVがある家庭に性的虐待（家庭内性暴力被害）が潜んでいるといわれています。バンクロフトも述べるように子どものいるDV被害者にとって、児童福祉機関の介入はリスクであり、チャンスともいえます。つまり、児童福祉機関は、子どもを引き離すなどの権限をもち家族に介入することから、これまで被害者が必死に守ろうとしてきた家庭や人生を脅かし、子どもの親として至らない被害者自身の非を責めてくるように感じさせられる存在ともいえます。一方で、DVによる支配のメカニズムやその影響の知識をもち、支援的なワーカーとの出会いや介入は被害者だけではどうすることもできない家族の状況を変え、被害者とその子どもが暴力のない人生を歩むきっかけをくれる存在にもなります（バンクロフト 2004＝2006:190-1）。

性的虐待（家庭内性暴力被害）事案においては、非加害保護者に対し、加害者の排除を子どもとの再統合（引き取り）の要件としています。また、非加害保護者の姿勢は子どもの予後に大きく影響します。よって、DV被害者である非加害保護者に適切な支援が提供できることは子どもの福祉に直結するといえます。

2. DV関係から離脱した多くの被害者がいる―「子どものため」は大きな要因

「DV被害者は逃げない」「離れてもすぐ戻る」と言われていますが、実際にDV関係から離れ、暴力のない生活を送っている多くの被害者がいます。DV被害者が離別していくプロセスには、多くの要因が絡み合いますが、子どもを持つ被害者にとって「子どものため」は大きな要因となります。「子どものために関係を続けたい」「子どものために関係を続けるしかない」から、「子どものために離れたい」「子どものためにこのままではいけない」へと転回し、子どもとともに暴力のない生活へ進んでいく多くの被害者に実際に出会ってきました。

3．関わりの視点―加害者と真逆の尊重ある態度で対応する

先述したことからも性的虐待（家庭内性暴力被害）が発見された際やその後に、児童相談所や児童福祉施設などの職員がDV被害を受けている非加害保護者にいかなる視点で関わるかが重要となってきます。介入の当初、被害者の多くは加害者と同居しており、たとえ離れていたとしてもその多くは加害者からの支配が残っている状態です。かつ、子どものことによる児童福祉機関による介入で不信感を募らせやすいうえ、加害者と同調することしか生き延びるすべがない状況におかれているのが通常です。加害者が被害者にもたらす支配や暴力という不当なパワーに支援者が対抗するには、その真逆の尊重のある態度で対応すること、自身の状況を客観視できる情報を伝えること、社会資源を駆使するなどという正当なパワーを行使することが重要です。

一方で、離別は被害者自身が決めるということ、家を出たり戻ったりを何度か繰り返しながら関係を決定していくのが通常であるという認識も必要です。支援者が初めてその家庭にDVがあることを認知したときと被害者の動き出しのときとは一致しないのです。そのことを理解し、情報を伝え、つながりを保持しつつ、変化の可能性を信じ、待つことも重要な支援の視点となります。

4．DV被害者に不可欠な支援の両輪―ケースワーク的支援と心理的支援

DV被害者への支援には、ケースワーク的支援と心理的支援の両方が必要です。ケースワーク的支援とは、方法や選択肢を伝えること、実際に社会資源を駆使し、被害者の離別や新しい生活を支えることです。大阪府の調査では、DVにより母子で一時保護になった被害者の4人に3人は、所持金が10万円に満たないことが分かりました。また、9割の被害者が加害者の追跡や脅しに対する不安を感じています（増井ら 2016)。これは、被害者がたとえ加害者からの離別を決意したとしても、生活の場や安全が確保される方法や

支援がないと暴力から離れられないことを意味します。

心理的支援で重要なことは、被害者自身に起こっている支配のメカニズムやそれにより生じる自身への影響を被害者に伝えることです。状況の理解を支援すること（例えば、「暴力の種類」や「けんかとDVの違い」などを図示した面接用ツール［資料①、②参照］、チェックシートを用いるなど）、加害者の言動の意味を説明すること（例えば、泣いて謝ることや別れた後の不安を煽ることで

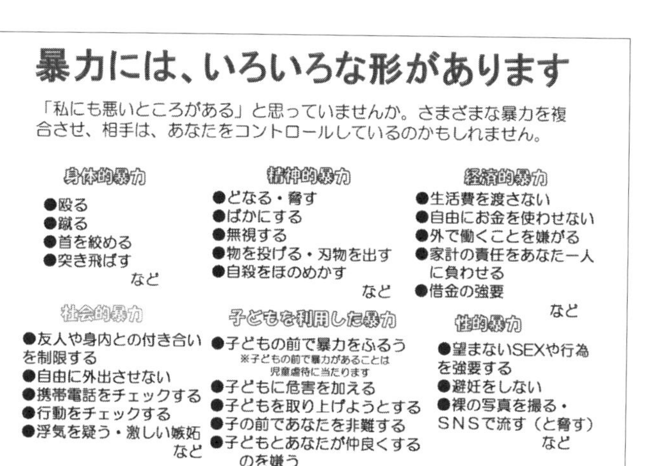

資料①　面接用ツール「暴力の種類」

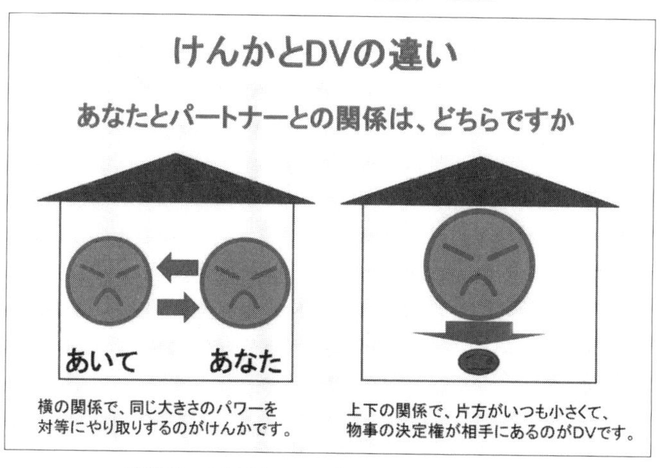

資料②　面接用ツール「けんかとDVの違い」

被害者は逃れられなくなること、被害者を貶めるように情報をコントロールし他者からの信頼を奪い被害者が孤立するなど）は、被害者の気づきとエンパワーメントにつながります。また、境界線（バウンダリー）が夫婦や恋人などの親密な関係においてもあることを伝えることも重要です。「あなたの体はあなたのもの。誰もあなたを傷つけてはいけない」「安全・安心でないことに対して、ＮＯ！を言ってもいい」など具体的なワードで繰り返し伝える必要があります。

5．DV被害者に伝える言葉の具体例―言葉で種をまく

DV被害を受けているであろう非加害保護者にぜひ、伝えてほしい言葉、伝えることが有効である言葉を記します。

- 「私にはあなたが悪いとは思えない」（暴力の責任は、100%加害者にある）
- 「家を出る選択肢と方法がある」「あなたと同じように暴力を受けていた多くの人が、実際に暴力のある関係から逃れ、暴力のない生活を送っている」（被害者は家に留まるしかないと思っている場合が多い）
- 「相談できるところがある」「危険な時は、110番通報をするようにしてほしい。警察はDV（家庭内の暴力）に介入してくれる」（相談や助けを求めることは正当である）
- 「本当にたいへんでしたね」「私はあなたに暴力を受けない生活を送ってほしい」（共感とねぎらい、支援者からのメッセージ）
- 「相手はあなたを思い通りに支配する方法を熟知している。あなたが一番揺れる弱いところをついてくる。巻き込まれないようにしてほしい」「暴力から逃れることで強い喪失感を経験する。喪失はゆっくり時間をかけ埋めていくことが大事である。あせらないで」（離別により予想される加害者の動きや自身に生じる反応をあらかじめ伝える）
- 「関係を継続するという選択もあり。でも、心まで支配されきらないでほしい。そのためにも、人とのつながりを意識的に保つようにしてほしい」「繰り返しながら関係をどうするか決めていくのは通常のこと。でも、相談できるところや方法があることを覚えていてほしい」（関係に留まる被害者にこそ伝えるメッセージがある）

他者（支援者）からの言葉により支えられ、離別へ動くときに背中を押すメッセージとなったと多くの被害者が話しています。これらの言葉や言葉を伝える支援者の存在は、たとえ、その時は受け止められなかったとしても、あとから被害者を支える言葉となってきます。また、たとえ、加害者との生活を継続していたとしても、「心まで支配されていない」状況を生み出し、子どものための母子関係を保持できる可能性を残します。

出会ったその時・その時々に、言葉で種をまく・まき続けることが大切です。これらの言葉を被害者に伝えることは、子どもを支援の主軸とする児童福祉機関の職員にもできることであり、非加害保護者にとって重要な意味をもちます。

（増井香名子）

〈引用・参考文献〉

・Bancroft, L. (2004) *When Dad Hurts Mom: Helping Your Children Heal the Wounds of Witnessing Abuse*, Putnam Adult〔ランディ・バンクロフト著、白川美也子／山崎知克監訳、阿部尚美／白倉三紀子訳（2006）『DV・虐待にさらされた子どものトラウマを癒す―お母さんと支援者のためのガイド』明石書店〕

・増井香名子／丸橋正子／加藤典子／岡本正子（2016）「婦人相談所一時保護からみるDV被害者とその子どもの実態―社会的養護としてのDV被害母子の支援への視点」『子どもの虐待とネグレクト』17-3、pp.400-407

第2章

児童福祉施設の支援とケアについて
児童心理治療施設をモデルにして

第1節

児童福祉施設の支援やケアを読み進めるために

この章から性的虐待（家庭内性暴力被害）を受けた子どもを児童福祉施設でどのように支援・ケアするかを述べたいと思います。

まず、子どもたちは好んで児童福祉施設に来るのではありません。保護者などから人権上著しい被害を受けたのにもかかわらず、自宅から離されて施設というこれまでとはかなり違う環境に身を委ねないといけません。戸惑いや不安はとてつもなく大きいのです。しかし、施設に入所した理由を尋ねると多くの子どもが「悪いことをしたからここに来たんだ」と言います。聞いていて胸が詰まりますが、ここからが支援やケアの始まりであると思います。

次に、施設の暮らしに子どもがどのように折り合いをつけていくかです。病院に入院したわけではないので日々の生活があります。起床から就寝まで、その中で学校の時間も多くを占めます。何しろ、施設ですから大勢の子どもたちとの共同生活です。暮らしのルールにどのように合わせていくのかという課題があります。性被害を受けて保護の名の下に施設に入所せざるを得なかったものの、「個」と「集団」としての生活の制約に関して悩むこともあると考えます。そうしたことに施設がどのように応えてあげられるかが、この章以降の各章のテーマになります。

また、子どもの家庭復帰をどのように図るかですが、現実の状況を考えると家庭復帰が難しい場合もあります。その際に、どのように自立させるかが重要な課題になりますが、これは児童相談所のみの仕事では決してありません。児童福祉施設におけるソーシャルワークの課題でもあります。性的虐待（家庭内性暴力被害）を受けた子どもは大きなトラウマを抱えており、それも踏まえたフォローアップが必要なのです。一番シビアな虐待である性的虐待（家庭内性暴力被害）を受けた子どもは、長期間の支援やケアが必要なのは改めて言うまでもありません。

児童心理治療施設をモデルとして取り上げたのは、生活の基盤を支える児童指導員や保育士とともに、心理治療や心理教育を行う心理士、心身を診る児童精神科医（小児科医）、看護師、子どもの「食」を支える栄養士が配置されているからです。また、施設内学級があるので教育の状況も教員と情報交換しています。加えて、児童指導員や心理士がソーシャルワーカーの役割を担っています。多くの専門職種が情報交換しながら共働して支援・ケアしています。全国で590カ所を超える児童養護施設や、児童自立支援施設（58カ所）にも参考になると思います。

（八木修司）

第2節

児童心理治療施設における総合環境療法とは

1．総合環境療法について

児童心理治療施設は、いわゆる医療モデルでの治療や支援ではありません。さまざまな支援体制の協働が子どもを取り巻く「生活環境」により良い影響を与えることを目標としています。その支援は「総合環境療法」であると言われています。図2-1のように生活支援・心理支援・学校教育・ソーシャルワークが円環的に子どもの生活環境に関わり支援しています。総合環境療法は、もともと1950年代にイギリスのサイナイ病院で考案された環境療法（milieu therapy）をもとに、児童心理治療施設が独自に発展させた治療概念・治療方法のことです。環境療法は集団の人間関係や組織運営を修正すれば、個人の行動変容が生じるという発想に基づいています。

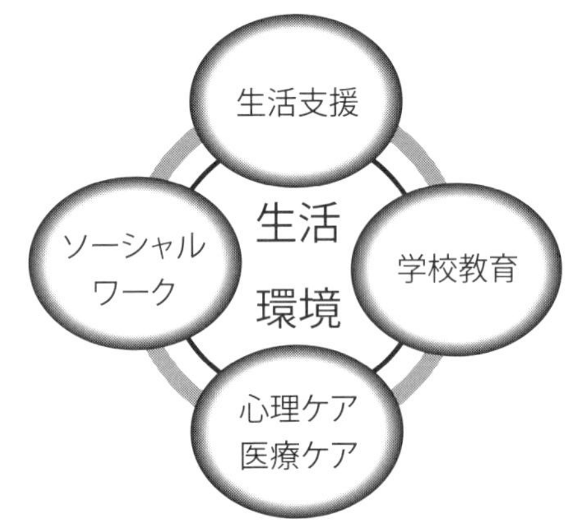

図2-1　児童心理治療施設における総合環境療法

2．総合環境療法の原則

(1)「環境を修正すること」で支援する

子どもの中に病因（心因）を発見しそれを薬物治療等で取り除くと健康になるという医療モデルではなく、問題の要因を子どもと環境の相互関係の中に探し出し「環境を修正する」ことで子どもの行動を変容させるか、子どもの成長を促進しようとする考え方で、いわゆるエコロジカルモデルです。

（2）必ずしも，個別療法に固執しない

問題の内容を子ども個人の内面のみに探すよりもこれまでの環境のどこに課題があったのかをみていくため、個人療法よりも、集団の行動つまり日常生活のありかたに重みをおきます。

福祉職である保育士や児童指導員、医療職の医師や看護師、心理職、ファミリーソーシャルワーカーの専門家に加え学校の教員も子どもの支援に関わり、施設での生活を治療的な経験にできるように構成します。日常生活、学校生活、個人心理治療、集団療法（心理教育など）、家族支援、施設外での社会体験などを有機的に結びつけた総合的な治療・支援を展開する総合環境療法が児童心理治療施設の特徴であると言えます。子どもへの直接な関わりとして、保育士や児童指導員による生活場面や集団場面での支援、心理治療士や医師、看護師による心理ケア・医療ケア、教員が中心となる施設内学級での教育があります。また、家族や関係機関に対するソーシャルワークが必要となります。

子どもにとっては、自分に関わる多くの人たちがお互いに助け合い、自分のことを大切に思って支援してくれると思えることが何より大切になります。家族や関係機関とのネットワークづくりは子どもへの直接の支援の舞台を支えるとともに、退所して家庭や地域社会で暮らしていく時の支援体制の土台づくりになります。（八木修司）

第3節

支援やケアの流れ
——アセスメント、プランニング、アクション、モニタリング——

1．入所時の支援やケアのアセスメント
——子ども、家族の情報収集——

児童相談所（以下児相）から情報が入り、子どもの状態を把握し入所に至るまでの対応や入所後の処遇を考えていくことになります。入所後の処遇を考える上で、子どもや子どもを取り巻く環境の情報を整理し支援やケアの方針を明確にしておくことが、子どもや子どもを支援する職員の関係を円滑にすることになります。入所前に、児相からの情報で不明な情報を整理し、児相の児童福祉司や児童心理司と十分な情報交換を行い、アセスメントしておくことが入所後の処遇に繋がっていきます。「始めよければ終わりよし」と考えて下さい。

特に、性的虐待（家庭内性暴力被害）が疑われる場合、問題事実等の確認や初期対応（児相の一時保護を含む）の中での子どもの反応（症状や行動など）はどのような状況であったか、今後の予想される展開について検討します。入所前に児相の情報を収集して生活支援、心理ケア・医療ケアの職員においてケース検討会議（入所前検討会議）を開いて十分にコンセンサスを得ておく必要があります。また、加害者や非加害保護者の状況把握とそのアプローチはどのように行われるのか、加害者や非加害保護者と接触する場合の留意点についての方針など、児相ときちんと情報共有しておくことが望ましいと考えます。

子どもの性的虐待についての身体の医学的診察や子どもの性暴力被害についての被害事実確認面接（forensic interview）の実施状況（第1章参照）についても確認しておくと、入所後の子どもへのケアの方針が立てやすいです。加害を疑われる人物との分離の状況や非加害保護者への虐待の事実の告知と性的虐待や性暴力被害への問題の認知状況を確認して、支援への協力する意識について確認が必要です。虐待者・加害行為を疑われる人物については、

虐待事実の確認・告知の状況と接見禁止の手続きの有無や、性的加害者の法的対応への準備状況について児相に確認しておくといいでしょう。また、保護者以外の親族と子どもの接触をどうするか、同居していない親族等や、きょうだいの情報も必要です。子どもや非加害保護者を支える対象となり得るのかの情報も必要となります。

入所後の支援を行う上で、一時保護所での子どもの解離やフラッシュバックなどの症状や、他の子どもへの性的行動の再現性などの情報があると、居室や入浴などの生活場面の設定のプランニングを検討しておくことができます。

2．支援やケアのプランニング
――安全・安心の暮らしの計画――

職員間で子どもの理解を図り、共通認識を統一します。できる限り多くの職種間で基礎情報を中心に検討を行います。ポイントとしては、①日常生活において、子どもにどのようなことが生じるか（症状、行動など）を予測、②孤立する可能性はないか、③対象の子どもがどの子とつき合うか（支配、被支配の関係に陥らないか）、を検討します。どのように支援やケアするかの初期の指針を立てます。一方で治療方針をどのように子どもや保護者に説明（契約）するかも考えます。

入所後の子どもの反応に関しては入所初期の緊張と過剰適応への配慮とその見守りが重要になるでしょう。担当者による定期的な面接によって、①解離性の性的表現、②トラウマに関する言動、③性被害による異性（男性職員だけではなく、男子児童）との生活部面での距離の取り方、④施設生活の安全感の受け止め方など、施設生活全般に留意した支援・ケア計画が重要になります。

3．支援やケアのアクション
――生活場面の観察と個別支援、心理療法のあり方――

H. S. サリバンは「関与しながらの観察」と言いましたが、これは参加型観察法という手法です。これは治療的観察対象である子どもに「観察されているという違和感」をあまり与えずに観察する（見守る）というメリットがあります。何より施設は日常を暮らす環境ですから、支援者はごく自然に振る舞うことが大切となります。そこで得た観察事実から治療方針の確認と修正を行います。

性的虐待（家庭内性暴力被害）を受けた子どもは、序章で詳しく述べているように、性的虐待以外の虐待を受けていたり、虐待とは言えないまでも虐待的環境で育ってきたりした子どもが多く見られます。その子どもたちにとっては、愛着の問題やネグレクト環境で育ってきた課題へのアプローチも重要ですが、特に「性的虐待（家庭内性暴力被害）を受けた子ども」への支援については、①トラウマ性の問題の支援・ケア、②低い自己イメージへの対処、③場合によって生じる性的行動の再現への対応が重要であると考えます。一人ひとりの子どもに対して、日常におけるきめ細やかな配慮と必要に即した生活場面面接（Life Space Interview）、心理士による定期的な面接（週１回以上）が必要です。それに併せて、正常な性的発達を促進する心理教育や心理療法も重要となるでしょう。単に身体的な性教育プログラムだけでは不十分で、対人関係のあり方に基づいたプログラム、CAP（Child Assault Prevention）やCSP（Common Sense Parenting）など、また、さまざまなトラウマに関した心理教育（MYTREEなど）、心理治療、例えば、トラウマフォーカス認知行動療法（TF-CBT）などがあります。これらのプログラムはきちんとトレーニングを受けて実践しなければなりませんが、これらの基本を各施設でOJT研修（On the Job Training）されるとよいでしょう。

子どもたちの中には、入所して時間が経つと被害事実の否認や撤回などを起こすこともあり得ます。その場合は、なぜ撤回に至ったかを職員間で再度十分に検討する必要があります。子どもが抱く非加害保護者やその他の家族への感情、加害者へのさまざまな感情の整理が必要になる場合があるので慎重を期します。

また、児相とともに施設も連携して、被害児童と非加害保護者との面接などを検討しますが、この際に、非加害保護者が性的虐待（家庭内性暴力被害）の疑われる対象者をどのように認識しているかが重要な鍵となります。①被害児童を守る姿勢があるか、②被害に関してアンビバレンツな感情を持っているか、③被害児に関して何らかの拒否的な感情を抱いているか、などによってアプローチが大きく異なります（第1章第2節参照）。この点を一歩間違えると、被害児は二次的な精神的ダメージを受けることになるので、ソーシャルワークの側面としては非常に重要なポイントになります。

4．支援やケアのモニタリング
――ケース検討会議など――

入所後、子どもの生活場面や心理治療（心理教育も含む）の状況、施設内学級での様子（児童養護施設の場合は通学している学校の様子）、投薬の効果など、多面的な情報を収集しケース検討会議を実施します。入所後の初回ケース検討会議は仮性適応時期を脱した約２カ月を目安に実施するのが望ましいと考えられます。その前提として、毎日の引き継ぎ（通常、朝夕かと）において、常に児童間の情報を共有化し、その都度の対応を行っておくことが必要となります。

また、他の虐待要件で入所した児童が生活場面で性的な言動を表出することがあります。こうした言動の背景に家庭内で性的刺激にさらされていたり、性行為の目撃など、子ども自身が性的被害であることを認識していなかったりする場合があります。常に生活場面での子どもの言動に注意を払い職員間で共有しておく必要があります。児童心理治療施設の場合、児童養護施設と

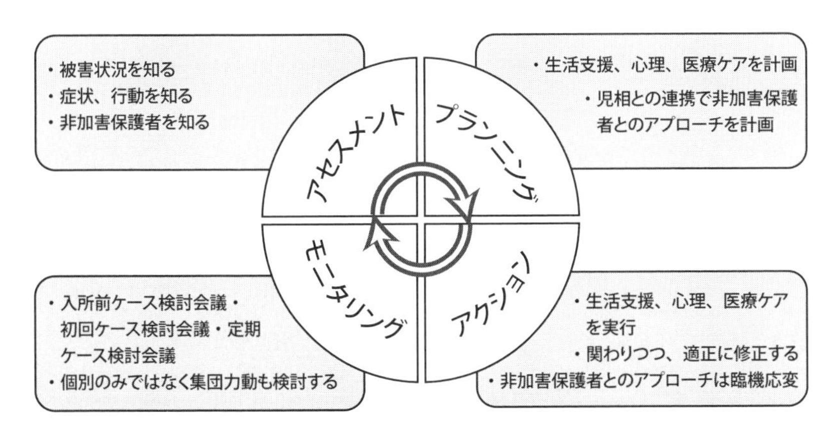

図2-2　児童心理治療施設の支援とケアの流れ

比較して児童の入退所が頻繁に生じますので、短期間においても児童集団の力動関係が変化します。少なくとも、3～4カ月ごとに個人だけではなく、児童集団に関してもアセスメントしていく必要があるでしょう。ケース検討会議などにおいて、支援やケアの方針を柔軟に修正していくことが大切になります。

（八木修司）

児童福祉施設の支援とケア、ソーシャルワークのチェックリスト	
□	事前に児相から家庭内性的暴力被害児および家族（非加害保護者中心）のきちんとした情報（被害状況、症状、行動など）が入っている。
□	入所前ケース検討会議において暫定的な生活支援や心理ケア、医療ケア、非加害保護者を中心とした家族へのアプローチを検討している。当初に予測される課題や問題への危機管理に関しても相談している。
□	初回ケース検討会議（約2カ月）やその後の定期ケース会議（約3～4カ月間隔）において児童の状況に関して情報交換（安全・安心の生活確保、心理ケアの状況、症状や行動に関するケア、学校での学習など）を図り、その際に他児童との関係性（集団力動）に関しても検討している。
□	非加害保護者などの状況やアプローチに関して児童に適切に伝えて、家族へのアプローチを検討している。難しければ、その状況も的確に伝えてフォローしている。
□	非加害保護者などの家庭環境の整備によって、家庭復帰の具体策を検討している。それが難しければ自立に向けてのアプローチを児相中心に施設も意見を述べてソーシャルワーク展開を図る。
□	退所後のフォローアップに関しても、児相のみならず施設でも検討している。

〈引用・参考文献〉

・岡本正子（2016）「性的虐待事案に係る児童とその保護者への支援の在り方に関する研究」平成26・27年度厚生労働科学研究費補助金（政策科学総合研究事業［政策科学推進研究事業］）総合研究報告書（研究代表者：岡本正子）

コラム❸

虐待を受けた子どもの大きなトラウマをいやすアプローチ

1．児童福祉施設では虐待を受けた子どもが大半の現状

児童虐待防止法（2000年）が成立して17年が経過します。その間に全国の児童相談所（以下、児相）に通告された件数は年々増加の一途を辿ります。2017年の児童虐待相談件数は12万2,578件（速報値）となり過去最多になりました。今後も更に増加していくと考えられます。その内、約10％が児童福祉施設に入所します。私が児童心理治療施設に勤務（1982～2001年）していた後半から被虐待児童の入所が高まってきました。児童虐待防止法などの法律が施行された2000年に児童心理治療施設で被虐待児童が50％を超えました。被虐待児童が不登校を中核とするタイプの子どもたちの数を超えたのです。2015年には被虐待児童が71.2％を占めています（ちなみに児童養護施設では59.5％、児童自立支援施設では58.5％）。そのうち、発達障害児童が29.7％を占めています。それは発達障害児童が虐待を受けやすいという要因もあると考えられます。

被虐待児童が増えてさまざまな問題行動も生じてきました。被虐待児童が起こす外向きの問題行動として、非常に強い攻撃性や衝動性、集中困難があります。また、内向きの行動として、激しい自傷行為や自殺企図もあります。そして、一人の子どものそのような行動が児童間で増幅されて、施設内でさまざまな暴力や破壊が生じ、施設機能マヒが起きました。多くの児童心理治療施設や児童養護施設で生じました。このようなことは、2002～2004年頃から起こってきました。そして、生活支援や治療システムの変更を求められました。それぞれの児童福祉施設で取り組みが行われてきました。特に虐待による子どものトラウマから生じる症状や行動に対してどのようにいやしていくかが重要になりました。

2．トラウマ・ケアの重要性

被虐待児童が児童福祉施設の大半を占めるようになり、前述のように、さまざまな行動上や心理面での症状が多発したのです。その理解に基づいた支援やケアのために、子どものトラウマ（心的外傷）に焦点を当てたトラウマ・インフォームドケアなる概念が注目されました。これは、子どもが過去にどのようなトラウマを体験し、現在の生活上においてトラウマ症状が生じているのかをアセスメントしてケアしていくアプローチです。

アメリカ疾病予防管理センターが実施した大規模な調査結果（1995～97年）から、子どもの頃における虐待やさまざまな逆境的体験がその後の社会性の発達や情緒面・認知面の発達を阻害してしまうことがわかりました。これは、成人になってもその人の行動や社会適応、さらには身体の健康や寿命にも悪影響を及ぼす可能性があることが明らかになったのです。その後、1990年代以降、アメリカを中心に子どものトラウマ治療のプログラムの開発が大きく進展したことも挙げられます。さまざまな治療プログラムが提案される中、「トラウマフォーカスト認知行動療法（TF-CBT）」が注目されています。子ども自身の過去のトラウマ体験とトラウマ症状の関連を知り、さまざまな症状を自らコントロールできるようになることを重要視している点にあります。

3．私の体験から―入所前にしておくこと―

私は児童心理治療施設（旧情緒障害児短期治療施設）に約20年間にわたって勤務しました。そのほとんどの期間において入所窓口として児相との調整役を担ってきました。児相の児童福祉司（ケースワーカー）から電話が入り、詳しい状況を聞いて、その後に書類（児童記録、心理判定など）が届いて入所準備を図るのですが、必ず児相の一次保護所に行き、子どもと出会いました。書類だけではわからない面はないかということもありましたが、虐待被害を受けた子どもと直に出会う、そこから施設における支援やケアが始まるからと考えたからです。

虐待を受けた子どものほとんどが「私（僕）が悪かったから、ここに来たんだ」と言いました。家庭内の不適切な支配・被支配の関係によって子どもの自尊感情が大きく崩れているのです。また、性的虐待を受けた子どもに関しては「ボーッとすることが多い。家にいた頃を思い出せない」と解離症状を訴えることもありました。虐待体験が子どもにおいて大きなトラウマとなっているのです。当時（約20年前）、トラウマ治療は普及していませんでしたが、私は一次保護所の面会室で「あなたが悪かったのではないです。そういう症状が出たことに混乱するのは当たり前だと思います。本当にゆっくりで構いませんから、話せることから話して下さい。それと施設に来たら困ることもあるから、その都度、職員に言ってくれるといいですよ」など言いました。自尊感情の取り戻しや、受けた被害体験から生じる症状は簡単に回復しないと思われますが、そのためにも、治療スタッフ（大人）と子どもとの関係が鍵になると思います。必ず、一次保護所で施設の窓口職員が子どもと会うことが大事であると思っていました。子どもは理不尽な虐待を受けて、しかも一人きりでいるのです。こころの準備なく、自ら入所する施設の誰とも出会わずに、新しい生活環境に飛び込むのは、とてつもなく大変であるのを知ってください。

4．施設の環境をしっかり見よう！
—子どもを家庭から「分離」させるのは準備がいる！—

児童福祉施設が性的虐待（家庭内性暴力被害）などの子どもを受け入れる際には、入所前からの情報や窓口職員の感触を踏まえてアセスメントをしっかりと行うことが大事ですが、その際に施設の環境を確認することが必要です。心理的な症状に関してどのような手立てが可能なのかを予測して準備することになるかと思います。ここが安全・安心に暮らせるのかという子どもの不安に関しての準備をどうするかです。子どもは入所した１日目～１週間ほどの関わりを大人になっても覚えています。環境の急激な変化に安心させていくプロセスが必要になります。一時保護所で会った窓口職員が入所した日に勤務している、担当する職員が子どもと出会う（できれば、初めて施設にて就寝する日の夜勤に合わせる）など、できる限りの配慮をしてくださるとよいと考えます。児童福祉施設の子どもを考えるとさまざまな日課（時間に沿った衣食住の取り組み、学校への登校など）がありますが、子どもの状況に合わせての工夫や免除（例えば、食欲がなければ残してもいいよ）も必要になります。それには「まだ、施設生活に慣れていないから当たり前」という優しい関わりが必要なのは言うまでもありません。

5．日々の「暮らし」の中でいやしていく

上記の衣食住のポイントを具体的にもう少し述べますと、①衣―清潔な服装ができているか、タンスがきれいに整っているか、着替えに関して場所も含めて不安はないか、などです。②食―食欲に対する配慮や、安心できる友達と一緒に食べているかを配慮します。マナーも重要ですが、発達障害の子どもでは口の中でさまざまな食べ物が混じって嫌がる場合もあります（アセスメントが大事)。③住―睡眠時の不安（入眠困難や中途覚醒、夜驚症など)、入浴に関する不安、トイレの不安、女子なら生理時の対応など、があります。また、日中も一人でいたい時の場所の確保も重要となるでしょう。

トラウマをどのようにいやしていくかは、こうした施設環境の基盤づくりが第一かと思います。その環境の中で職員との信頼関係をどのように築いていくかのプロセスが大切です。

（八木修司）

〈引用・参考文献〉

・岡本正子（2016）「性的虐待事案に係る児童とその保護者への支援の在り方に関する研究」平成26・27年度厚生労働科学研究費補助金（政策科学総合研究事業［政策科学推進研究事業］）総合研究報告書（研究代表者：岡本正子）

・八木修司（2011）「今、改めて情緒障害児短期治療施設に求められるもの―安全・安心の基礎的支援と専門的ケア」『心理治療と治療教育』（情緒障害児短期治療施設研究紀要）第22号、pp.12-17

第3章 児童福祉施設における生活支援

第1節 児童福祉施設での暮らし

1．生活支援の流れとポイント

（1）生活支援において重要な支援

1）ケアワーカーの専門性

生活支援の主な舞台となるのは、子どもたちが寝泊まりをする寮であり、主役となるのがケアワーカーです（施設においては指導員、支援員という呼び名がありますが、ここではケアワーカーと表記します）。もちろんさまざまな職種が連携して子どもたちの生活を支えているので、心理士も栄養士も看護師も教員も生活支援と密接な関係を持ちますが、生活支援において中心的な役割を担うのはケアワーカーです。

－当たり前の生活が難しい－

施設での生活は、食べる・寝る・遊ぶなどの日常的な行動を中心に構成されています。食べる・寝る・遊ぶといった行動は、誰もが毎日自然に行っていることなので、一見したところ、ここに高度な専門性が求められるとは考えにくいかもしれません。しかし、子どもたちが当たり前の生活行動をスムーズに行えているのは、大人から世話をされ、教えられ、褒められてきた幼少期からの経験の蓄積があるからなのです。深刻な社会不適応が生じたりしている子どもたちの多くは、大人から放置されたり、強制されたり、時には脅されたりして育ってきたわけですから、食べることや、寝ることや、遊ぶことに、どこかスムーズでないところあっても当然と言えるでしょう。例えば、食べることで言えば、好き嫌いが多かったり、食べる量の調節ができなかったり、調味料をかけすぎたり、手づかみで食べたり、食事中に離席をしたりするなどの問題があり、落ち着いて食事を味わう時間にするのはなかなか容易なことではありません。

子どもたちが抱える問題に対する特別な配慮と支援は、食事に限らず、生活のあらゆる場面で求められます。入浴であれば、体の洗い方、入浴中のマナー、他児との距離などに配慮と支援が必要でしょうし、入眠時であれば、豆電球をつけておく、読み聞かせをする、添い寝をしてトントンするなどの配慮と支援が必要になります。子どもの一人ひとりにそれぞれの問題があるので、一律に全員に同じ関わりはできません。それぞれの子どもが抱える問題を理解し、どのような配慮と支援が必要か判断をしながら関わることが、ケアワーカーには求められています。

ー集団生活の難しさー

当たり前の生活が難しい子どもたちを集団で支援することにも、独特の難しさがあります。個別支援中心の里親でも、子どもが持つ病理性に大人が巻き込まれやすくなるという問題があるので、一概に優劣を決められませんが、集団になることで子どもたちが抱えるさまざまな問題が"足し算"されてしまう上に、子ども同士の相互作用が悪い方向に働いて、お互いに刺激し合って問題が増幅される"掛け算"が生じてしまうことがあります。集団生活を送る子どもたちの日常をスムーズで安定したものにするためには、ケアワーカーが専門的な知識と対応のノウハウを持っていることが必要なのです。普通に衣食住を提供したり、同情的に優しくしたりするだけでは、彼らに安定した生活を提供することはできないでしょう。

児童虐待を受けた子どもが生活する施設において、ケアワーカーが子どもたちの言動の背景を理解して、適切に対応するために身につけておきたい専門知識は、①愛着、②トラウマ、③不適切なモデルに関する知識です。では、愛着とトラウマを中心に、押さえておきたいポイントはどんなことなのかを詳しく解説します。

2）愛着形成とガイド関係

−子どもがピンチの時に守ってくれる大人の存在−

ケアワーカーに備えて欲しい専門知識の一つ目は、愛着に関する知識です。愛着を育てると言うと、常に一対一で子どもに愛情を注ぐことというイメージを持つ人もいるかもしれませんが、必ずしもそういうわけではありません。愛着行動とは、子どもがピンチの時に自分を守ってくれる大人に接近する行動もしくは大人を呼ぶ行動のことです。子どもは大人と接することで、安心を感じて、興奮や緊張が解けてリラックスできます。そして、心身のエネルギーを回復させることができるのです。ところが、社会的養護の現場で出会う子どもの多くは、この愛着システムの働きに不調を抱えています。ピンチに遭うと、大人に助けを求めたり、頼ってくっついてきたりするよりも、自分一人で戦いを挑んだり、固まってしまったりすることが多いです。また、安心感を得てリラックスすることができないので、一旦興奮してしまうとなかなか落ち着くことができず、叱りつけたり押さえつけたりされると、よけいに興奮してしまうこともあります。さらに、エネルギーを回復できないことは、成長のための課題に挑戦する力の不足をもたらします。大変なことを頑張って取り組むのが苦手な子どもになり、やる気を無くして諦めやすくなってしまいます。このような状態で無理に課題に挑戦させても、子どもは“無理やりやらされている”と感じてしまうので、大人の目をごまかしたり嘘をついたりするようになっていきます。

−子どもの自発性を育む「ガイド役」とは−

無理にやらされて怒られないようにごまかす関係の対極にあるのが、「ガイド関係」です。ガイド関係とは、ガイド役である大人の導きに子どもが自発的についてくる関係です。普段の生活で大人との関わりの中で、子どもが安心や自信や楽しさを体験することができていると、子どもの中に“大人は自分に良いものを与えてくれる”という期待感が育っていきます。そして、大人が「こうするといいよ」と手掛かりとなるガイドを示すと、子どもはそれが自分にとって良いものだと信じて自発的に課題に挑戦するようになります。このようなガイド関係が成立していると、望ましい行動を身につけるための「しつけ」がスムーズに進みます。しつけと言うと、子どもに無理やり我慢させたり、嫌がってもやらせたりすることだと考えている人もいますが、それは「おしつけ」であると思います。

―大人（ケアワーカー）が子どもと一緒に取り組む―

ガイド関係にはもう一つ大切な要素があります。それは子どもの横でサポートすることです。挑戦には失敗がつきものですから、大人が子どもの挑戦に付き添って一緒に共同作業をしながら、不安を和らげたり、失敗に助言をしたりしながら支えます。そして、子どもが自分で考えながらあれこれと試すことを励まし、結果や成果よりも努力するプロセスを大切にして、課題への挑戦を後押しします。このような支えや後押しをしながらも、子どもの達成状況に合わせて、徐々に大人からのサポートを減らしていき、最後は自分でできるところまで導きます。子どもと自転車の練習をする時のことを思い出してみてください。乗り方を教え、後ろで支え、徐々にひとりで走らせてみる、あのイメージです。

子どもがピンチの時に、①大人を頼れる安心感、②そこからエネルギーを得る、③大人に導かれて自分の力で安心や自信や楽しさを得る、この関係がうまく成立すると、大人からの支援が子どもにスムーズに伝わり子どもの成長を後押しすることができます。しかし、虐待的な環境にある家族は、こうした関係を築くことが上手くできない状況にあると思います。子どもに頼られると大人に負担感や不安や不快感が湧き上がり、一緒にやるより子どもに一人でやらせてしまい、子どもが失敗をすると叱責して、良い結果が出るまで許さないという関わり方になる傾向があります。その背景には、親自身も祖父母からそのように育てられてきたので、親子関係とはそういうものなのだという気持ちがあるのだと思います（虐待環境の世代間連鎖）。

―子どもの乱用（abuse）―

このような育てられ方をされた子どもは、「子どもは大人の道具だと思っていた」と語ることがあります。まさに『子どもの乱用（child abuse）』だと思います。その最たるものが性的虐待（家庭内性暴力被害）です。大人が自らの欲求を満たしたり、ストレスを発散したりするために、子どもが抱く恐怖や不安、その後に拭い去りがたく残る自己否定の気持ちなどに想いを巡らすことなく、単に性的な道具として扱う行為が性的虐待（家庭内性暴力被害）

だからです。

−安全の感覚は教える前に体験が必要−

愛着形成が不十分でガイド関係を築きにくく、自分は道具みたいな物だと思っている子どもに「安全・安心」を理解してもらうことは容易なことではありません。そもそも、安全という感覚を知らないのですから、言って聞かせて教えても、感覚として湧き上がってくるものがありません。確かに心理教育で言葉を覚えてもらうことはできますが、体験や実感を伴わない言葉は子どもにとって意味のあるものではありません。子どもたちに安全感をわかってもらうためには、生活の中で実際に繰り返し体験してもらうしか方法がありません。安全を脅かす脅威から守ってもらえるという感覚を味わうところから、もう一度育て直しをする必要があります。

−脅威とルールのジレンマ−

「脅威から守られる」と言っても、児童期後期や思春期の子どもでは、乳幼児のように簡単にいきません。乳幼児であれば、主な脅威は空腹や排泄などの生理的な不快感です。泣き声を上げれば、養育者がやってきて授乳やおむつ替えなどのお世話をして、脅威を取り除いて気持ちよくしてくれます。かなり成長した子どもでもしっかり食べて、安眠することなど、生活の中で心地よくなる支援をしてもらうことで、不快な脅威から守られて、大切にしてもらっているという感覚を味わえる点は同じです。ただし、成長するほどに集団生活での一定の責任を求められるようになり、日課やルールなどの社会的な制約を受けるようになります（一般家庭でも日課やルールに似た決まり事、例えば、ゲームをしていい時間とか門限などがあります）。職員が日課やルールを守らせようと思って、必要以上に大声で叱責していると、子どもには日課やルールが脅威と受け取られ、時には攻撃や迫害だと感じてしまいます。本来、日課やルールはスムーズに生活したり、お互いに安全に過ごしたりする上で役に立つ約束事という意味を持っています。スムーズで安全な生活を守ろうとする職員の頑張りが、子どもにとっては脅威となってしまうという、皮肉なジレンマを施設職員は抱えているわけです。このジレンマを解消するためには、日課やルールをどの子にも同じように当てはめるのではなく、それぞれの子どもの個別の課題に配慮した柔軟な運用をすることが必要だと思います。

―バウンダリー（境界線）＝個人空間の大切さ―

脅威から守られた安全な生活に関して、もう一つ重要なポイントは生活上の「バウンダリー（境界線）」です。これは自分と相手の安全感と安心感を大切にしながら生活するために、互いにその中まで踏み込まないように気遣うべき距離感（境界線）のことです。この境界線は次の3つに分類できます。①物理的境界線（身体、物、場所）－他人にそれ以上近づかれると嫌な感じのするパーソナルスペース（腕一本の距離を取ること等）、他人のプライベートパーツを触らない、男女の生活空間を別にする、持ち物に名前を書いて誰の物かはっきりさせるなどが、物理的境界線の例です。②心理的境界線－自分の思いに反する嫌なことを断ったり、相手に嫌な思いをさせないように配慮するなど、自分と相手の気持ちを大切にする分別が心理的境界線と関係します。この境界線への侵入の典型例が、嫌だと言って拒否しているのに暴力や脅迫で強制されることで、他には、大事に思っていることを否定されたり、秘密を守ってもらえなかったりすることも、心理的境界への侵入にあたります。③社会的境界線－マナー、ルール、法律など社会の中で共有されている決まりごとのことです。“悪いタッチ”はしないとか、物を借りるときは「貸して」とお願いをして相手が了承したら借りるとか、どんな暴力も認められないなどが社会的境界線の例です。

職員の立場に立つと、ルールは子どもたちに守らせなければならないものととらえがちなのですが、ルールを盾に子どもの心理的境界線を踏み越すと境界線が『安全』を脅かすという矛盾が生じます。ルールを教える際には、まず子どもがルールに守られた体験を積み重ねることが大切です。

―トラウマ反応でバウンダリーが崩れる時の対応―

性的虐待（家庭内性暴力被害）を受けた子どもは境界線を何重にも踏みにじられています。だからパーソナルスペースが尊重され、プライベートパーツに触られないことを大切にして、安全感の回復に努める必要があります。しかし、トラウマ場面で体験した行動を繰り返してしまう「再演」や場にそぐわないハイテンションを呈する「過覚醒」のために、自分から他児のプライベートパーツに触りに行こうとすることもあります。そのような場合は、その都度職員が止めて、興奮をしずめて自分も他人も大切しようと繰り返し伝えることと、折を見てトラウマ反応について心理教育をすることで、ルールと職員に守られて、生活が安定してくることを実感してもらいます。

－愛着形成とガイド関係のまとめ－

虐待的な養育環境で育った子どもは、愛着関係とガイド関係を築くための育て直しから生活支援を始める必要があり、その基盤となる安全感を生活の中で繰り返し体験できることが大切です。これは、性的な道具として人格を否定され、心のデリケートな部分に侵入されてきた性的虐待（家庭内性暴力被害）の被害児にとって、特に重要なことになります。安全感を実感できるようになるために、衣食住のお世話を通じて心地よい体験を積み重ねることは意味があるので、大きな子どもであっても心地よい体験をできるだけたくさん提供してやりたいものです。また、バウンダリーが守られることで、子どもたちが安全感と安心感を実感できることも大切です。しかし、集団生活を安全に保つための日課やルールが、子どもにとっては心理的境界線への脅威と受け止められる可能性もあります。ルールの使い方には個別の配慮をして、ルールに守られていると子どもが実感できるように工夫をする必要があります。

3）児童福祉施設におけるトラウマ・インフォームドケア

愛着障害は、安全感を味わった体験が不足していて大人を頼る力が育っていない状態と言えます。このような問題に加えて、虐待的な家庭で育った子どもはトラウマの問題も抱えています。ひどい暴力や恫喝による凍り付くような恐怖心が心に刻みつけられていたり、子どもの人格や存在価値を否定するような罵倒を受けて深い絶望感を宿していたり、大切な人や特別な場所との強引な別れによる埋めがたい喪失感を抱えていたり、性的虐待（家庭内性暴力被害）では圧倒的な力や巧妙な言動で支配されることから生じる根深い無力感を味わっていたりします。トラウマは人生の長期にわたって心身に影響を与え続け、子どもが安定した生活を送ることを邪魔します。児童福祉施設で出会う子どもの多くは、心がやせっぽちな上に、ざっくりとした深い傷を何本も負っていて、さらに大切なものを引きちぎられた心の傷も負っていると言うことができるでしょう。

ー戦慄トラウマと喪失トラウマー

トラウマを大きく分類すると、恐怖感が中心となる戦慄トラウマと喪失感が中心となる喪失トラウマがあります。実際のトラウマ体験は両方の特徴が混じり合っていて、どちらのタイプかきちんと分類できないことが多いものです。威圧的な性的虐待（家庭内性暴力被害）では、子どもは殺されるかもしれないという恐怖と家族として信頼していた相手を失う喪失感を同時に味わうことになります。したがって、分類にあまりこだわらなくてもいいのですが、ただそれぞれに対応の基本方針が違うことは覚えておく必要があります。戦慄トラウマは切り傷のようなもので、傷痕は残りますが時間の経過とともに癒えていきます。支援者はトラウマ体験の語りを聞きながら、子どもの恐怖感の生々しさが徐々に薄れていくように支援します。喪失トラウマは身体の一部を切断したようなもので、それを失ってしまった境遇を受け入れることを目指します。支援者は喪失に伴う否認、怒り、戸惑いなどの感情に共感し、そして喪失の悲しみが少しずつ和らいでいくプロセスに付き添います。子どもが背負わされたトラウマがどんなものなのか、子どもが教えてくれる情報は断片的なものしかありません。職員は子どもの生育歴を把握して、この時はこんな恐怖を味わったのかな、あの時はあんな喪失を味わったのかなと思いを巡らせながら、生活をともにする必要があります。

ーフラッシュバックー

日常生活で現れる問題行動の背景に、トラウマは色濃く影を落としています。安全な生活を難しくするトラウマ症状の代表格は、「フラッシュバック」です。フラッシュバックとは、トラウマ場面で体験した感覚や感情や思考がいっぺんによみがえって、過去のその場面に引き戻されたようになってしまうことです。子どもが大興奮してしまう場面のほとんどで、過去の恐怖体験のフラシュバックが起きていると見て間違いないでしょう。フラッシュバックの引き金は本当にささいな刺激であることが多いです。男性職員の大きな声が引き金になったり、視線が合っただけでも引き金になったりします。フラッシュバックが起きると、子どもの行動は本人の意思のコントロールから離れてしまいます。

性的虐待（家庭内性暴力被害）を受けた子どもが異性を性的に挑発するよ

うな言動をとることがありますが、ある子どもに聞いた時に、「ブレーキが壊れた車に乗っているみたいな感じ」と教えてくれました。そして、「本当は悪いのは分かっているんだよ。だけど、どうしたら止められるのか誰も教えてくれないじゃない」と言っていました。職員としては、「性的な言動も暴力の一つだ」などと教え込みたくなるところですが、子どもは一度言われたら分かっているようです。それよりも、どうしたらフラッシュバックによる暴走が止められるのか、子どもと一緒に考える方が意味のある支援になるのだと思います。

ー火に油をそそがない介入が大事ー

トラウマ体験がありそうな子どもの興奮場面に対応するときは、“火に油をそそがない”ことが原則です。職員としては一喝して問題行動を止めたくなりますが、そこはこらえて「まあまあ、まずはこっちに来て落ち着こう」などと穏やかになだめて、子どもの興奮を止めてやるのが対応の基本です。

ー解離ー

生活支援に携わる職員が理解しておきたいトラウマ症状の二つ目は、「解離」です。解離とは、ストレスを感じると意識が遠くなってボーとしたり、目の前で起きている出来事の現実感が薄れたり、過去の記憶やついさっきの出来事の記憶が抜け落ちたりすることです。比較的軽い解離症状はトラウマ体験のある子どもには日常的に頻繁に起きているようです。

日常的に解離が起きていると言われると意外に思う人もいるかもしれませんが、例えば、説論中に子どもがボーと上の空になったり、ストレス場面で苛立っている感情をあまり自覚できていなかったり、大興奮に至った経過を尋ねてもあまり覚えていなかったりといった経験がありませんか。一見、態度が悪い、ごまかしている、嘘をついているなどと見えてしまうのですが、実は解離が起きている可能性が高いのです。特に性的虐待（家庭内性暴力被害）を受けた子どもは、感情を凍り付かせて辛すぎる体験を感じなくさせているので、自分の感情が分からないと言うことが多いと思います。ストレスのかかる場面で子どもがフワーとしている感じがあれば、解離を想定した関わりが必要です。例えば、「疲れちゃったみたいだね。一緒にキッチンに行って、水でも飲もうか」と、軽く身体を動かして何かを口に入れることを促します。そうすることで、子どもは身体の感覚を取り戻し、意識をはっきりさせることができます。さらに可能であれば、子どもに解離について心理教育を行います。

―トラウマ反応の心理教育―

心理教育と言っても、そんなに専門的なことではありません。フラッシュバックであれ、解離であれ、どちらも「特別に衝撃の強い出来事への自然な反応」であることを伝え、「ショックから自分を守るために心と体が頑張っている」とトラウマ反応の肯定的な意味を教えます。ただどちらの方法も日常生活には不便な身の守り方なので、「これからは、イライラやストレスを感じたら、まず先生のところに言いにおいで」などと伝えて、少しずつ、生活の妨げにならない方法を使えるようになることを目指します。この職員のところに言いに来るという対処方法は、愛着行動の形成を促す効果も期待でき、本人が覚えていない記憶をつないでやって、子どもが体験を蓄積する手伝いもできるので、愛着形成にもトラウマケアにも効果的な対処方法と言えます（第1章第2節(2)も参考にしてください）。

―トラウマ・インフォームドケアのまとめ―

児童福祉施設で暮らす子どもたちの多くは、愛着の問題に加えて、トラウマの問題も抱えています。トラウマには、恐怖感を中心とした戦慄トラウマと喪失感を中心とした喪失トラウマがあり、どちらも子どもが安定した日常生活を送ることを難しくします。戦慄トラウマは興奮状態を引き起こしやすく、子どもの大興奮の背景にはフラッシュバックがあると考えた方がいいでしょう。喪失トラウマは抑うつ感につながりやすく、さまざまな生活行動の停滞を招きます。いずれのトラウマであっても解離が起きる可能性が高く、日常的にボーとして記憶がうまくつながらないので、失敗から学んで成長することが難しくなります。生活支援の中で子どもの問題行動を指導する際には、背景にフラッシュバックや解離が影響している可能性を考慮して、穏やかになだめたり、意識の低下に気を配ったりしながら対応することが必要です。また、トラウマ症状が現れていることに気づいたら、心理教育を行います。内容としては、「特別な出来事への自然な反応」であり、「自分を守るために心と体が頑張っている」のだと教えます。ただ、生活に不便な身の守り方なので、職員に言いに来るなど生活の支障にならない対処方法を少しずつ教えていくことも大切です。以上のようなトラウマに配慮した日常の関わりのことを、「トラウマ・インフォームドケア」と呼びます。

（2）生活支援の内容

1）1日の流れ

児童養護施設や児童心理治療施設に入所している子どもたちは、基本的に集団で生活を送っています。集団の規模は施設によってさまざまで、10人前後の集団でユニットケアをしている施設もあれば、30人程度の大集団で生活している大舎制の施設もあります。発達障害特性のある子どもに見通しを与えるためということもあり、ほとんどの施設では日課を定めています。ただ、画一的・管理的に日課を運用しているわけではありません。画一的な一斉指導は必ずしも治療的ではないので、それぞれの子どもの状態に応じて、日課に沿った生活を送れるように支援をしています。

施設によって日課は異なりますが、おおよそ次のような内容で1日を過ごしています。朝は6時半頃に起床し、布団をたたんで洗顔をします。その後7時頃から朝食です。大食堂で食事をとる施設もあれば、ユニットの食卓で子どももお手伝いをしながら食事をとる施設もあります。7時半頃に登校をします。児童心理治療施設の場合、小中学校は施設の敷地内に分教室（分校）があるところが多いのですが、敷地の外の学校に通学している施設もあります。高校生は電車や自転車などで近隣の高校に通学しています。そして、午後の2時から3時くらいにかけて、小学生から順に寮に帰ってきます。帰寮すると、子どもたちはまず宿題に取り組みます。嫌々やっている子が多いので、些細なことでケンカになりやすい時間帯です。宿題を終え、予定合わせも終わった子どもから自由時間になります。カードゲームをしたり、サッカーをしたりして、思い思いに過ごすのですが、子ども同士で楽しく遊ぶことは上手ではありません。放課後の時間帯にグループ治療や集団スポーツなどの集団活動の時間を設けている施設もあります。夕方の6時頃に夕食をとり、食後はテレビを見たり、順番に入浴をしたりして過ごします。大舎制の施設は集団入浴をしているところが多いのですが、性的虐待（家庭内性暴力被害）を受けた子どもは同性であっても他児の裸を見て興奮してしまい、性的な発言が止まらなくなったり、体を触りに行こうとしたりすることがあります。こんな時は、職員が付き添って個別に入浴をする必要があります。消灯は9時頃で、中学生や高校生は11時頃を目安に寝るように声かけをします。性的虐待（家庭内性暴力被害）を受けた子どもは、布団の中で被害に遭っていることが多いので、消灯後によくフラッシュバックや悪夢などの症状が現れます。このような場合は、服薬が助けになることはもちろんですが、明かりをつけたままにして不安を和らげるとか、本読みなどをして寝入るまで付き添う等の対応をします。

2）性的虐待（家庭内性暴力被害）を受けた子どもへの生活支援
－安全上の配慮とバウンダリー感覚の醸成－

私たち研究班が全国の情緒障害児短期治療施設（当時）を対象に行った2015年度の調査では、性的虐待（家庭内性暴力被害）を受けた子どもの入所治療にあたって、性的問題から子どもを守るための安全上の配慮やバウンダリー感覚を醸成するために行った具体的な取り組みと、その子の生活支援において特に重点的に行ったことについて質問しています。そして、生活支援が全般的にもたらす支援効果について、安全・安心感、症状や行動の改善、基本的生活習慣の改善、対人関係の変化の観点から、職員に3段階で効果を評定してもらいました。

安全上の配慮やバウンダリー感覚の醸成のために行われた支援で、最も多く実施されていたのが、何らかの性教育と、それと同数で衣類等の私物の整理で、調査対象となった性的虐待（家庭内性暴力被害）を受けた子どもの74.8％に実施されていました。次に多く実施されていたのは、再被害防止に役立つマナー教育で56.6％の子どもに実施されていて、次に日課の個別対応が多く、52.4％の子どもに実施されていました（図3-1）。子どもひとりに対して複数の支援が行われており、平均で3.5種類の支援が行われていました。

特に重点を置いた支援で最も多かったのは、対人関係の持ち方に関する支援で、88.9％の子どもに対して行われていました。次いで、生活習慣が70.6％、感情面の安定化が67.3％、行動面の問題のコントロールが63.4％の子どもに対して重点的に行われていました（図3-2）。重点的な支援も子どもひとりに対

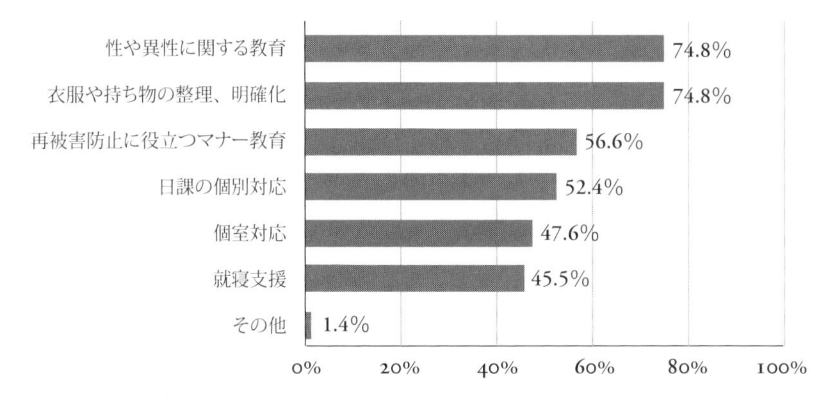

図3-1　安全上の配慮やバウンダリー感覚の醸成等のための設定（複数回答）

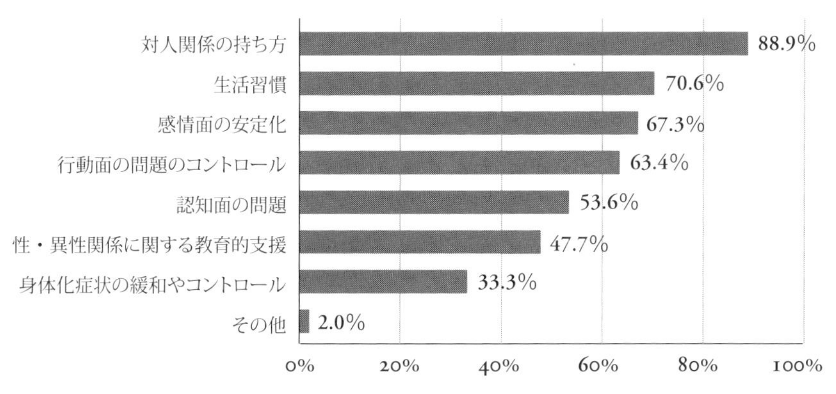

図3-2　生活支援において、特に重点的に行った支援について（複数回答）

して複数のものが行われていて、平均で4.3種類の支援が行われていました。

集団的アプローチとしては、性教育を行っている施設が多く、身体的な性徴の説明だけでなく、生命の貴さについて子どもたちと話し合う取り組みを行っている施設が複数ありました。また、セカンドステップやSST等の心理教育的なプログラムを取り入れている施設も複数見られました。

―調査結果のまとめ―

2015年の調査結果をまとめると、性教育に関して現場に不全感があることが浮かび上がりました。安全上の配慮やバウンダリー感覚の醸成等のために、「性や異性に関する教育」が74.8%の子どもに実施されている（図3-1）のに対して、重点的な支援として「性・異性関係に関する教育的支援」が挙げられた子どもは47.7%にとどまりました（図3-2)。この結果は、性教育をルーティンとして行っているものの、対人関係の持ち方（距離感、依存性、支配的関係等）の変化に、性教育があまり役立っていないという現場の実感を示しているものと考えられます。治療プログラムや教育的支援が効果を発揮するためには、それに先立って子どもに安全・安心感が回復していることが必要です。安全であることを実感できていないもしくはネグレクト環境で育って実感したことがない状況で、「あなたはとても大切な存在で、自分の気持ちを自由に表現していいんだよ」などと教えられても、子どもたちにとってはまったく実感を伴わない、絵空事のような上滑りなセリフにしか聞こえていないのかもしれません。

2．施設内学級や他の関係機関との協働

（1）施設内学級（児童心理治療施設の場合）

児童心理治療施設の学校は、ほとんどの施設で敷地内に設置されています。全国情緒障害児短期治療施設協議会が実施した2014年の調査によると、入所児が通学している小学校の形態は、地域の普通学校が8%、敷地内の特別支援学校の本校・分校が21%、特別支援学校の分級が29%、普通小学校の分校が13%、普通学校の分級（特別支援級）が29%でした。文部科学省が定める教員配置は特別支援学校が最も手厚く、教員1人に対して生徒が6人です。特別支援級では教員1人に生徒8人で、普通クラスになると教員1人に対して生徒40人が標準となります。

児童心理治療施設には集団行動や着席行動が苦手な子どもが多いので、1クラスの人数が6人であっても、一斉学習を進めることは容易なことではありません。加えて、学習の進度も子どもによって異なり、小学5年生の教室の中に分数の通分ができる子と九九ができない子がいます。正規のカリキュラムと並行して学習進度に応じた個別指導も進めなければなりません。ますます一斉授業は難しいものとなります。教室においても、かなりの程度で個別的な対応を求められる点が、児童心理治療施設の学校の特徴と言え、個別のニーズに応じた教育を提供することが使命であると言うこともできます。

－性的虐待（家庭内性暴力被害）を受けた子どもへの配慮－

性的虐待（家庭内性暴力被害）を受けた子どもにとって、学校は刺激の多い場面です。男女共学を基本としているので、施設生活において最も異性と交流する機会が多いのが学校です。教室内で卑猥な言葉を連呼したり、トイレをのぞきに行ったり、下着が見えそうな姿勢をとったりして、学級全体がそわそわとした落ち着かない雰囲気になってしまうことがあります。このような行動があったら、その都度注意をする必要がありますが、背景にトラウマが影響しているので、子どもの努力だけでコントロールできるようになることは期待できません。性的な刺激が入ると、自動的に脳が興奮してしまうので、一旦集団から離して、別室で個別に対応する必要があります。しかし担任が個別対応に入ると、学級運営に支障をきたしますから、できるだけチームティーチング体制をとることが望ましいです。教員数の確保が難しい場合は、ケアワーカーが応援に入って個別対応をとることも検討すべきでしょう。心理士が個別対応の応援に入っても良いのですが、興奮場面への対応とは別に、トラウマについての心理教育やトラウマ体験のケアに取り組むという重要な役割が心理士にはあります。学級担任、担当ケアワーカー、担当心理士の3者が毎日連絡を取り合って、できるだけ速やかに興奮の予防もしくは対処の方法を身につけられるように子どもを応援するとともに、毎日の生活の中で楽しくてワクワクするものが増えて、性的なもの以外にも関心が向くようにすることも大切な支援です。

（2）地域の学校（児童養護施設の場合）

児童養護施設では、地域の学校の普通学級に通っている子どもが最も多いのですが、特別支援級を利用している子どもも少なくなく、学校によっては特別支援級が全て同じ施設の子どもという所もあります。また、交通事情が良いと、特別支援学校に通学していることもあり、少数ではありますが、特別支援学校の分校などが併設されている児童養護施設もあります。

－物理的な距離と心理的な距離－

地域の学校に子どもが通っている場合、施設側と学校側が連帯感をもって支援及び教育するには、いくつかのハードルがあります。まず、物理的な距離が大きなハードルです。施設と学校が遠ければ、直接顔を合わせる機会が少なくなり、施設職員と教員の心理的な距離感も遠くなります。そのため、子どもを送った時とか忘れ物を届けた時などに担任とこまめに顔を合わせ、顔なじみの間柄になっておくことがとても大切だと思います。施設職員と教員では立場が違いますから、時には相手に不満を感じることがあるでしょう。そんな時でも、頻繁に顔を合わせて気心の知れた間柄になっていれば、感情的な対立に発展する前に気持ちの中でブレーキがかかります。

－教育と福祉の立場の違い－

最も大きなハードルとなるのが、福祉と教育という立場の違いから生じる要求水準の違いです。学校にしてみれば、ほとんどの子どもができていることは、できて当たり前の"普通"のことです。しかし、施設入所児は"普通"の生活に何らかの限界が生じているから、福祉サービスを受けているのであって、"普通"のことは努力して目指すべき目標です。努力目標なのに、できて当たり前の最低基準とされてしまうと、彼らには要求水準が跳ね上がってしまいます。このような要求水準のズレを補正するために、子ども一人ひとりのアセスメントを施設と学校で共有する必要があります。アセスメントに関しては児童相談所の所見も重要ですから、施設入所の際に児相・施設・学校の3者でケース会議を開いて、子どもの理解を共有しておくことが望ましいと思います。

－成長を励ますための連携－

学習態度や宿題の提出で施設入所児に"普通"の水準を求めると、自然に注意や叱責が多くなります。特に、性的虐待（家庭内性暴力被害）を受けた子どもの中には性的発言を繰り返す子どもがいるので、周囲の子どもへの悪影響を防ぐために叱責や注意が多くなりがちです。しかし、叱られてばかりではどんな子どもでも成長できません。大人からどうしたらいいのか教えてもらい、励ましてもらうことが必要です。その子が"普通"にできるようになることを目指して、まずい行動をどのように止めて、何をどの程度頑張れたら褒めて、どんな励ましをすると良いのかということを、施設と学校でよく話し合っておいて、両者が手を携えて子どもの成長を応援していくことが連携の望ましい姿と言うことができます。

（3）性的虐待（家庭内性暴力被害）の開示への対応と医療機関等との連携

－被害体験の開示があった時の対応－

性的被害の体験は、入浴中や就寝前などの何気ないやり取りの中でさらりと語られることが多いので、うっかり聞き流さないように注意しましょう。「『お父さんが胸を触ってきた』って言ったけど、心配だからもう少し詳しく教えて」など、その話題は大切なことであると態度で示し、子どもが話してくれるのであれば、もう少し詳しく確認します。ただ、他児が周囲にいる場での確認は、本児のプライバシー保護の面からも他児への影響の面からも不適切です。他児には聞こえない場で確認をします。また、職員が真剣になると子どもは「あっ、今の嘘！」と否定することも多いので、この場で頑張って詳細を聞き出す必要はありません。いずれにせよ「あなたが嫌な目に遭ったんじゃないかって、とても心配だから、担当の職員にも伝えておくよ。教えてくれてありがとう」などと、労いの言葉を入れつつ、担当に申し送りをして、しっかりと組織的対応をすることを伝えます。この時に「他の職員に知られたくない。秘密にして」と、子どもから要求されることもありますが、「どの職員も知っているのが嫌なのはわかるけど、あなたを守ったり、ケアしたりするのに必要な職員には伝えます」など、部分的に要求に応えられるが秘密にすることはできないと答え、チームで支援するという線は崩しません。

－医療につなぐ－

状況によって医療機関（産婦人科受診など）につなげることもあります。担当の聞き取りは詳細なものでなくても良く、ケアにつなぐことを目的とします。詳細な事実確認は「被害確認面接（司法面接）」の訓練を受けた人が実施するべきであり、児相の職員にお願いできると望ましいです。子どもの心理的負担を考えると、聞き取りの回数は極力少なくするべきなので、子どもが応じられるのであれば、担当の聞き取りより先に児相（場合によっては、検察・警察・児相の3者）が被害確認面接を行って、その後に担当が受診などのケアにつなぐ話をしたらいいと思います。思春期以上の子どもだと、受診に抵抗感を示すことが多いので、施設の看護職や児相の保健師の協力を得て、内性器の傷の確認や性感染症のリスクなどの受診の必要性について優しく教えてもらったり、誰が受診に同行してほしいのか本人に尋ねたりして、不安を和らげる配慮をすると良いでしょう（第1章第1節も参考にしてください）。

ー受診にあたってー

受診先は同性の医師に診てもらえる医療機関が望ましいです。子どもにとって、異性の前でプライベートパーツを見せることはバウンダリーに侵入される体験になるかもしれません。同性だからといって、被害児に適切に接してくれるとは限らない点も配慮が必要です。良かれと思って、「自分の身は自分で守りなさい」などと医師からアドバイスをされたことで、子どもが「被害に遭ったのは自分のせいなんだ」という思いを強めてしまうおそれもあります。事前にケース説明をして、配慮をお願いしたい点について打ち合わせができる方が良いので、医療ソーシャルワーカーがいる医療機関を利用できると望ましいです。

また、性器への接触や挿入があった場合、内診を受けておくことも大切です。本人は抵抗感があると思いますが、被害状況を確認する必要がありますし、医師にきちんと診てもらって異常はないもしくは治療すれば正常に治るという診断をもらうことは、子どもの安心感の回復に大きな意味を持ちます。被害児は自分の体が異常な状態になってしまったに違いないと思い込んで、誰にも言えずに一人で抱え込んでいることがあります。診察をした医師から、きちんと異常がないことを伝えてもらうと、思い込みだったと気づいてとても安心できるようです。

診察した医師の所見をまとめた診断書を発行してもらうことも大切です。加害者を罪に問う際の重要な証拠となります。診察に同行した職員の記録も証拠になりますが、聞き書きをした間接的な情報なので、医師が直接に作成した書類に比べて信憑性が劣ります。また、医師の所見は子どもがどのような被害にあったのか非加害親にわかってもらうために、非常に重要な情報です。児相職員が診察に同行するか否かは、本人の意向を確認する必要がありますが、医師から所見を聞く場には是非とも児相職員に立ち会ってもらいたいものです。

（中垣真通）

第2節

安全で安心できる環境づくり

性的虐待（家庭内性暴力被害）を受けた子どもや施設で性的問題行動を示す子どもにどのような生活支援や心理ケアを行うかというテーマについて、われわれは児童養護施設や児童心理治療施設への調査を行ってきました。その結果から、施設で行うさまざまなケアを重層的なものとしてとらえ、ケアの構造化を提案しました（「性的虐待を受けた子どもへのケア・ガイドライン」岡本・八木他2011)。「性的虐待を受けた子ども・性的問題行動を示す子どもへの支援 児童福祉施設における生活支援と心理・医療的ケア」（八木・岡本2012）の中でも詳しく紹介しています。

その中でケアを大きく３つのステップに分けそれぞれのステップで行うべき取り組みを挙げています。主に施設のハード面への取り組みを扱う「子どもが安全で安心して生活できる環境の整備」をSTEP １、主に施設のソフト面への取り組みを扱う「健全な発達を促進する支援体制づくり」をSTEP ２、子どもへのより専門的・個別的支援の取り組みを扱う「性的虐待を受けた子どもと家族の個別課題を理解して行う専門的支援」をSTEP ３として挙げています。第２節ではこの3つのステップについて、われわれの2015年度の調査によって明らかとなった新たな知見を加えて説明していきたいと思います。

1．安全・安心して生活できる環境づくり—STEP1

（1）安全・安心の枠組み

1）建物や空間構造上の配慮

子どもへの支援を考えるとき、職員はその子どもの人とのつながり方や職員の治療的関わり方という人間関係に目を向けがちです。施設の職員としてそのような視点は当然大切であり、支援の中心を担うことは言うまでもありません。しかし、さまざまな虐待的環境から離れ、施設に入所してきた子どもにとって「住環境」によって感じられる安全感や安心感というものも大きな意味を持ちます。家や学校そして養育者までが一変する施設入所という大きな変化の中で、子どもがいかに安全に安心して生活できるか、被虐待体験や不適切な養育によって身につけた行動様式をどのようにして変えていけるかという職員に課せられた使命は、単に職員の力量やマンパワーによってのみ果たされるものではありません。子どもたちが生活する施設の構造そのもの、つまり施設のハード面を変えていくことも治療的関わりの大きな部分を占めることに気を付けましょう。全国の児童心理治療施設でその状況に応じたハード面での安全・安心の確保に取り組んでおり、さまざまな工夫がなされています。ここではいくつかのポイントをあげその具体的なあり方について述べていきたいと思います。

－安全・安心の視野の確保－

われわれがこれまで行ってきた家庭内性暴力に関する調査の中で、施設生活における性トラブルを防ぐ工夫として有効な項目が明らかとなってきています。死角を減らす配慮をしている。目視しやすいように窓を設けたり、家具を背の低いものにしたりしている。目が届きにくい場所を職員が把握している。目の届きにくい場所は活動内容や職員体制によって変わるので、曜日や時間帯によってトラブルが起こりやすい場所を検証し、職員間で情報共有をしている。居室は複数で使用する場合は、パーテーションやレールカーテンを設置して、個人空間を確保している。就寝の際のベッドや布団の配置に注意し、それぞれの距離をあけるようにしている。などが挙げられます。施設の構造を工夫すると言っても建物自体を理想的な形に建て替えることは容易なことではありません。大規模な工事の必要がなく、それぞれの施設で対処可能と思われる工夫が挙げられています。例えば、最初にあげた死角を減らす配慮をしているという項目をもう少し具体的にすると、トイレの個室の扉の下の部分に空間を設ける、廊下など公共性の高い場所であればカメラを設置し職員室などのモニターで確認できるようにするなどの工夫ができるでしょう。

児童心理治療施設ではその歴史の中で対象となる子どもの質的な変化や、求められる治療の変化が起こってきました。例えば不登校や引きこもりといった主訴を抱えた子どもが多く入所していた時代に建てられた施設はあえて居室や公共スペースに死角を作り、プライベートな空間を確保できるよう工夫がなされていることがあります。そのような施設では、当時の治療的空間と現在望まれる治療的空間の構造的違いに苦慮しているかもしれません。上記したような比較的容易に対処できる方法で職員の目が行き届きにくい空間を減らすことで、トラブルを未然に防ぎ、職員が子どもにポジティブに関わる時間を増やしていくことができるでしょう。それにより子どもの安全感、安心感を高めていくことができると思われます。

また、曜日や時間帯によって目の行き届きにくい空間が変わるという視点はとても重要です。実際性的トラブルが起こる時間帯は子どもの就寝時間後の深夜や早朝、日課の変わり目など職員の目が減る時間であることが多いのです。建物構造の工夫を行い、限られた職員でも子どもの気配を感じ、見渡しのきく状態へと変えていくことが大切です。それに加え、職員の見回り時間の不定期化やリスクの高い場所への職員の配置、職員間の綿密な連携といった職員体制の工夫も必要となります。

2）男女の区分

性的虐待（家庭内性暴力被害）を受けた子どものみならず、ネグレクトをはじめ虐待という不適切な養育を受けてきた子どもにとって、境界の感覚を育むことが大切です。境界については後段で詳しく述べますが、「自分」と「他者」や「プライベート」と「パブリック」の区別がつくようになることは、安全な生活の基盤となる感覚の一つと言えましょう。先に述べた建物や空間構造上の配慮の項目の中でもこれらの区別がなされるような工夫が多くあることが分かると思います。“いやだ、やめて”という心理的な境界を踏みにじられることが多かった被虐待児にとって、物理的・心理的・社会的な境界が守られることが重要なのです。

さて、人としての境界の一つは性別です。男女の区別は子ども集団を分けるうえで最も大きな区別と言えるでしょう。それは性的虐待（家庭内性暴力被害）を受けた子どもについて考えるとき最も重要な境界ということができるでしょう。

ー男女の適切な区別が図られた施設空間ー

多くの施設では男女が共に生活しています。同じ施設で生活する仲間とはいえ、他人である異性と生活をともにすることが刺激となる子どもは少なくありません。男女がお互いを意識することは当然ですが、性的虐待（家庭内性暴力被害）を受けた子どもや境界を大切にされてこなかった子どもにとっては男女の触れ合いを社会適応的に自己コントロールしていくことは難しい面があります。

そこで、ここからは、男女の区別に関わる安心・安全の枠組みを確保する工夫について述べていきます。われわれの調査の中では①居室、浴室、トイレ、洗濯場は男女の分離がなされている、②リビングや学習室等の男女が交流できる場ではルールを設けている、③パブリックスペースでの服装についても一定の基準を設け職員が注意している、④人との距離についても「腕1本の距離」「両手を広げた距離」をとる等の近づきすぎないように具体的な方法を挙げて指導している、といった工夫がなされていることが明らかとなっています。先に挙げた「プライベート」と「パブリック」の意識付けがなされるよう留意していることがうかがえます。

また、食事場面の分離も留意すべきポイントとして挙げられます。男女一緒の食堂で食事をしている施設も多いかもしれませんが、食事場面は子ども間の身体的距離も近くなりトラブルが起こりやすい状況と言えます。食事は意外と「プライベート」の要素が大きいものです。食欲という欲求を満たそうと集まってくる子どもたちにとって、異性が近くにいることが刺激となり落ち着いて食事をとることが難しくなる可能性があります。食事は大切な営みであり、職員としては安全・安心できる雰囲気の中で食事を行ってほしいと思うことでしょう。男女一緒の食堂でも適切な距離感が保たれ、落ち着きが確保されるならばよいですが、もし男女一緒に食事をとることがトラブルを引き起こす要因となっているならば、男女の食堂を分ける工夫も有効かもしれません。

（2）バウンダリー（境界）を意識した環境づくり

性的虐待（家庭内性暴力被害）を受けた子どもは、その虐待の性質上身体的・心理的に高い侵入体験をしています。侵入体験は自分と他者の境界が乗り越えられる大きな負の体験となります。その結果、子どもの安全感は大きく脅かされ、安心感など持てなくなる子どもも多く見られます。また、ネグレクトなどの養育環境によってはそもそも自他の境界という感覚が育まれなかった子どもも多くいます。不適切な養育環境の中では子どもが自分を「個」として認め他者とは違った存在として生活していくことが難しい場合があることを意識しておくことが大切です。

特に、性的虐待（家庭内性暴力被害）や重篤な身体的被虐待では虐待を受けている自分を心理的に切り離してしまう解離という現象がみられることがあります。また、身体的被虐待では脅威となる大人の言動を子どもが真似ているかのような現象もみられます。これらは子どもが自身を守るための行為ですが、多くの場合それらは子どもが意識的に行っているのではなく、自身でコントロールしていくことが難しいものです。その結果、子どもは自他の区別や心理的・物理的境界の認識にズレを生じ、境界にまつわるさまざまなトラブルが起こります。養育や経験の中で適切な境界の感覚を身につけることができなかった子どもにとって、自身で他の人との適切な距離感を持つことは困難です。子どもの感覚と他者との感覚の間に大きな隔たりがあり対人トラブルの要因となることも珍しいことではありません。そして、そういったズレを子ども自身は意識できていないことが多いのです。

―自他の境界線、男女の境界線―

自他の境界が明確でない場合、例えば日常生活の場面で自分の所有物と他の人の所有物を区別してとらえることが難しいことがあります。他者のものを勝手に持っていってしまったり、施設の備品を自分のものとして取り込んでしまったりすることがあります。子どもにとっては他の人の物を盗ることに大きな問題意識はありません。何気ない単純な理由で悪気もなく物を取り込んでしまいます。また、逆に自身の持ち物の管理も悪く、すぐに物を無くしたり、壊してしまったりしても平気ということもあります。

境界という感覚は、自分という「個」があって、その上で自分以外の他があるという感覚です。被虐待体験を持つ子どもの中には自分という存在を大切に扱われた経験に乏しく「個」としての「自分」の存在に目をむけられてこなかった子どもが多いのです。施設での生活の中で物理的・心理的・社会的に「個」と「他」を意識させ、それぞれの子どもが尊重され大切にされているという感覚を持ってもらうことで、子どもは初めて自分と他者との境界に気づいていけるのでしょう。職員はこの境界の持つ意味について留意し、単に管理的に境界を設けるのではなく、子どもの安心・安全を育む視点でさまざまな境界を設けるようにしましょう。境界は子どもの安心・安全を守るためにあるということを常に意識しておくことが求められます。

―境界を意識した施設環境づくりとは―

では、境界を意識した環境づくりの具体例を挙げて見ましょう。ポイントは「個」を意識できるような取り組みです。まず、物理的な境界についての取り組み例です。多くの施設では自分の物を大切にするために持ち物には名前を書くという工夫をしていることと思います。中には名前を書かれることに抵抗を示す子どももいますが、自分の物と他の物を区別する第一のステップとして名前を書くことは大切です。名前が書かれることによってただの鉛筆や消しゴムが自分の「もの」として区別されるからです。実際にわれわれが行った調査の中でも施設で行っている境界の意識を身に付けさせる取り組みとして、「衣服や持ち物の整理、明確化」が大きな割合を占めています。衣食住という言葉がありますが人が生きていく上で最も大切な要素の「衣」を取り上げ、その境界を意識させることから始めていることがうかがわれます。同様に先に挙げた施設の構造上の工夫の中で複数名が使用する居室の場合に、パーテーションやレールカーテンを設置して、個人空間を確保しているというものがありました。これも居室というプライベートな「住」空間の中にさらに境界をつけ、守られたプライベートな空間を確保しようとする工夫と言えるでしょう。

次に心理的な境界についての例を挙げてみたいと思います。職員が子どもに注意・指導を行っている際に別の子どもが興奮し、その職員に挑発的に関わるという場面が見られます。心理的な境界があいまいなため、子ども同士の自他の区別も難しく、他児が注意されていることと自分への注意とが分けられずに注意場面に吸い寄せられるように関わってくることが考えられます。

また、職員がするような注意・指導を子どもが他の子どもに行うといった場面も見られます。職員という大人の言動を見聞きし、それを自身のものとして取り込んでいくことは子どもの発達で必要なことであり、それ自体は不適切なことではありません。しかし、虐待的な環境で養育された子どもにとっては先に述べたように自身の身の安全を守るために必要な行動が真っ先に選択されます。そしてそれは往々にして社会適応上はマイナスとなる言動であることが多いのです。職員が真似して欲しいことよりも真似してほしくないことを子どもたちが行ってしまうことの背景には職員と子どもという境界の感覚が乏しいことが考えられます。

－子どもの対人関係の認識－

さらに、子どもと職員との関係でしばしば生じることは、新任職員よりも長く生活している子どもの方が偉いと子どもがとらえているかのような言動があります。これも支援を行う職員と支援を受ける子どもという区別としての境界の理解が間違っているために起こる現象と言えるかもしれません。

職員はこのような心の動きがあることを理解しておくことが必要です。そうして、職員が子どもと関わる際にはどの子どもにどんなことを話しているのか子どもが明確に分かるよう工夫することが求められます。例えば、特定の子どもを注意する際には、多くの子どもがいる中でではなく、居室など児童集団から離れた場所で行うことが有効です。同じ空間で注意・指導する際にはその子どものそばまで行き、目線を合わせて話をすることが重要でしょう。そうすることで注意された子どもは「自分に対して言われているのだ」と意識しやすく、他の子どもにとっては自分に言われているのではないと理解しやすいでしょう。このような工夫は、不適切な言動の意味を子どもが理解し、より適応的な行動を身に付けられるよう支援する上で大変重要です。

2．健全な発達を促進する支援体制づくり―STEP2

STEP 2では、職員から子どもへの関わりというソフト面での支援を中心に述べます。

健全な発達を促進する支援体制づくりを考えるために、われわれの調査の中で明らかになった施設での取り組みについて整理します。前述したように、「安全上の配慮やバウンダリー感覚の醸成等のための設定」についての調査では、「性や異性に関する教育」が「衣服や持ち物の整理、明確化」と並び最も多く実施されていました。次いで「再被害防止に役立つマナー教育」が実施されています。また、「特に重点を置く支援」で最も多かったのは、「対人関係の持ち方に関する支援」で、次いで、「生活習慣」となっています。

以上のことから本項では、対人関係の変化に関わる話として、（1）児童集団の理解、（2）グループワークの実施、バウンダリーの醸成ともからめ（3）心理教育、（4）治療的生活枠 タイムアウト・タイムインの視点、（5）児童心理治療施設での効果の5項目に分けて述べていきます。

（1）児童集団の理解

職員が子どもを理解しようとするとき、個々の子どもの成育歴や既往歴、心理所見など施設で生活する前の状況や施設入所後の人間関係や認知的特性など子ども個人が持つ背景や行動特性に目を向けます。これは非常に大切な視点であり「個」としての子どものアセスメントが適切に行われていることは施設での支援において必要不可欠な要素と言えます。しかし、同時に施設での生活は、規模の大小の差はあれ集団生活であり、児童集団の理解という視点から子どもをとらえておくことも重要です。

個々の子どもの良い面、悪い面がどのように表れてくるのかはその児童が属している集団によって大きな影響を受けます。例えば控えめで自分の意見を主張しないような子どもは自己アピールが激しい児童集団の中では埋もれがちとなり、結果として職員からの関わりが薄くなるかもしれません。そのような子どもは職員という大人からの関心を引きたいがためにトラブルを起こすという形で注目を集めるかもしれません。もしくは自分の殻に閉じこもり、他者との関係を自ら断っていくかもしれません。また、逆に入所当初はすぐに興奮し、職員の支援も受け入れなかった子どもが、落ち着いた児童集団の中で生活するうちに職員との信頼関係を築き、支援を素直に受け入れていくことも見られるでしょう。

―子どもの集団における「同調圧力」を理解する―

注意したいことは、子どもは職員との関係性以上に子ども同士の関係性に敏感であるということです。状況の認知が難しいと職員が感じているような子どもでも、生活の中で周りの子どもの状態を見て自身の言動を合わせていく場面は珍しいことではありません。このような現象を心理学では「同調圧力」と言います。圧力という言葉からはネガティブな印象を受けますが、大人も、子どももそれぞれが属するコミュニティーに適用しようと常に努力しており、それによって社会の安全・安心が保たれているという面があります。子どもの社会性というものは子ども同士の関係性で育まれる部分も大きいものです。職員としてどの子どもにも適切な治療的関わりを提供したいと考えています。そのためには、子ども同士の世界というコミュニティーが健全であるか、不健全であるかを見極め、いま施設の児童集団がどのような状態にあり、その中に個々の子どもがどのように位置づけられているかを理解することが求められます。そうすることで、どこにどのようにメスを入れていけばよいのかの気づきが生まれるかもしれません。

第1節でも述べましたが、集団となることで、子どもたちが抱えるさまざまな問題が足し算されるだけではなく、子どもたちの相互作用により問題が増幅されるという掛け算も起こります。子どもを集団としてとらえ、その集団がより健全な形になるよう育むことが大切です。そうすることによって問題の足し算・掛け算を良いことの足し算・掛け算に変えていくことを目指したいものです。

児童集団の健全化を図る取り組みとして、集団へのアプローチという側面からはグループワークの実施や心理教育の実施が有効です。

（2）グループワークの実施

前述した児童集団の理解の項目とも関連しますが、施設では子ども個々への支援・治療とともに、児童集団として健全な状態であることが大切です。児童心理治療施設の場合個々の児童への治療的関わりは心理士を中心とした個別心理治療（セラピー）がその役割を担うことが多いと言えます。では、児童集団への具体的な支援・治療にはどのようなものがあるでしょうか。言うまでもなく日常生活場面での職員の関わりはその大きな部分を担います。しかし、それだけで集団の健全化を達成することは難しいと言えます。職員が個々の子どもの全ての生活に目を行き届かせ、その時々に適切な支援を行うことは理想的ですが、実際の施設の現場ではどうしても後追いとなってしまうことがあります。グループワークを通して予め子どもと職員との間にコンセンサスを形成しておくことでいざという場面で支援をスムーズに行うことが可能となります。大切なことはグループワークにせよ、後述する心理教育にせよ特別に設定した場面で行う支援のみでは子どもの行動を変えることはできないと理解しておくことです。グループワークや心理教育といった取り組みは日常生活場面での支援をより効果的にするための下準備であり、子どもが実際に変わっていくためには日常生活場面での適時的なケアを繰り返すことが必要です。

安全・安心のための取り組みとして多くの施設で「権利擁護」の施設内研修、「子どもの自治会活動」を実施しています。特に自治会活動では子どもが自らの属するコミュニティーをどうよくしていくかの視点が扱われることが多く、普段は自己中心的言動に終始する子どもが、改まった場で発言の機会を与えられることにより、職員も驚くような問題の解決策を提示することも珍しいことではありません。自治会活動という子どもが尊重され、自身の意見が施設の生活に反映される機会を作ることで子どもの自己効力感や自尊感情の育ちも生まれると言えましょう。

（3）心理教育

心理教育というと難しいことのように感じる方もいるかもしれませんが、子どもの理解を助け促進していくことは職員が日々行っていることです。その中でも特に子どもにとって有用であると思われる事柄について、分かりやすく心の動きやあり方を伝えていくことが心理教育と言えるでしょう。

子ども集団への心理教育としては性教育や対人関係の持ち方に関する教育が挙げられるでしょう。施設で実施している性教育はいわゆる知識を重視したものではなく、子どもが自身を大切なかけがえのない「個」として認識できるような取り組みとなっています。また、対人関係の持ち方に関する教育では、セカンドステップやCAPなど子ども間の暴力・大人からの暴力被害の予防、アンガーマネジメントやSSTが多くの施設で行われています。

前述したように、集団への講義的内容のみに終始すると知識は増えるかもしれませんが、実践には結びつきません。子どもたちに身につけてほしいことは、生活の中で実際に繰り返し体験してもらうしか方法がありません。安全を脅かす脅威から守ってもらえるという感覚を味わうところから、もう一度育て直しをする必要があります。

（4）治療的生活枠　タイムアウト・タイムインの視点

前述したような治療的プログラムや教育的支援が効果を発揮するためには、子どもに安全・安心感が回復し、ある程度安定した生活を送れていることが必要です。安全と安心の関係についてもう少し考えると、子どもは日常生活の「安全」を感じることで「安心」した生活を送ることができると言えます。つまり、まず安全があってその後に安心があると言えるでしょう。では、日常生活での「安全」はどのように保証できるでしょうか。

－子どもの生活の「安全」・「安心」をどのように整えるか－

過酷な環境下で生活してきた子どもにとって安全・安心感を回復させることは容易なことではありません。子どもとの関わりの中で、職員はしばしば子どもの感情の高まりに対処することが難しいと感じる場面に出会います。子ども自身が持つ感情コントロールの難しさや間違った関わりの求め方がその要因と言えます。また、家庭内性暴力を受けた子どもの大人に対する恐怖心や不信感、子ども自身の自己効力感や自尊心の低下というものも要因として挙げられるでしょう。このような状態にある子どもに職員が適切な支援や指導を行おうとしても子どもはさらにヒートアップし、挑発的・挑戦的言動をとるかもしれません。繰り返しになりますが、このような行動様式はこれまでの養育環境や人間関係のあり方から子どもが身につけたものであり、子どもはわざとそうしているのではなく、そのようにしか対処できないのかもしれないと理解することが大切です。

では、職員と子どもの関わりというソフト面の取り組みの中でどのように治療的な支援を行うことができるでしょうか。ここでもアタッチメントと境界の理解が大切になってきます。アタッチメントの大きな要素として脅威から身を守ってくれるという心理的サポート関係が挙げられます。職員が安全を保障することで子どもが安心を感じられると言えましょう。愛着形成とガイド関係の項でも述べましたが職員が傍らでサポートするという姿勢を常に持っておきましょう。このような姿勢は子どもが不調をきたし興奮状態にあるような場面でも重要です。

具体的に子どもが興奮状態を鎮め、落ち着きを取り戻し、どうすればよいかを考える方法として「タイムアウト」と「タイムイン」という手法があります。ここからはこの2つの手法を簡単に説明し、どのような子どもや場面で有用であるかを述べていきたいと思います。

①「タイムアウト」とは

子どもが良くないことをしたときに職員はそれをやめるように言います。しかし、すぐにやめられる子どもたちばかりではありません。注意されることで興奮が高まりさらに良くないことをして、注意した職員に反発する子どももいます。その際に職員は子どもに「タイムアウト」が必要なことを伝えます。それでも子どもの行動が収まらなければその場から離れて落ち着ける場所へ移動させ、一人で落ち着くよう促します。落ち着く場所は予め決めておくことが大切です。整備できるのであれば静養室として使える空き部屋やスペースを確保しておくとよいでしょう。もしくは子どもの居室を使うことも有効です。いずれにしても一人にするのは子どもが冷静になるためであり、孤独感や疎外感を感じさせることが目的ではありません。そのため、落ち着く場所は職員の目が行き届く所でなければなりません。そうでなければタイムアウトではなく懲罰となってしまいます。

また、タイムアウトの他のポイントとしては職員が常に冷静に対応することが挙げられます。タイムアウトへの否定的な見方では大人の側が冷静になれず「罰」としてタイムアウトを行ってしまう可能性があるという点が挙げられています。タイムアウトの本来の意味は子どももそして職員の側も冷静になる時間を持つということです。そのためタイムアウトには長い時間は必要ないとされています。目安としてよく言われているのは年齢×1分というものです。ただしこの時間は子どもが落ち着きを取り戻してからカウントすることとなっています。気持ちを静め何が悪かったかを冷静に話し合えるようタイムアウトを行うのです。

以上のように、「タイムアウト」は子どもが一旦その場から離れ、一人で冷静になる時間を取ることに特徴があると言えるでしょう。

タイムアウトのメリットとしては、子ども自身に何が悪かったかを考えさせることができること、職員も子どもも感情的になり難いことが挙げられます。また、比較的短時間で問題の解決策を見出せるかもしれません。

②「タイムイン」とは

一方、タイムインでは子どもがよくないことをして、落ち着けない時には、職員が子どものそばに寄り添い、子どもの話を聞きます。この際、まずは子どもの「話」を否定せず受け止めることが重要とされます。子どもの「話」は自己中心的であり、挑発的であるかもしれません。ついつい職員は反論して修正したくなります。しかし、まずは受け止めましょう。子どもの自分勝手な「話」の中になぜそうしたのかというその子どもなりのストーリーが隠されているかもしれないからです。職員が「話」を聞く中で子どもは高ぶった感情を出しきり、落ち着きを取り戻していきます。子どもが落ち着きを取り戻し、冷静に考えられるようになったことを見極めた後に、職員は子どもとこれからどうすればよいかを「話し合い」ます。タイムアウトでも冷静さを取り戻したのちに話し合う時間を取りますが、「タイムイン」での話し合いではその前段階として子どもの「話」を職員が受け止めているため、子どもは職員に対して安心を感じ、職員と子どもの間の信頼関係が深まります。職員主導で話をせずとも相互に「話し合う」姿勢が生まれやすいと言われています。

以上のように、「タイムイン」では職員が子どもに寄り添い子どもの「話」を受け止めきることで冷静さを取り戻させることに特徴があると言えます。

「タイムイン」のメリットとしては、先に述べたように子どもと職員の間の信頼関係が深まりやすいことが挙げられます。興奮している子どもに受容的姿勢を保って関わり続けることは職員にとって心理的負担が大きいかもしれません。しかし、その過程を経ることでその後の問題解決に向けた話し合いがスムーズに進むことでしょう。また、先に述べた職員の児童に対する関わり方の「ガイド関係」が形成されやすいとも考えることができます。

③「タイムアウト」「タイムイン」をどう使うか

「タイムアウト」では何がいけなくて、どうすればよいかを子どもに伝えることに重点が置かれます。大雑把に言えば行動の変容を促すことが目的となります。対して「タイムイン」では寄り添い話を聞く中で子どもがなぜそのような行動をとったのかという「意味」の部分を扱うことが必然的に多くなります。

どちらも問題解決の視点では、子どもが冷静さを取り戻してから解決に向けた話し合いに向かうという点で同じですが、冷静に至るプロセスに違いがあることが分かると思います。

「タイムアウト」も「タイムイン」も米国で理論化された手法です。もともとは「タイムアウト」の手法が広く実践されていました。職員も子どもも比較的冷静さを保ちやすく、より均質なケアを提供することができるため、児童福祉施設でもこの手法を取り入れる施設が増えています。一方「タイムイン」はある意味「タイムアウト」とは逆の手法のように思われます。しかし、問題行動を子どもからのメッセージと受け止め、行動の意味を一緒に見つけていくという考え方は、児童福祉施設の職員にとって馴染みやすいものであるかもしれません。「タイムアウト」より「タイムイン」の方が新しく広まってきたことから「タイムイン」の方がより良い手法として取り上げられることが多いように感じます。しかし、新しいものが常に最良であるとは限りません。それぞれにメリットとデメリットがあります。子どもにとってどちらの手法がより良いかを見極め、適用していくことが大切です。また、個々の子どもに対していつも同じ手法が有効であるかは疑問です。例えば、入所初期の職員と子どもとの間に信頼関係が形成されていない時期や子どもがまだ幼少である時期には「タイムイン」を使って、その子どもの行動の意味を一緒に理解するほうがよいかもしれません。特に入所初期の子どもは自己効力感や自尊感情が低いことがあるため、疎外感や恐怖感を持ちやすいと言えます。「タイムイン」を繰り返すことで安全感・安心感を獲得し、職員との間に信頼関係が形成されると、安心して一人でいられる状態になるかもしれません。そうなったときに「タイムアウト」を用いるといった使い方も考えられます。子どもの年齢や発達段階、認知的な特性をとらえ、その時々でどのように関わるのがよいかを見極めていく姿勢が大切です。（新美裕之）

3．子どもと家族の個別的な課題を理解して行う専門的支援―STEP 3

（1）個々の児童に特化した心理教育

集団で心理教育を行うことが多いですが、その子が表している症状や問題行動に合わせて、個人向けに組み立てられた心理教育を行うことも効果的です。

性的虐待（家庭内性暴力被害）を受けた子どもの多くに、場にそぐわない性的な言動が見られます。これはトラウマ場面での体験を再現している「再演行動」です。再演行動は、衝撃が強すぎる体験を少しずつ過去の記憶として処理しようと心と体が頑張っている、その途中の姿だと言われています。再演行動にはさまざまなトラウマ症状が影響を与えています。些細な刺激でハイテンションになってしまう過覚醒症状や、意思の制御と関係なくトラウマ記憶が瞬間的に蘇るフラッシュバックや、意識が遠のいてしまう解離症状などのトラウマ症状が関係していて、個人によってあるいは時期によって、強く現れている症状が異なります。心理教育にあたっては、今現れている症状を中心に、その症状の名前を教えるもしくは子どもと一緒に名付けて、そのような症状にも意味があることを伝え、職員といっしょに改善することができるものであることを伝えます。そして、過剰な興奮を静めるための方法として、深呼吸やリラックス体操を教えたり、トラブル予防のための対処行動として、再演やトラウマ症状の予兆を感じたら、すぐに職員に話しにくる約束をしたりします。一度教えたらすぐにできるようになるものではありません。教えたことをベースにして、日々の生活の中でできたことを一つひとつ褒めながら、地道に進歩を積み重ねていく必要があります。

地道にトラウマ症状への対処の練習を積み上げても、性教育の導入が引き金となって、トラウマ症状が活発化することがあります。性教育を行う学年が決まっていて、集団で実施している施設もあると思いますが、性的虐待（家庭内性暴力被害）を受けた子どもに対しては、あらかじめ性教育を受けることができそうか確認をしておくべきでしょう。そして受ける時には、集団ではなく個別に実施するなど、その子が動揺してしまった場合に備えた配慮が必要です。

（2）個々の子どもに特化したバウンダリーの理解

バウンダリーの感覚の獲得には、乳児期から積み重ねられた周囲の人に大切にされた経験が関係しています。したがって、ひと口に性的虐待（家庭内性暴力被害）を受けた子どもと言っても、その子がどのような人生を歩んできたかによって、バウンダリー感覚の獲得の度合いがまったく違います。例えば、母子家庭で祖父母が可愛がっていた子どもが母親の再婚後に継父から性加害を受けたケースであれば、自分の大切な領域に侵入され、心理的な境界線を破られてしまった感覚があります。しかし、乳児期から放置されていたネグレクト家庭の子どもが、母親の黙認のもとに兄から性加害を受けていたケースの場合は、そもそも大切に守られるべき自分という感覚が弱いために、大切な領域に侵入されたという意識も希薄で、お兄ちゃんがいつもよりも優しくしてくれたというとらえ方になってしまうことがあります。バウンダリーは大切なものなのだということを教えるためには、それに先立って、自分は大切にされる価値を備えている存在だという自己価値観を、理屈抜きの自然な感覚として持っていることが必要です。この自己価値観を侵害されないように守る防衛ラインがバウンダリーなのですから、守るべきものを知らずに「バウンダリー」という言葉だけ覚えても、その意味は分かっていないはずです。

性的虐待（家庭内性暴力被害）を受けた子どものバウンダリー感覚を回復するもしくは育てるためには、バウンダリーを大切にして自分を守ろうと教えるアプローチと、あなたは大切にされる価値のある存在なのだと実感してもらうアプローチを併用することが必要です。生い立ちの中でネグレクトの程度が重いほど、自己価値感を実感できるアプローチの必要性が高まります。自己価値感を高めるためには、日常生活が快適なようにお世話をしてもらうこと、職員が本人の持ち物を大事にすること、本人との約束を大事にすること、本人の気持ちを真剣に聞くことなどが有効です。これらの日常的な関わりは、安全感や安心感を高める愛着形成的な関わりと重なり合うものです。日常的な関わりだけでは不十分な場合もあるので、そのような時は1対1の個別の時間をとることが有効です。他児に邪魔されない二人きりの空間で、職員と楽しい遊びや穏やかな時間を過ごすことで、自分との時間を大切にして、いっしょに喜んでくれる人がいると実感してもらえるでしょう。さらに、次回の約束をして次回の個別の時間を職員と楽しみに待つことも、大切にされていることを実感できる体験になると思います。

（3）職員同士の気づきと共有

子どもの生い立ち、受けてきた被害の内容、今の状態はまちまちですから、査定や見立てをして、その子に合わせた個別の援助プランを立てる必要があります。見立てやプランと言っても難しい話ではありません。集団で一律にするのではなくて、状態に合わせた生活支援をひと工夫してみましょうということです。

治療プログラムや心理教育の実施についても同じことが言えます。既存のプログラムは、大勢の人の共通点を集めて構成されているので多くの人にとって有効なのですが、一人ひとりの個性を反映することはできていません。だから、現場の職員は目の前にいるこの子に合っているやり方を工夫して、実際の生活の中で子どもが効果を実感できるようにしてやるとよいと思います。

このように子どもの状態に応じた支援を進めるためには、日々の生活の中での職員の気づきを、職員集団全体で共有することが大切になります。ここで言う「気づき」は「ズレ」と言い換えることができます。子どもの反応が以前と変わったという"変化としてのズレ"とか、同年代の子どもの普通の反応と違う"個性としてのズレ"とか、職員の見通しと違う反応が返ってきた時の"予想とのズレ"などがあると、職員は何かに気づき、意識に上ってくるのだと思います。こうしたズレはどれも大事な情報なので、日々の申し送り等を使って積極的に職員間で共有すべきです。特に、"予想とのズレ"は重要で、職員の見立てがどこか間違っていることを教えてくれています。放置しておくと、次の問題行動につながる危険性が高いので、すぐにカンファレンスなどを開いて、軌道修正を図る必要があります。

性的虐待（家庭内性暴力被害）の子どもに限ったことではありませんが、職員が子どもとのズレに敏感で、その気づきを職員間で大切に扱うと、施設内の安全と安心の雰囲気が高まると思います。予想とのズレが生じることは仕方がないのですが、ズレに気づいてもらえない、もしくはズレているのに強引に押し切られたということが続くと、子どもの中に「どうせ……」と職員に対する不信感や反発を生み出してしまいます。反対に、小さなズレも一つひとつ丁寧に取り扱ってもらえると、子どもにとっては大切にしてもらえているという体験になっているのではないでしょうか。（中垣真通）

第3節

児童福祉施設（児童心理治療施設）の生活支援の効果

1．効果に関する調査結果

最後に、STEP1のハード面、STEP2のソフト面そしてSTEP3のより「個」に即したアプローチによって、子どもたちにどのような変化が見られるのか、われわれが2015年度に実施した調査から確認したいと思います。

生活支援の結果、「安全・安心感が生まれた」、「症状や行動の改善」、「生活習慣の改善」、「対人関係の変化」の4つの指標においてどの程度効果があったと思うか、職員に3段階で評価をしてもらった結果が図3-3です。いずれの指標においても、90%前後の子どもに改善が見られたと評価されています。特に安全・安心感の回復と生活習慣の改善については、95%の子どもに改善があったと評価されています。一方で、対人関係の変化がかなり改善したと評価された子どもは17.6%にとどまっています。この結果から、職員は生活支援におけるさまざまな取り組みが、子どもの心の育ちと回復に役立っていると見ていることがわかりました。しかし、対人関係の持ち方については、変化がやや鈍いと感じているようです。

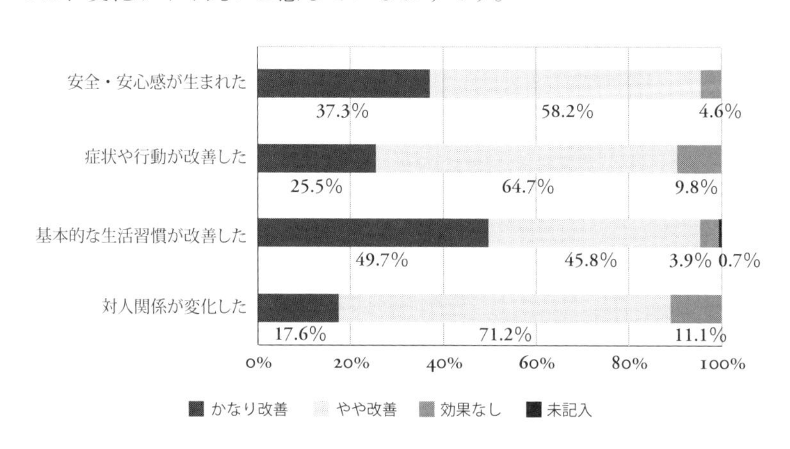

図3-3　生活支援を行った結果

表3-1 自己価値

区分	入所から1－2カ月間	現在及び退所前
自己肯定感がある	1.3%	17.6%
自己効力感がある	1.3%	19.6%

この他に「自己価値」に関して、入所初期と現在及び退所前の状況を比較した結果を見ると、15～20%弱の子どもに自己肯定感や自己効力感の改善が見られています（表3-1）。入所時点では、家庭内性暴力によって自己価値を感じられなくなっていた子どもであっても、施設生活を通じて自己肯定感や自己効力感を感じられるようになった子どもが2割程度はいたことが分かりました。まだまだ改善する子どもの割合を増やす必要がありますが、子どもが抱く否定的な自己イメージに対して、一定の割合で影響を与えることができている点は、施設職員にとって明るい材料と言えるでしょう。

2．関わりの質を上げる

STEP1～3はその名前の通り段階となっています。問題の早期改善を目指すあまり、前のステップを飛び越して効果のありそうな手法を取り入れたとしても、その他の環境が整わなければ十分な効果をあげることができません。遠回りに思うかもしれませんが、支援の効果を上げるためには、一つひとつ丁寧に施設全体の支援体制を整えていくことが大切です。ここに挙げているチェックリストや3つのステップをすべて行うことは難しいかもしれませんが、今どの部分ができていて、どの部分が抜けているのかを知ることで取り組むべき方向が見えてくるのではないかと期待しています。また、重要なことは優れた手法を取り入れることではなく、それによってより良い支援を子どもに提供できるということです。日々の関わりをより的確なものにして実践の質を上げるために、プログラムや手法を活用するのであり、うまくプログラムに乗らない子どもをどうやって乗せてやろうかという、あべこべの発想にならないように十分に気を付けたいものです。　（中垣真通・新美裕之）

生活支援のチェックリスト
□　生活支援の基本方針が次の3点に沿っている。 ［①安心できる生活環境、②治療的な関与、③境界が明確な生活］
□　自分の境界を守ってもらえる安全感と他人の安全を脅かさないことの意味を、子どもが体験できるよう次の4点に気をつけている。 ［①個人所有、②個人空間、③距離感、④男女の区分］
□　安全管理や未然防止策が、子どもの安心感や家庭的な雰囲気を損なわないように配慮している。
□　職員と子どもの間で恋愛や性について話し合えるよう、普段からの関係づくりを大切にし、権利擁護に関する職員研修も行っている。
□　安心できる生活環境と頼れる大人との関係性という基盤を整えた上で、性教育や心理教育を実施している。

〈引用・参考文献〉

・岡本正子／八木修司ほか（2011）「性的虐待を受けた子どもへのケア・ガイドライン」厚生労働科学研究費補助金（政策科学総合研究事業）「子どもへの性的虐待の予防・対応・ケアに関する研究」（主席研究者：柳澤正義）平成20・21・22年度総合研究報告書

・杉村省吾／本多修／冨永良喜／高橋哲編（2009）『トラウマとPTSDの心理援助―心の傷に寄り添って』金剛出版

・滝川一廣／高田治／谷村雅子／全国情緒障害児短期治療施設協議会編（2016）『子どもの心をはぐくむ生活―児童心理治療施設の総合環境療法』東京大学出版

・八木修司／岡本正子編著（2012）『性的虐待を受けた子ども・性的問題行動を示す子どもへの支援―児童福祉施設における生活支援と心理・医療的ケア』明石書店

コラム❹

新任職員のとまどい

職員として入所児童と生活をともにしながら育ち合う。それは社会的養育に従事する者のロマンだと考えるあなたに質問です。以下の場面に遭遇した時にどう対応しますか。

・担当している子どもの持ち物からコンドームを見つけた。
・ベランダにて女児の下着を物色している男児を発見した。
・宿直の見回り時に居室のドアを開けると、入所児童同士が性行為（キスだけではないかも）に及ぼうとしていた。

これらは私が児童養護施設で勤務するなかで見聞きした事例のごく一部です。新任職員のみなさんは、情熱や使命感を胸に抱いて子どもたちとの関わりをスタートさせたと思います。しかし、実際には、子どもから激しい暴言を浴びせられたり話を聞いてもらえないなど、さまざまな理不尽さに直面したのではないでしょうか。さらに暴力や無断外泊のほか上記のような性的問題行動など、あなたの想像を超えた事態に遭遇したかもしれません。

支援者として認識しておかねばならない重要なことの一つは、性的問題行動は児童福祉施設の生活において「あり得る」ということです。あなたはそれを目撃した時、どのような言葉を掛けますか。子どもはひたすら黙り込むかもしれませんし、誰にも言わないで欲しいと謝罪を繰り返すかもしれません。厳しく対応すれば良いのか、それとも怒らずに関わるべきなのか。くわしく事情を聞くのは先輩職員の役割だとしても、自分は何も言わなくても良いのだろうか。「何も見なかったことにしたい」「気づいてしまった自分が恨めしい」などの気持ちを抱くこともあるでしょう。もし、あなたが宿直者でそれが夜間に発生したことであれば、この問題に限られた職員だけで対応する必要もあります。翌朝には、そのことを報告しなければならず、例えば性行為や性器などの単語をどんな言葉で伝えるのか想像してみてください。恥じらいなどの気持ちを乗り越えて（もしくは打ち負かされながら）、あなた自身が語るしかありません。そんな事態に備えるために２冊の書籍をお勧めしたいと思います。

１冊目は『子どもたちと育みあうセクシュアリティ』です。第５章「Ｑ＆Ａ　こんなとき、あなたならどう答える？」は、子どもたちとの生活で実際に直面しそうなやりとりの事例集で、その内容はバラエティに富んでいて健全育成の観点からも参考になります。２冊目は『児童福祉施設で生活する〈しょうがい〉のある子どもたちと〈性〉教育支援実践の課題』で、この第８章「施設内で子ども同士の性暴力場面を発見した時」には具体的な対応マニュアルが掲載されています。まずは深呼吸をすることや、他のスタッフに助けを求めることなど緊急時にはつい忘れがちですが大切なことが示されています。

子どもの性的問題に直面することは、支援者として本当につらいことです。被害者となった子どもの傷つきは大きく、それをケアする職員も心の余裕を失います。担当児が加害者側であれば裏切られた想いにあなたの心は支配され、仕事を辞めたくなるかもしれません。その予防のためにも筆者が勤務する児童養護施設では、園内の新任研修において「性的な問題」「リスク管理」を学びます。性的問題事案は「あるはずがない」というバイアスが働きやすく、その結果として「一部の子どもにだけ生じる問題」「ウチは大丈夫」などと根拠もないのに思い込みがちです。性的問題は「ある」という前提を持った職員にしか見えないことを再認識してください。繰り返しになりますが性的問題行動は児童福祉施設の生活において「あり得る」ことなのです。

それらを防ぎ、子どもたちが健やかに育まれるためには、職員一人ひとりの性問題に対する意識向上は不可欠です。また、施設全体での職員研修や園内のルールづくりなどソフト面を整えるほか、死角をなくすためにセンサーやカメラの設置や施錠などハード面の整備も必要です。なお、子どもを対象とした性に関する心理教育は必ず取り組みたいことの一つです。実際に性教育に取り組もうとすると抵抗や戸惑いの声もあるかもしれませんが、①第二次性徴として子どもが性に関心を持つことは正常な発達としてとらえること、②しかし、虐待を受けた子どもはこれまで育った環境から性に関して歪んだ認識を学習していることが多い、③子どもたちが容易に触れやすいスマホなどからも歪んだ性情報がシャワーのように流されていること、などを職員で共有されるとよいでしょうか。上記のような書籍は、これまでの性の身体的、生理的な側面を中心に書かれた内容を越え、性を巡る対人関係のあり方にも言及したものです。施設で使用するテキストも吟味されることを願います。また、継続的に行えることや、生活場面にマッチするように職員自身がこの話題に自然体で関われるようになっておくことも重要です。これらに取り組んだ成果として、職員の危機意識が高まるとともに子どもたちが「嫌なこと」を「嫌だ」と言えるようになりました。いわゆるバウンダリーが適切に育まれることは被害・加害の予防となるほか、他者との良い関わり方に気づくことであり将来にわたる生きる力にもなります。子どもたちにはそう遠くない未来に信頼できるパートナーと出会い、幸せな家庭を築いて欲しいと思います。それが社会的養育に従事する者の願いです。（森歩夢）

〈引用・参考文献〉

・木全和巳（2010）『児童福祉施設で生活する〈しょうがい〉のある子どもたちと〈性〉教育支援実践の課題』福村出版
・太田敬志／中井良次／木全和巳／鎧塚理恵／"人間と性"教育研究協議会児童養護施設サークル編（2005）『子どもたちと育みあうセクシュアリティ』クリエイツかもがわ

第4章

児童福祉施設における心理ケア
トラウマ治療を巡って

第1節

心理ケアの流れとポイント

1．児童虐待
――在宅支援やケアでは難しい現状にある子ども――

児童相談所における調査・介入・支援は進んできていますが、心理ケアに関しては医療機関に委ねたり施設等に家庭分離を行ったりする以外では、心理教育、カウンセリング等の何らかの支援を実施しているものの、支援モデルを共有し、それぞれの機関が事例に応じてプログラムを臨機応変に設定する（実はこれが最も重要で切実な課題）までには至っていない状況です（神奈川県中央児童相談所 2010、全国児童相談所長会 2013、八木他 2016）。このことに関しては、児童相談所の支援機能を充実させるための人員・施設整備や医療機関、児童心理治療施設等との連携強化が考えられます。一方で、一度限りのトラウマ被害の子どもに比べ、幼少期から慢性的なトラウマを受けてきた子どもへの認知行動療法やEMDRの適用の難しさが指摘されています（Struik 2014）。というのも、慢性的な複雑性トラウマを受けてきた子どもたちは、トラウマ記憶を思い出し、それを安全な記憶に加工していくということに焦点を当てた心理治療に取り組むことに耐えるだけの自己調節機能が相当ダメージを受けているからです。トラウマ記憶を安全なものにしていくには、その時点で子どもたちが自己調節して耐えられる範囲（内容、量）を見極めながら、その時々に生活の中で出てくるテーマ（いつ、何が出てくるのか予想つかないことが多い）を題材とし、子どもの扱える許容範囲を見極めながら対応していくことが必要になります。保護者機能が脆弱な性的虐待ケースをはじめとする重症事例に対して在宅支援の限界という問題も生じます。したがって、生活の環境を在宅から児童心理治療施設などに変えて、根本的な支援やケアを行う必然性があります。児童心理治療施設が行っている「総合環境療法」がこれに当たります。

2．性的虐待（家庭内性暴力被害）を受けた子どもにおける心理ケアのポイントは何か

（1）子どもにとっての安全基地

児童福祉施設（児童心理治療施設）では、生活支援を基盤とした日常生活の安定が重視され、その上に心理ケアが実施されています（総合環境療法［p.72参照］、トラウマ・インフォームドケア［p.89参照］）。虐待を受けたことで子どもは心身の発達全般が著しくダメージを受けていて、問題行動が起きやすい（スタッフはそれに振り回されやすい）という理解が背景にあるからです。重症化したケースの入所が多いことも影響があると考えられますが、性的問題行動に特化した支援というよりも、安全感、安心感という、被害を受けた子どもの最も根底にあるニーズへの対応（不安や怯えなどへの気づきや手当）が中心に置かれているのです。これは、スタッフが子どもにとっての安全基地として機能することであり、子どもが不安を感じた時にスタッフにより安全感や安心感を得られることが第一の目標ということです。つまり、慢性的なトラウマを受けてきた子どもたちには、アタッチメントをスタッフとの間に成立させる、ということが最も困難、かつ重要ということになります。それと並行して、性的虐待（家庭内性暴力被害）に関する心理教育、トラウマ体験にまつわる記憶を安全なものにする取り組み（自己調整力や自己評価の向上と同時に行われる）、非加害保護者を中心とした家族との交流促進、関係改善に取り組んでいくことになります。

（2）動機づけ、心理教育の重要性

トラウマ体験にまつわる記憶を安全なものにする取り組み（トラウマ処理）の根本は、子どもの自己イメージ、記憶、生活にまつわるトラウマ体験を安

全なものに統合する（安全なストーリーに書き換える）ことです。しかし、その取り組みには、子どものその時点でのトラウマ記憶と向き合うことのできる限界（耐性）水準をチェックしながら行う必要があります。というのは、子どもが過去の辛い経験を未来の行動のために生かせる（過去の経験から学ぶ）ためには、過去の辛い体験のことを再度味わうこと（再体験、フラッシュバック）なく、安全、安心な感覚の下で思い出し、その事実をどう受け止めるのかや、今後の行動でどう生かしたら良いか等の知恵を得る必要があるからです。そのためには、そのような辛いこと（再体験）が起きる可能性のあること（トラウマ処理）に勇気を持って取り組める動機づけが子どもに必要で、心理教育（p.92、110、114参照）が大きな役割を果たします。A. Struikは、「心理教育というのは、その子が「自分の彼女になるような素敵なお姫様（男の子がやる気を出すことの例として）はどんな子かなとか、その子と恋に落ちたら（邪魔するドラゴンをやっつけなければ)」と、考えることができるよう仕向けること」という比喩を使って子どもにとっての動機づけや心理教育の重要性を説明しています（Struik 2014)。過去の辛い記憶（ドラゴン）に邪魔されて、現在の生活やこれからの生活（素敵なお姫様に出会い、仲良くなって楽しく付き合う）に集中できない現状と、それを少しずつ乗り越える取り組みがあるので一緒に取り組もう、ということを子どもに理解してもらうことが重要になります。

（平岡篤武）

第2節

児童心理治療施設における心理治療の流れ

1．子どもへの個別的心理治療

（1）個別心理治療の基本－安全・安心の感覚を育む－

1）日常生活、チーム連携の重要性とセラピストの生活場面参加

心理治療は心理士と子どもとの相互作用を基盤にして行う対人援助活動の一つです。対人援助活動には他にもソーシャルワーク、生活支援、教育等さまざまな取り組みがありますが、これらが主に日常の現実場面で行われることが多いのに比べ、心理治療は基本的には面接室という非日常的な場面で行われます。このため、心理士と子どもの間には独特の人間関係が生じます。このことは、ともすると心理士が子どもの現実生活や人間関係への配慮を欠いてしまうということが生じやすいので、この特殊性には十分留意する必要があります。

心理治療は施設における子どもへの支援の中の一つであることを考えると、他のスタッフ（より広く考えれば学校、児童相談所など関係機関も当然含まれます）とのチーム連携をどう図るかということが重要になります。その際、注意すべきことは心理士が担当の子どもにあまりにも強く感情移入してしまうことです。その結果、自分も子どもを施設で支援するスタッフの一員であるという認識が弱くなり、心理治療や生活場面に関する情報交換を怠ることや、多職種スタッフ間に生じやすい誤解に対する感度が低下することが起きやすくなります。非日常的な場面で行われる心理治療は、子どもが安全を感じることのできる生活の中で育てられている、という実感（安心）が保障されるような生活環境にあって初めて十分発揮できるものであることを、心理士は認識すべきです。

例えば、タイムスケジュールが決まっている他スタッフの活動時間に食い込んでまで自分の面接を連絡なく延長する、というようなことは慎まなければなりません。合意なく他スタッフの活動の枠組みを変えてしまうことは、

子どもの生活を安全に包んでいるはずのチーム連携を弱める要因になるからです。しかし、心理士は生活の場面に入るべきではないということではありません。日常生活での子どもの様子を見たり、接したりすることができるというのは、子どもの全体像を把握できる、生活場面における現実に即した臨機応変な介入が行える、という施設における心理治療が外来治療に勝る利点と思われます。一方、心理士は面接室以外で子どもに会うべきではないとして後述するような治療構造を厳格に守る意見を聞くことがあります。

しかし、日々発達途上にある子どもへの総合環境療法による支援を目指す児童心理治療施設では、面接室という限られた空間だけでなく生活全体の中で、子どもが身につけるべき課題についてさまざまな職種がモデルを示しながら、能動的に働き掛けることのできる利点があります。その中で心理士は、面接室という非日常での交流に与える影響を念頭に置きつつ、生活場面での自分のどのような振る舞いが子どもにとって安全感・安心感を損なわず、成長促進的なのかを常に自問自答する必要があります。

2）心理的開放とそれを守る枠組み

心理治療場面で行われる心理士と子どものやりとりは、アタッチメントという情緒的絆を形成すること、辛い体験を和らげること、対人関係や適切な自己調節を再学習すること、精神的成長を促すこと等を目的に行われるので、子どもの心理社会的成長過程の一部ということができます。心理治療が導入されることになるようなトラウマや不適応行動は、子どもと環境（人的・物的）との衝突に起因し、多くの場合それは対人関係です。不適応行動のある子どもは、それまでの対人関係において他者（両親、先生、友人等）とうまく折り合うことができなかった（怒られてばかり、困らせてばかり、ケンカしてばかり等）ことが多いのです。そこで心理治療では、心理士が子どもに対して新しい対人関係の経験（ゆっくり話を聞いてもらう、理不尽に怒られない、自分が認められたと実感する、心に留めておけない感情を吐き出す、言葉にできなかった体験や感情を言葉にする、一緒に楽しむ等：修正感情体験）を提供することで、それまでのうまくいかなかった対人関係の経験（過度に卑屈になったり、攻撃的になったり、不信感を募らせたり、イライラしたり、不安になったり、抑うつ的になったり等）から解放することをまず狙います。これを心理的解放ともいいます。

しかし、このような心理治療における（もちろん危険等の保留はありますが、何でも受け入れてもらえるという）対人関係は、先に触れたように特別な関係であり、日常生活の延長にはありません。そのため、面接室、治療契約（どのような目的、方法で面接を進めるかの合意、許される行動範囲の提示）等の日常生活から区別する枠組み（治療構造）が必要です。この枠組みは漫然と当然のこととして安易に守るためにあるのではなく、個々の子どもの心理治療目標や、その時の状況に合わせて制限の持つ本質的意味を問い直す必要があります。場合によっては制限をあえて越えるということによって新たな治療的展開が生ずる場合もあります。また、このようなチャレンジには、チームの理解があるということが前提になります（村瀬 1981）。

更に、このような治療関係に入ると、子どもは心理士に対して安心感だけでなく攻撃的な感情や行動を向けてくる時期があります（行動化：虐待ケースでは必ず、しかも強烈に、面接室外でも性的逸脱、盗み等いろいろな形で出してきます）。これは、それまで経験した大人とのやりとりの再現かもしれないし、通常子どもが示す反抗期のような自我成長の現れかもしれません。いずれにしても、子どもが治療場面で安全感、安心感を得ることができ、心理士が子どもの行動の背後にある意味を正確に読みとって交流することが、子どもが自分の辛い体験を過去のものとして整理し、今を生き生きと過ごし、将来への希望を見出すことに繋がっていくのです。これに加え、子どもの心理治療は多くの場合大人の判断によって始められるため、子どもの心理治療に対する理解や意欲は曖昧で乏しいことが多いことや、子どもが抱いているかもしれない恐れ、怒り、恥、哀しみ、困惑についての情報は概して不十分であるということは常に留意したい点です（村瀬 1981）。

（2）トラウマ体験を理解する

1）安全を脅かすものとの距離、その強さ

子どもの虐待への心理治療を考えるときには、多くの場合、幼少期からの慢性的なトラウマ被害を想定します。この体験は、簡単には忘れることのできないトラウマ記憶として心身に残り、さまざまな症状・行動が子どもを苦

しめることになります。この体験過程は、「体験距離」と「体験強度」で考えると理解しやすくなります（岡野 2009）。

人は、強烈で逃げたくなるような、安全を脅かすこと（体験強度が強い）に対しては、安全な場所（体験距離が長い）まで離れるようにして身を守ります。安全なものには近づき、危なそうなものには近づかないことで身の安全を図っている訳です。自分にとっての安全な場所（体験距離）を見極められる能力は大変重要で、アタッチメントが関係しています。何らかの原因によって、「体験距離」を十分とることができないうちに、至近距離で強烈な被害を受けた場合、トラウマ体験となってしまいます。子どもにとって逃げることのできない家庭で繰り返されるネグレクトや虐待は、「体験距離」がほぼゼロの場で、強烈に、頻繁に被害を受けることです。ネグレクトの「体験強度」はそれ程大きくないと考えられるかもしれませんが、アタッチメントの成立を妨げ、他人との間の基本的信頼関係や自尊心の形成がうまくいかないことに影響します。「体験」の質が著しく悪く、蓄積し、「体験強度」が大きくなるのです。相手が安全かどうか確かめることもなく、見知らぬ人にベタベタとまとわりつくことや、逆に距離をとっていつまでもスタッフになつかず、よそよそしく、気持ちが通じない子どもたちを思い浮かべることができるかもしれません。

このようにトラウマ体験を理解すると、子どもが「体験強度」と「体験距離」を自分にとって安全な範囲で調節できる力、できない時には逃げたり、近くの大人に助けを求めたりする力（不安に耐える力）をつけることへの支援が重要であることが理解できます。そのためには、怖いこと、不安なことにまつわるトラウマ記憶は過去のことであり、今は心理士と一緒で安全であることをしっかり体感してもらうことが支援の最初の目標となります。

2）トラウマ環境を生き延びた子どもの行動：被害的な世界観（認知）の形成

①虐待によるダメージ（今しかない）

虐待という大変厳しい環境に直面している子どもたちは、まず身の安全確保を探ります（誰か助けて）。しかし、誰も助けてくれない環境では、ストレスホルモンの過剰分泌によって本来は自然な防御反応である「反撃［闘争］、逃走、凍りつく（凍結または虚脱）」という3種の行動が頻繁に繰り返されます。ここで、ストレスにより興奮した自律神経（アクセルの交感神経とブレーキの副交感神経）がさまざまな症状・行動を誘発するという悪循環のループから抜け出せなくなります。この時にはトラウマ記憶の再体験（視覚イメージや感覚が繰り返し蘇る、悪夢）、回避・麻痺（体験したことに関連することを避ける、感情が乏しくなる）、過覚醒（神経過敏、怒り易い）、解離（感情の凍結）が起きていることが多いと考えられます。こうなると、彼らは常に警戒し、虐待ではない日常生活のちょっとした刺激（担任に注意された）でも"今の瞬間"をどう切り抜ける（反撃［闘争］、逃走、凍りつく）かの状況になってしまいます。そうなると、活用されるのは過去の悪い記憶（父親から注意された後は必ず殴られた）ばかりで、現在（担任は殴らない）をよく見て考えて行動するために、経験を過去－現在－未来とつなげて利用することが難しくなります。従って、虐待を受けた子どもへの支援は、トラウマ記憶を過去のものとして距離をおいて思い出せるようになり、現在の安全に気づき、未来の希望や夢を語れるように、環境を含めた生活全般を視野に入れた包括的なものである必要があります（総合環境療法）。

②虐待ダメージの蓄積は、考えや行動を偏らせる

虐待というトラウマ環境を生き延びた子どもの偏った行動を理解し、支援を考えるために、M. E. BlausteinとK. M. Kinniburghは虐待により子どもが受けるダメージを次の3段階で説明しています（Blaustein & Kinniburgh 2010）。これは、子どもが自分を取り巻く十分世話をされない危険な環境に過剰適応していく過程で、（必ずしも意識されていませんが）身に迫る危険にどう適応し、その結果症状や行動（発達障害と類似する）にどう発展していくのか、という視点からのものです。

a. 被害的な世界観を形成する

アタッチメント形成に恵まれない養育環境により、子どもの中に"この世は危ない"という被害的な思い込みや反応（無意識、非言語レベル）ができてしまいます。常に警戒し、ビクッとしやすく、感情の調節に問題が生じます。

そのような確信を強める"引き金"には、どうにもできないという感覚、予想外の変化、脅された・攻撃されたと感じること、非難された・恥しいと感じること、親密さや肯定的な注目（体験がなく不安を駆り立てる）等があり

ます。そして言葉を介せず体感レベルで反応しやすくなります。

b.特異な身体的・行動的反応を形成する

上述のような被害的な世界観が形成されると、危機的と見なした状況を回避する防御反応（反撃［闘争］、逃走、凍りつく）のために独自の行動を身につけるようになります。これらの行動は、事実とは別に眼前の状況をとっさに危険と判断した時の身体反応ですので、しばしば日常生活の状況にはそぐわない行動になり、通常問題行動（馴れ馴れしく近づく、べたべたと接触する、嘘をつく、盗む、暴力をふるう、ボーっとする等）と見なされます。これらは、熟慮した行動ではないので、行動を状況に応じて適切に調節する能力に問題が生じるようになります。これが自己肯定感（自尊心）の低下にもつながります。

c.発達が阻害される

発達早期の不適切な養育環境に適応しよう（危ない世界にビクビクして生活する）とすることによって、広範囲の発達の偏りや遅滞が生じます。

身体的・情緒的体験の調節能力（自他の感情やその由来に気づき、感情や行動を調節して表現できる）、対人関係能力（過去から未来に向かう自分という感覚［アイデンティティ］や社会性）、認知機能（判断、計画、実行）等の発達が阻害され、さまざまな不適応行動（感情麻痺、引きこもり、無差別的アタッチメント、操作性、薬物濫用、食行動異常、性的逸脱行動、自傷、刺激を求める、攻撃性等）に発展する可能性が増え、自己肯定感（自尊心）は一層低下します。

（3）トップダウンとボトムアップ

1）適応のための３つの行動戦略

van der Kolk（2016）は、上述したわれわれが環境（危険な相手や状況に出会う等）や体調（高熱・激痛・病気等）によって危ない、命を脅かされると感じた時に、本能的に振る舞う適応のための防御反応を3段階の行動戦略として、Porges（2011）の多重迷走神経理論を用いて説明しています。それは、表情、声、内臓に関わる迷走神経や、興奮、鎮静に関わる自律神経の働きによる生理的バランス状態が反映しています。

第1段階では、「社会的絆（表情や声を使って身近な人に助けや慰めを求める：アタッチメント）」で対処しようとします。それでは助けが得られなかったり、危険が差し迫ったりしている場合には、第2段階として、原始的な生存の方法「反撃［闘争］か逃走（攻撃者を撃退するか、安全な場所へ逃げる）」で、その状況を切り抜けようとします。ここまでは哺乳類の脳（大脳辺縁系、記憶・感情担当）が担っています。それでもうまくいかない時（逃げられない、捕まった、閉じ込められた）には、第3段階「凍結又は虚脱（心肺機能を下げる、エネルギー消耗を極力抑えて自らを守ろうとする、動けない、死んだふりをする、失神）」の状態（慢性的な機能停止）に陥ります。この段階では爬虫類の脳（脳幹、生命活動維持を担当）に活動の司令部が移ってしまいます。人が恐怖を体感すると、認識した恐怖の程度によりこのように自分を安全だと感じてコントロールできる度合いが低下するのです。体験強度や体験距離をどう受け止めるかには個人差（不安に耐える力の）がありますので、全く同じ状況を体験しているのに、いきなり第3段階に入ってしまう人もいます。ネグレクトや虐待を受けてきた子どもたちの示す、スタッフにとっては些細と思われる刺激に対する突然の怒り、恐怖、パニック、解離などの行動は、この不安に耐える力の脆弱さから理解することができます。また、赤ん坊が本能的な怒り、恐怖、不安対応レベルの第2、3段階に至る以前の適応行動である、安全感覚レベルの第1段階（アタッチメントの活用）に習熟するためには、初期の養育環境が重要な役割を果たしています。

2）アタッチメント形成に必要な安全の感覚（体感覚・内臓感覚）

赤ん坊（危機に際しては第2、3段階の反応が中心）が、保護者の養育によって自らをコントロールして環境に適応できるようになる（第1段階の反応ができるようになる）には、養育者が赤ん坊に日々微笑み掛け、語り掛け、あやし、空腹を満たし、身体を清潔に保つことを通して行う相互交流（人と人との間のリズム、快不快に呼応する体感覚や内臓感覚の実感、声や表情による意思疎通等）が重要です。この過程で、赤ん坊は喜びや安全の感覚（乳を吸う、笑う、機嫌よく声を出す等の体感覚や内臓感覚）を引き起こす環境（保護者の笑顔、視線、愛撫等）と同調できるようになります（保護者が子どもの状態に感覚的に同調できていることが前提となります）。多重迷走神経理論では、この行動パターン獲得を体感覚、内臓感覚とつながる迷走神経系と脳幹の連携が重要な役割を担っていると考えます。ネグレクト、虐待という逆境環境に育つということは、第1段階の行動戦略（困ったときに助けを求める）が使えない経験の蓄積です。そのため心身の警戒や緊張が強く、第2、第3段階への反応が起きやすくなり、自己調節の機能（不安への耐性）が低い状態になるのです。

3）安全感覚獲得とボトムアップ

このような子どもたちに必要な心理治療アプローチはトップダウンとボトムアップの2つに大別できます。どちらも目的は、安全感覚レベルである第1段階（アタッチメントの活用：意思疎通や関与）の行動戦略を使えるようになることです。トップダウンは、言葉を使い論理的思考能力に働きかけて、トラウマにまつわる怒りや不安を喚起する記憶の整理やコントロールを狙います。ボトムアップは、身体の緊張を和らげる（迷走神経系と脳幹の連携を促進する）ことによって、内臓感覚（ムカムカする、締め付けられる、スッとする、満たされた等）を含む身体的感覚と情動のつながりに気づけるようになることを狙います。安全感覚レベルの第1段階（アタッチメントの活用）形成を赤ん坊が獲得する過程を考えると、このボトムアップの重要性が理解できることと思います。児童心理治療施設での実践を見ると（全国児童心理治療施設における調査：八木修司他 2015）、広い意味でボトムアップに該当すると考えられる遊戯療法、芸術療法、リラクゼーション、自律訓練法、動作法、ゲシュタルト療法が実際に現在用いられている支援技法として挙げられています。また、各地の施設における具体的な例では、ヨガ、和太鼓というボトムアップの活動を積極的に取り入れている施設があります。特に重い虐待事例には、ボトムアップが重要ですので、この２つのアプローチを意図的に組み合わせていくことが今後の重要な課題です。

（4）被害からの回復　自己肯定感（自尊心）の回復、向上への支援、ARC理論

「(2) 2)トラウマ環境を生き延びた子どもの行動」で紹介したM. E. BlausteinとK. M. Kinniburghはトラウマ・インフォームド（トラウマ被害を念頭に置き、

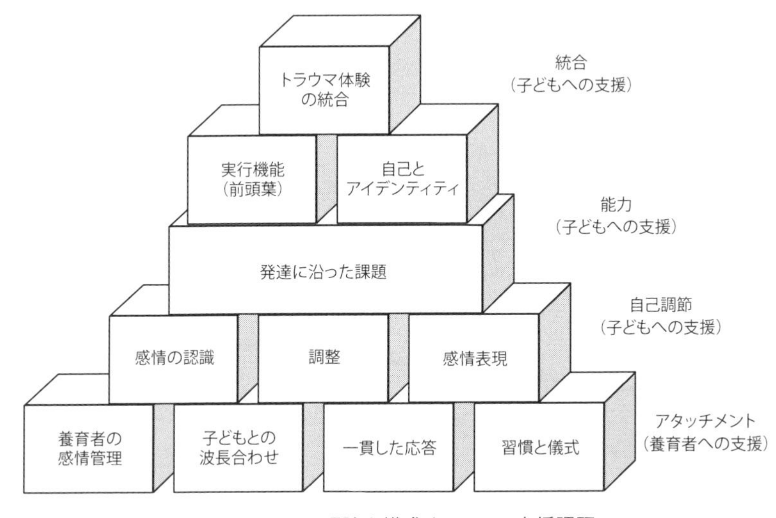

図4-1　ARC理論を構成する11の支援課題
（出典）Blaustein & Kinniburgh（2010）、資生堂社会福祉事業団（2011）を参考に作成

安全・安心感覚の確保、トラウマによりダメージを受けた記憶を安全なものにする、トラウマ被害を克服し生活の中で統合することを目指す）という発想の下に、虐待を受けた子どもへの支援（ARC理論）を考案しています（Blaustein & Kinniburgh 2010, 資生堂社会福祉事業団 2011, 國吉 2011）。ARC理論が目指すものは、トラウマ環境で子どもが発展させてきた3つの負の連鎖（感情調節・行動調節・発達の躓き）の改善で、支援対象はトラウマを経験してきた子ども、青年及び専門家を含めた養育者です。アタッチメント（Attachment）、自己調節（Self-Regulation）、能力（Competency）に働きかけ、最終的にトラウマ体験の統合を目指します。この取り組みにより、アイデンティティ形成の促進や低くなっている自己肯定感（自尊心）の向上にもつなげます。具体的には4段階（図4-1）で示され、以下の計11の支援課題から成り立ちます。この考え方は、トラウマ環境を生き延びた子どもの行動理解をベースにしていますので、それぞれの施設での実践応用に有用な理論的枠組みを提供してくれます。

1）アタッチメント（養育者［保護者・専門家］への支援）

ここでの目標は、安全が実感できる養育環境で子どもが十分に安全で健康的な生活を送ることと、そのために養育者が子どもの健全な発達を支援するためのスキルを習得したり、安全な生活環境を整備したりすることです。

①養育者の感情管理

子どもとうまく関われるように養育者自身の感情反応を理解、調整して、対処できるようにします。

②子どもとの波長合わせ

子どもの行動、会話、望み、感情を正確に、共感的に理解して応答（ペース合わせ）することを学びます。

③一貫した応答

子どもの現在の行動は過去の経験と関係していることを理解して、子どもにとって予測可能で、安全、適切な一貫した応答を目指します。

④習慣と儀式

日々の子どもと家族の生活に、厳格ではない適切な習慣（日課）、繰り返される行動のリズムを築きます。これはアタッチメントが形成されることにより成立します。また、虐待状況とは反対の、予測でき、調節可能な環境や経験は安全感覚に繋がります。

2）自己調節（子どもへの支援）

アタッチメント形成の失敗や外傷性ストレス、または両方によって自己調節機能はダメージを受けます。ここでの目標は、子どもが感情や行動を調節したり、体験を他者と安全に共有できたりすることに気づき、そのスキルを体得することです。

⑤感情の認識

自分の感情に気づいたり、名前をつけたり、引き金となる外的な要因を理解できるようになることです。

⑥調整

快適な覚醒水準を保ちながら（闘争か、逃走か、凍りつくかではない状態）、安全かつ効果的に身体的・情緒的な体験を調節できるようにします。

⑦感情表現

情緒的な体験を他者とうまく共有できるようなコミュニケーションスキルや忍耐力を身につけます。

3）能力（子どもへの支援）

子どもや家族が健全な発達やさまざまな能力（人と繋がる、地域に参加する、学ぶ）を発揮できるような内的外的資源（リソース）を形成することです。これはトラウマ被害を受けたケースへの中心的な支援課題と位置づけられています。

⑧発達に沿った課題

さまざまな分野における子どもの能力を評価し、発達段階に沿った目標達成（運動、人間関係づくり、地域奉仕、芸術活動、動物の世話等）への支援を行います。

⑨実行機能（前頭葉）の強化

単に場面に対応するのではなく、より高度な認識機能を使って問題を解決し、目的に合った行動が選択できるようになることです。

⑩自己とアイデンティティ

自己探求、自己理解を深めて一貫性のあるアイデンティティを発達させます（経験を過去、現在から未来に繋げる）。

4）統合（子どもへの支援）

⑪トラウマ体験の統合

一つは、幼少期のトラウマ記憶にまつわる自分、他人、その両方に関する、断片化し、多くは無意識に出てきて不安を喚起するような感情、考え、感覚、行動を、自分自身のストーリーとして腑に落ちる安全な形にまとめ上げることです。もう一つは、子どもの生活に侵入し、苦しめるような特定の事件に関した、断片化し、さまざまに合成されたりするトラウマ記憶の処理を行うことです。これらにより、トラウマ記憶に現在の生活が脅かされることが減り、現在の生活に集中することができるようになります。

2．子どもたちへの集団心理治療

心理治療には個人を対象としたものの他に、集団を対象とした集団心理治療があります。個人を対象とする場合には、個人の抱える感情、認知、行動の改善が目標となります。そのため、個人場面では、よく話を聴いてもらえた、少し元気が出た、どうすればいいか少し分かった等、直接ストレス軽減につながる結果が期待されます。一方、集団を対象とする場合は複数の人が同時に参加しますので、基本的には個人の悩みの直接解決への支援は個人の場合に比べ少なくなります。その代わりに、個人では相手が心理士ですので気にせずに済んだ、感情を調節して思いを相手に伝える、相手の伝えたいことを最後まで聴く、一緒に活動する等の対人コミュニケーション能力が求められます。少なくとも、集団に参加することによってこれらや、他者への理解や許容が向上することが期待されます。他者への攻撃や集団からの離脱が調節できない場合、集団による取り組みへの準備性がないと判断される場合もあります。このように集団心理療法では、個人心理治療に比べ個人の悩みは十分扱ってもらえない代わりに、社会的スキル向上が期待されます。従って、心理ケアに関しては個人心理治療と集団心理治療を個人のニーズや集団参加への準備性を勘案しながら、組み合わせて実施する必要があります。

これまで述べてきた慢性的なネグレクト・虐待を受けてきた子どもたちの支援ニーズ（アタッチメント形成、ボトムアップ）を考えると、ちょっとした刺激が引き金となって「反撃［闘争］か逃走－凍りつく（凍結または虚脱）」の悪循環に入り込む彼らに、集団心理治療を実施することが容易ではないことが理解できます。難しいながらも、日々成長する子どもたちへの包括的な支援を考えると、集団心理療法をどう工夫して実施できるかという課題でもあります。

（1）全国児童心理治療施設における実態調査（2008）

全国の児童心理治療施設における集団心理治療に関する実態調査結果（平岡他 2008）は、以下のとおりです。対象は当時の全国31施設（被虐待児の入所率：平均6割を超え、多い施設は8割を超えていた）のうちアンケートに回答した30施設。それによると、集団心理治療は67％の施設において実施されていましたが（以下複数回答）、入所児全員を対象として実施していたのは17％、集団の規模は5人前後が最多でした（45％）。実施内容は、活動療法としてのスポーツ、トレーニング、音楽、ゲーム、レクリエーション、調理、工作が最多です（65％）。次に、話し合いやゲームを媒介とした従来型集団心理療法の取り組みスタイルでした（55％）。SST（25％）、セカンドステップ（10％）と心理教育的な取り組みや、感覚統合（5％）も入ってきています。被虐待児を対象としたときの実施上の困難点は、「子どもの問題行動（衝動性、攻撃性、暴力、支配）」が最も多く（30％）、次が「グループ自体の持つ誘因（嫉妬や劣等感を引き起こす）」（25％）、「グループ形成が困難（プログラムにのれない、成り立たない）」（20％）でした。このような集団心理治療を運営するための工夫としては、「運営方法（メンバーやプログラムを検討する）」（40％）、「枠組みを明示する」（30％、）、「逸脱対応（集団を逸脱した子どもには個別に対応する）」（30％）が多かったです。また、「集団心理治療を実施しない」、「一部の子どもを除外する」の理由に関しては記載のない施設が多かったのですが、記載のあった主な理由として、「子どもの要因（安心・安全が確保できない、プログラムに適さない）」（60％）、「資源の不足（スタッフ数、治療時間の不足、集団心理療法に習熟していない）」（35％）でした。集団心理治療の位置づけを問う項目では、「成長促進的な場（対人スキルの習得）」（53％）が多く、「実施に困難を感じる」（30％）という回答もありました。

（2）全国調査（八木他 2015、平岡他 2008）を踏まえて被虐待児への集団心理治療を考える

対人関係の発達という面から考えると、集団というのは基本的に３者関係ですから、参加できるにはそれ以前の２者関係（養育者との間にアタッチメント［安全・安心感覚］が形成される）がある程度達成されていることが求められます。子どもが友達と遊べるような年齢は、順番に遊具を使えるのが３歳半頃、砂場で一緒に山を作れるのが４歳半頃というのが、大体の目安になります。一般的な幼児教育が就学前の２～３年間であるのが概ね世界共通であることから考えても、子どもに３者関係での活動の準備性ができるのは３歳過ぎといえます。

ここで問題になるのが、慢性的なネグレクト・虐待を受けてきた子どもたちは安全・安心感覚という２者関係の発達課題が未達成であるということです。実際、全国調査（2008）での、被虐待児を対象としたときの集団心理治療「実施上の困難点」への回答は、「問題行動（衝動性、攻撃性、暴力、支配）」、「グループ自体の持つ誘因（嫉妬や劣等感を引き起こす）」、「グループ形

成が困難（プログラムにのれない、成り立たない）」でした。性暴力被害に対象を絞った全国調査（2015）からは、個人心理治療、集団心理治療の区別をしての設問ではありませんが、「安全感・安心感（不安や怯えなど）」を満たすという支援ニーズへの対応（不安や怯えなどへの気づきや手当）の占める割合の大きさが示唆されます。また、「安全、安心感」「基本的な生活習慣」に関する改善評価に比べ、「症状や行動」「対人関係」に関する改善評価の低さが目立ち、入所児の重症化が反映されていると考えられます。

児童心理治療施設では、トラウマ・インフォームドケア（トラウマ被害を念頭に置き、安全・安心感覚の確保、トラウマによりダメージを受けた記憶を安全なものにする、トラウマ被害を克服し生活の中で統合することを目指す）を中心とした総合環境療法が求められています。これは、生活、心理治療、学校教育どこにおいても共通して包括的に取り組む課題で、この取り組みを集団心理療法にも反映させる必要があります。全国調査（2008）では、SST、セカンドステップという心理教育の導入が確認できましたが、これは２者関係から３者関係への橋渡しとしての機能を狙っていると思われます。しかし、グループ運営の難しさからその実施割合は少なく（35%）、むしろ活動療法（65%）の多いことが目立ちます。この活動療法は、伝統的な集団心理療法と比べそれほど評価されずグループ活動として位置付けられているようですが、感覚統合（5%）とともに上述の「１(3) トップダウンとボトムアップ」で述べた、ボトムアップに分類される取り組みと考えられます。現場では、経験的に身体を使うこと、リズムが伴うこと、楽しいこと等（スポーツ、トレーニング、音楽、ゲーム、リクリエーション、調理、工作）に子どもたちがよく反応することを理解していると思われます。これは、上述したようにヨガ、和太鼓を取り入れている施設の取り組みにも表れています。

先に述べた集団心理療法の基本的な導入には、慢性的なネグレクト・虐待を受けてきた子どもたちを想定していませんので、彼らに対する集団心理療法は彼らの支援ニーズ（安全・安心感覚の醸成、アタッチメント形成）に沿って考える必要があります。小集団にすること、個別対応可能な複数スタッフを配置すること、子どもが興味を持てるさまざまなメニューを用意すること、自由参加とすること等の工夫が必要ですが、慢性的なネグレクト・虐待を受けてきた子どもたちに対するトラウマ・インフォームドな集団心理療法として、ボトムアップのメニューを意識して取り入れること（または活動療法を再評価すること）も今後の課題です。　　　　　　　　　（平岡篤武）

〈引用・参考文献〉

・Blaustein, M. E., Kinniburgh, K. M. (2010) *Treating Traumatic Stress in Children and Adrescents: How to foster Resilience through Attachment, Self-regulation, and competency* (pp.33-41, 53, 65, 78, 94, 117, 134, 157, 175, 190, 209-238): New York: The Guilford Press.
・平岡篤武（2015）「心理治療の目的と特徴」児童自立支援対策研究会編『子ども・家族の自立を支援するために』（財）日本児童福祉協会，pp.206-207
・平岡篤武／西田泰子／中垣真通／市原眞記／増沢高（2008）「被虐待児に対する臨床上の治療技法に関する研究（情緒障害児短期治療施設における被虐待児への心理治療）平成19年度研究報告書」子どもの虹情報研修センター
・神奈川県中央児童相談所（2010）「神奈川県児童相談所における性的虐待調査報告書（第3回）」
・國吉知子（2011）「米国における新しいトラウマ治療の動向―子どもの複合的トラウマ治療のための枠組みARC理論」『神戸女学院大学論集』第58巻第2号、pp.1-17
・村瀬嘉代子（1981）「子どもの精神療法における治療的展開―目標と終結」白橋宏一朗／小倉清編『児童精神科臨床2 治療関係の成立と展開』星和書店、pp.34-39
・岡野憲一郎（2009）『新外傷性精神障害 トラウマ理論を越えて』岩崎学術出版社、pp.12-25
・Porges, S. W. (2011) *The polyvagal theory: Neurophysiological Foundations of Emotions, Attachment, Communication, Self-Regulation.* (pp.11-19) New York: Norton.
・資生堂社会福祉事業団（2011）「2010年度第36回資生堂児童福祉海外研修報告書」pp.35-47
・Struik, A. (2014) *Treating Chronically Traumatized Children: Don't Let Sleeping Dogs Lie!.* (pp.36-39, 63) London & New York: Routledge.
・Van der Kolk, B. A. (2014) *The Body Keeps The Score: Brain, Mind, and Body in the Healing of Traum.* New York: Penguin Books.〔ベッセル・ヴァン・デア・コーク著、柴田裕之訳（2016）『身体はトラウマを記憶する』紀伊國屋書店、pp.91-106、123-144、169-170〕
・八木修司他（2016）平成27年度 厚生労働科学研究費補助金（政策科学総合研究事業）「性的虐待事案に係る児童とその保護者への支援の在り方に関する研究」分担研究報告書
・山本ら（2013）「全国児童相談所における子どもの性暴力被害事例（平成23年度）」報告書『全児相』通巻95号別冊、全国児童相談所長会

第5章

児童福祉施設における家族支援・ソーシャルワーク展開

第1節

児童心理治療施設における家族支援

1．調査結果から見る家族の状況

（1）子どもと家族の状態

児童心理治療施設の調査では、2010年度から2015年度の5年間で153名の家庭内性暴力被害の子どもが入所していました。こうした子どもの66％が知的障害や自閉症スペクトラム障害などの発達の課題を抱えていました。

保護者も約60％が精神疾患や知的障害などの発達障害、アルコールや薬物依存などの問題を抱えていました。また経済的問題やDV、性に関する認識に問題があり、子どもの養育環境としての課題が伺われました。子どもも保護者も精神的・発達的な課題を抱え経済的にも不安定で虐待が常態化している家庭状況が伺われ、家族全体に支援の必要性があると言えます。

（2）性加害者の状況について

被害を受けた子どもの77％は実母と同居していました。両親との同居は22％でその内65％が実父から、38％が兄弟から被害を受けています。全体としては養父・継父と内縁関係の男性からの被害が44％ともっと多く、次いで実父、兄弟となり兄弟からの性被害は母子家庭でも実父母が揃っている家庭でも見られ24％ありました。

（3）性的虐待（家庭内性暴力被害）の内容について

性的虐待（家庭内性暴力被害）の内容ですが、直接接触が75.8％と最も多く、その中でも挿入を伴う行為が一番多く見られました。侵襲性の高い被害が高確率で起こっている現実が見て取れる結果と言えます。

接触を伴わない性被害では、性行為の目撃が一番多く、次いで動画・印刷物などポルノに曝すとなっています。性行為の目撃などの受動的な性被害には母親が性的DVを受けている可能性も否定できません。非接触被害にネグレクトやDVなどの虐待が背景にあることを考えておく必要があります。

（4）性被害開始時期と被害回数、被害期間について

被害開始時期では、中学生までの年齢で約75％の子どもが性的被害にあっていました。乳幼児期から挿入を伴う被害が6人、性行為の目撃は12人が体験しているとの結果が見られました。性的虐待（家庭内性暴力被害）は子どもが身体的成熟を迎える思春期以降の問題ではなく、子どもの幼少期から行われる問題である可能性が高いと言えます。被害が1回のみので終わっている件数は全くなく、被害期間も２年から４年以上に渡って繰り返し性的被害を受けている可能性が高いこと分かりました。性的虐待（家庭内性暴力被害）が発覚までに長い時間がかかり、被害が発覚しても被害調査面接や被害確認面接ができないまま施設入所になっている場合も多くありました。施設に入所し、安心・安全な環境で過ごす中で徐々に性的被害のことが暴露され、トラウマによる性的行動が見られるようになることも少なからずあります。職員間で子どもの情報を共有して、こうした問題が出てくることを予測した関わりが必要になります。

（5）非加害保護者の態度

施設に措置される子どもは、このままでは安全を確保できないと判断された家庭ですから、こうした子どもの非加害保護者が子どもの被害の事実をそのまま受け入れる訳ではありません。非加害保護者がDVによる支配や経済的に加害者に依存していることも考えられます。児童心理治療施設のアンケート調査でも、子どもが施設への入所する時に事実を認めている非加害保

護者は半数以下でした。また加害者と対決的な態度をとっている非加害保護者はわずか18%で、30%近くは加害者を擁護する態度が見られ、子どもを守る姿勢を見せる非加害保護者は18%に過ぎませんでした。直接挿入の被害を受けた子どもの場合でも子どもを守る姿勢を見せた非加害保護者は34%に止まっています。このように加害事実を認めない、子どもを守る姿勢を見せていない非加害保護者の多いことや、非加害保護者の態度や状況が分からないまま子どもが施設入所となっていました。

こうした非加害保護者が子どもを守るために、加害保護者との関係を整理し子どもとの関係を築くための支援が必要になります。非加害保護者との面接や面会の設定などが必要になってきますが、施設としても児童相談所からの情報に基づいて時期や場所の設定が必要になります。また子どもにも非加害保護者の状況を伝えながら先々のビジョンを提示して行くことも必要になります。

（6）性的虐待・性暴力加害者について

加害者が加害の事実を認めているのは34%と少なく、また反省の意思表示は16%、謝罪の意思表示は8%と性的加害をしたことへの反省や謝罪の気持ちも少ないことが分かります。また、性的加害者の状況が不明のままの件数も多く、加害事実が31%、反省の意思表示は41%、謝罪の意思表示は48%が不明なままであり、加害者の状況が把握できないまま入所に至っていることが分かりました。加害者への社会的な対応ですが、再接触の禁止は39%、親権の移行は7%、28条の適用では5%に止まりました。刑事訴追も15人に過ぎず挿入等の直接接触による被害においても58件中13件となっています。挿入等の直接接触による被害を受けた子ども58名を見ても、加害者に対しても再接触の禁止をとられたのは50%、親権の移行では16%、28条の適用は5%でした。

被害を受けた子どもを守るための再接触の禁止や28条の適用など社会的な対応がなされている件数は少なく、しっかりと子ども安全を守れているとは言えない状況にあることが推測できます。これは児童相談所が加害者に十分な接触ができていないことを示唆しているかもしれません。こうした社会的対応がなされていないのは性的虐待（家庭内性暴力被害）への対応の難しさが背景にあるのではないかと考えられます。

2．性的虐待（家庭内性暴力被害）の発覚について

被害事実は在宅時に約6割発見できているのですが、子どもが最初に打ち明けた人は児童相談所の職員や学校教諭が多数を占めていました。また、児童福祉施設入所後に施設職員が子どもの安心・安全を確保し信頼関係を築く中で期せずして被害体験の打ち明けが起こることも推測できました。慢性的な性的虐待（家庭内性暴力被害）の多さから考えると、他の虐待被害の最中に児童相談所の介入がなされたことにより発覚したと考えられます。

被害事実確認面接については、被害を受けた子どもの3割に実施されていました。しかし、直接挿入を伴う被害においても被害確認面接の実施は5割となっています。

子どものトラウマ体験をどのように取り扱うか、どこまで聞き取りを行うのかには細心の注意が必要になってきます。事実確認という客観性やある種の距離感を必要とする聞き取りについては、治療的支援とは切り離して行うことが必要となってきます。状況により刑事訴追などの社会的対応が必要になる場合もあり、児童相談所の職員と治療的意味を確認しながら役割分担と情報共有を行っていくことが重要になってきます。

3．子どもと家族の面接のあり方と契約

保護者との面接は児童相談所が担当することになりますが、非加害保護者が加害者と関係を継続していたり、児童相談所への拒否が強かったりする場合は関わることが難しくなります。また、接近禁止になっている場合や28条措置の場合は、施設が直接保護者と出会うことは少ないと考えられます（表5-1）。施設からは、入所後の子どもの情報を児童相談所に提供し、児童相談所は非加害保護者との面接の情報を施設に提供するとともに今後の見通しなどの説明をされることになります。施設に保護された後に性被害による影響が顕著に表れること、そうした子どもの施設での状況を提供することで非加害保護者が支援の協力者になるよう進めて行くことが必要になります。

子どもが施設に入所後、非加害保護者と児童相談所の面接の中で、非加害保護者の状況が変化し、加害者との接触がないと判断され、子どもとの関係を再構築して行く方向が見えた中で、非加害保護者と施設との直接的な接触が始まります。当初は、児童相談所で施設職員との面会や面接を行います。その後、子どもとの面会が始まりますが、施設という子どもが生活している逃げ場のない環境ではなく、子どもが不安を感じたときにいつでも回避できるように児童相談所で実施することになります。子どもが非加害保護者との面会に安心感を持てるようになれば、施設での面会の場を設定することになります。しかし、子どもとの面会も性的虐待（家庭内性暴力被害）の場合は職員が同席して実施することになります。常に子どもの安心・安全を優先する対応が求められます。こうした面会のルールについて、児童相談所と非加害保護者を交えて設定しておくことになります。

表5-1　各ケースにおける家族へのアプローチ

各ケースに関する家族へのアプローチについての主な認識	(1)28条ケース 子どもと家族との接触は避けるが、家族への情報提供はありうる	(2)虐待告知ケース 子ども、家族の状態、状況を検証しつつ、段階的に交流を進める	(3)養育困難ケース 支援・交流計画を説明し、契約と適時、計画の遂行状況を説明する
①同意書の必要性	×	△	○
②学園→家族への情報提供(電話等)	△	△	○
③家族ー学園面接	△	○	○
④子ー家族面会 ※職員同席	△	△	○
⑤子ー家族面会 ※職員同席せず	×	△	○
⑥子ー家族外出	×	△	○
⑦子ー家族外泊	×	△	○

○必須、△必要に応じて、×不要
（出典）嵐山学園作成

4．子どもの治療・ケアと非加害保護者の安定と関係改善のための支援

子どもの支援をしていくためには、非加害保護者や関係機関との連携は欠かせないものです。施設のみでは非加害保護者との関係は築きにくく、サポートの道筋を作って行くためにも児童相談所との連携を密にしていく必要があります。以下に子どもの治療・ケアと非加害保護者との関係を改善していくための要点とソーシャルワークを進めていくためのチェックリストをまとめました。　（塩見守）

表5-2　子どもの治療・ケアと非加害保護者の安定と関係改善のための支援

非加害保護者支援	・非加害保護者の安定が重要 ・非加害保護者も性的虐待について混乱している状況あるため、非加害保護者が事実を受け止めていけるような支援が必要 ・家庭内性暴力の影響や子どもへの関わり方を児相、施設と協働して相談していくことが必要
児童相談所・関係機関との連携	・非加害保護者は経済的問題やDVを抱えており、児相をはじめ関係機関との連携が必要である ・児相による非加害保護者への支援の内容を適宜把握しておく必要がある ・児相にも適宜、子どもの状況や治療の進行を報告し、非加害保護者の状況を見て伝えてもらうことが必要
子どもの支援	・子どもの安全、安心の回復 ・子どもの安定による、非加害保護者の安心 ・非加害保護者や加害者に対する子どもの気持ちを知り、非加害保護者への関わり方を相談 ・家庭内性暴力被害を受け止め、整理する支援 ・家庭復帰が難しい場合は、自立支援が必要となるが、身体や性に関しての支援も継続して受けられる準備が必要

**性的虐待（家庭内性暴力被害）を受けた子どもへの
ソーシャルワーク上のチェックリスト**

- □ 子どもの性的虐待・家庭内性暴力被害についての気持ちや認識を把握するように努めている。
- □ 子どもの非加害保護者・虐待者についての認識を把握するように努めている。
- □ 子どもが性的虐待・家庭内性暴力被害について適切に受け止められるよう支援している。
- □ 子どもに非加害保護者・虐待者の状況を必要に応じて伝えている。
- □ 子どもと非加害保護者との関わり方を相談している。
- □ 非加害保護者が虐待事実について適切に受け止められるよう、児童相談所と協力して支援している。
- □ 非加害保護者と性的虐待の影響や子どもへの関わり方について相談している。
- □ 子どもと長期的な処遇について、子どもの主体性を尊重しながら相談している。

第2節

児童相談所との協働
―加害保護者、非加害保護者と被害児童の向き合い方―

施設が非加害保護者や加害保護者との関わりを持つ上でさまざまな問題があります。いくつかの事例を提示します。

（1）非加害保護者が加害者に支配された事例

非加害保護者が加害者に対決的に接し、子どもを守る姿勢を明確に見せていることが少ないことは児童心理治療施設の調査でも分かりました。しかし子どもが施設に入所した後で、非加害保護者が子どもとの接触を求めてくることがあります。

【モデル事例１】

Ａ子は、実父からの性的虐待（家庭内性暴力被害）で施設入所しました。母親は加害者である実父と同居をしていますが、児童相談所の面接はきちんと受けていました。その面接の中で母親は子どもとの面会を希望しました。児童相談所は加害者である実父が来所しないことを条件に面会の場を設定することを検討し、子どもの意見を施設に問い合わせてきました。

子どもは父親がいないなら母親とは出会いたいという希望もあり、施設職員が同席して母親との面会をすることになりました。児童相談所を通して日程を調整し児童相談所の一室で子どもと母親は面会しました。母親は実父が謝っていることを子どもに話したり、家の様子を伝えたりして、子どもの気持ちを家庭に向けるような話をしてきました。母親は子どもに手紙と金銭を児童福祉司に隠して渡し、施設が嫌になったら家に帰ってくるように伝えました。子どもは施設に帰ってしばらく経ってから、母親から手紙と金銭を渡されたことを打ち明けました。

児童相談所での非加害保護者である母親の面接では、加害者である実父の行いを批判しながらも、生活のことを考えるとすぐには別居もできないと話していた母親でした。児童福祉司が母親に手紙と金銭の件を話すと、母親は子どもと面会することを実父に伝えていたこと、子どもとの面会時に手紙と金銭を渡すように実父から指示されたことを話しました。このことがあってから、母親との面会も制限することになり、児童相談所の面接にも母親は来所しなくなりました。

このように、非加害親が加害者に支配され操作されることや、面接場面の様子だけでは何が起こっているか十分に把握できないこともあることを注意しておく必要があります。

【非加害保護者との向き合い方】

施設が非加害保護者と関係を持つのは、非加害保護者が加害者と対決的な態度と子どもを守る姿勢が見られることが必要になります。子どもが施設に入所する時には、こうした姿勢を見せている非加害保護者であっても、子どもとの面会や接触が再開される中で、子どもの示す症状に翻弄され拒否的になることもあります。また加害保護者を排除したことによって経済的な問題を抱えることもあります。多くのDV被害にも見られように加害保護者が非加害保護者に接近し、元の関係に戻ることも考えられます。非加害保護者が加害者を排除する状況を維持していくための継続的な支援が必要になります。

（2）児童相談所と敵対的関係にある事例

保護者が加害者でない場合でも、必ずしも子どもに寄り添った関係になるとは限りません。本来、両親が加害者ではない場合では、子どもが被害にあえば保護者は加害者を排除する気持ちになると考えられます。しかし、家庭自体が虐待環境で、被害に遭った子どもがネグレクトされていたり、徘徊や金銭持ち出しなどの問題行動が続いていたといったことが背景にあるとき、被害に遭った子どもを排除する動きになることも考えられます。

【モデル事例２】

Ｂ子は、夜間徘徊や金銭持ち出しなどで児童相談所に保護されました。児童相談所での聞き取りの中で父親から殴られる等の身体的虐待と併せて、同居している叔父から性被害を受けていたことが分かりました。

児童相談所は両親に対して虐待の告知とともに性被害があったことを伝え、加害者との分離を提示しました。しかし、両親は「Ｂ子が誘ったんだろう」

「問題ばっかり起こす」と取り合いませんでした。「子どもを帰すなら何とかする」と父親は話しますが、具体性はなく、児童相談所は施設入所を決めました。両親は児童相談所とは一切の連絡を取らず呼び出しにも応じませんでした。

子どもは両親と連絡が取れないこと、面会に来てくれないことから見捨てられた気持ちを担当者に話しました。過去の虐待体験を振り返る中で両親との関係が語られるようになりました。しかし、子どもは叔父との性的な関係については語ることができず、叔父は優しい人と語り、解離も見られました。

施設入所後、施設の担当者から両親に連絡をとる中で、子どもが問題行動を繰り返し虐待に至った経緯が両親から語られ、少しずつ子どもへの歩み寄りが見られるようになりました。両親は、児童相談所へは拒否的な状況が続きましたが、施設の担当者とは連絡も取り合えるようになり、子どもとの面会を設定できるようになりました。施設は児童相談所と連絡を取り、施設で保護者と子どもとの面会を実施することができました。両親が虐待に至った経緯や養育の問題などの面接を進めると同時に、子どもとの面会を継続する中で、叔父の排除と法的手続きをとるまでに至りました。

両親からは、児童相談所に対して「家庭訪問すると言いながら一度も来ない」「勝手に子どもを取り上げた」と批判的な言葉が聞かれる中、施設が仲介する形で児童相談所の担当児童福祉司との面接ができるようになりました。児童相談所とは対立関係にある両親でしたが、子どもの状況や両親の状況を伝えていくことで関係改善が見られたケースです。

【非加害保護者との向き合い方】

児童相談所と非加害保護者が対立関係にある場合、施設が仲介することで進展する場合もあります。状況により児童相談所と役割を分担することで関係改善に向かう場合もあります。家族のアセスメントを児童相談所と共有し連携をとることが必要な場合もあります。

（3）保護者が性に関して不適切な認識を持った事例

保護者に健全な性的認識がない場合、保護者の意図しない行動の結果、間接的な性的被害や子どもの性的問題行動に発展することもあります。

【モデル事例3】

C子は、LINEやtwitterで自らの裸の写真を送ったり自慰行為を実況中継するなど複数の成人男性と交流をしていました。警察や学校が何度も指導してきましたが、全く収まる様子がなく、その後も何度も繰り返されました。警察からの児童通告で児童相談所に保護されました。子どもは、こうした行為を悪びれることもなく、児童福祉司に話をしました。調査が進められる中で、母親がネットで知り合った男性との出会いに子どもを連れて行っていたことが明らかになりました。母親は何人もの男性との性的交渉を持っており、その場に子どもを連れて行っていました。

母親は、子どもが小さいので一人で家に置いておけないと話します。母親は自分の性行為を子どもが見ていることに全く問題を感じていませんでした。こうした母親の性行為の目撃が繰り返されていたことや、母親がネットで男性と知り合っていることを子どもは知っており母親の真似をしていることが分かってきました。母親は「何度言っても変わらない」と養育が難しいことを訴えていましたが、母親自身の行動が子どもの問題行動を引き起こしていることの意識は全くありませんでした。

【保護者との向き合い方】

母親の関わりを振り返り、認識の変容を促すことが必要になります。子どもが幼くても親の行動を見ていること、そうした環境が子どもの問題行動に発展することの理解を進めていくことになります。児童相談所からは、母親の行動が虐待であることの告知とともに、保護者の成育史の振り返りの中で保護者がこうした認識に至った経過の整理をすることになります。また、保護者自身を支えていく環境を整えていく支援も検討が必要となります。そのため要保護児童対策協議会などを通して関係機関との連携を検討します。

このような事例は一例ですが、児童相談所と非加害保護者、施設がどのように情報共有し役割分担するか、その中で改善の道筋と将来へのビジョンを共有していくことが保護者支援の一助になるのではないでしょうか。

（塩見守）

〈引用・参考文献〉

・岡本正子（2016）「性的虐待事案に係る児童とその保護者への支援の在り方に関する研究」平成26・27年度厚生労働科学研究費補助金［政策科学総合研究事業（政策科学推進研究事業）］総合研究報告書（研究代表者：岡本正子）
・八木修司／岡本正子編著（2012）『性的虐待を受けた子ども・性的問題行動を示す子どもへの支援―児童福祉施設における生活支援と心理・医療的ケア』明石書店

コラム⑤

社会的養育で出会う家族と性の問題

「児童養護施設における性問題」と聞けば、みなさんはどのようなことを想像されますか。

集団生活における高年齢児から低年齢児への性暴力、職員から入所児童への性的行為の強要などでしょうか。社会的養育の現場では、より日常的なレベルで性にまつわる諸問題に出会います。例えば、ふだんの会話に卑猥なワードを使う子どもや、性器いじりや模倣をふくむ自慰行為をする子どもなどです。これらについて、愛着形成の問題や集団生活の弊害とする意見もありますが、施設に入所して間もない児童にも認められるため生育環境の影響も考えなければなりません。

ー家族の性に関する課題が子どもへ影響ー

このように書くと、入所児の保護者が性の規範意識が低いとか性的虐待をしているという印象を持つかもしれません。確かに、そのような保護者も存在しますが、実際には若年で妊娠・出産し、離婚などを経たことで精神的にも経済的にも孤立している保護者が大半です。そのような状況では、拠り所となる相手（恋人）を求めたい気持ちはある意味で自然であり、非難されることではありません。ただし、本来であれば傍らにいる子どもへの配慮が不可欠ですが、住環境の問題などからそれが難しく、そこで暮らす子どもたちは日常的に保護者のセクシャルなやりとりや性行為を見聞きすることになります。また、保護者にもパートナーとの関係を優先したくなる事情や、子どもの預け先がない場合もあるかもしれません。デートに子どもを連れて行き、ラブホテルでパートナーと性行為をする傍らで子どもを遊ばせていたケースもありましたが、これは極端な例ではないようです。「性的虐待」と聞けば一部の特殊な家庭をイメージしがちですが、上記のように子どもを繰り返し性的刺激に曝すことも含みます。社会的養育を受ける子どものなかにはこのような生育過程を持つ者は多く、措置理由が「その他の虐待」や「経済的理由」による場合でも、性的問題行動を伴うことは珍しくありません。

ー性に関する歪んだ認識が問題行動に発展ー

これらの経緯は入所するまで把握されにくく、施設に入所した後の生活で大きな問題に発展する可能性があります。年少児でも他者に見せびらかすような自慰行為をしたり（ある意味では示威行為）、他児を誘って性行為の模倣をする者もいます。施設などの集団生活では、このような性的行為を示す相手を見つけやすく、時間的にも空間的にも死角が多いことが事態をエスカレートさせます。また、以前は年長児から「される側」であった子どもが、数年後には年少児に「する側」になるという被害・加害の連鎖の問題や、性的問題行動がヒミツの遊びとして生活に定着してしまった事例も報告されています。思春期以降になると、性を他者との関係構築の手段として積極的に用いる子どもがおり、それが若年での妊娠・出産につながるなど、世代を超えた深刻な問題であることを支援者は十分に理解しておく必要があります。

社会的養育の現場では一見すると「早熟」という印象を受ける子どもに出会うことがあります。彼ら自身も自分のことをそう感じているようですが、それはおそらく勘違いに過ぎません。人生の早期に合意なく性的刺激に暴露され、それが長期間にわたって繰り返されたことで、認知や価値観を適切に育めなかった結果です。彼らは性ならびに生について「未熟」なのであり、その理解にもとづいて支援することが大切です。また、保護者についてはその生きにくさを理解し、支援者として協力関係が構築できるように努めることが求められます。

（森歩夢）

第6章

性的虐待（家庭内性暴力被害）を受けた子どもへの被害体験、性に関する支援

第1節

性的虐待（家庭内性暴力被害）の子どもへの影響

1．性的虐待（家庭内性暴力被害）を受けた子どもの傷つき

ある性的虐待（家庭内性暴力被害）を受けた女の子は、生活面では大きな問題はなく、情緒的にも安定して過ごしていました。ただ、普段の生活の話をよく聞くと、「実は男の人が少し怖い」、「このことは言わない方がいいと思っていた」と話しました。また、実父から性暴力を受けた別の女の子と職員が将来について話し合っている時に、女の子が「私は普通じゃないから」、「結婚はしない。できないと思う」と語りました。また、兄から性暴力を受けていた女の子は、性暴力を受け始めた当初は苦痛や拒否感を感じていましたが、継続して被害を受けているうちに行為に対して気持ち良く感じてしまうことがありました。その女の子に被害体験について話を聴いている時に、その子は自分のことを「私は変態だから」と話しました。このように性的虐待（家庭内性暴力被害）を受けた子どもたちは、自分や性、異性、将来の生き方などさまざまな面において否定的で複雑な思いを抱えており、苦しみを抱えています。また、そのような気持ちや苦しみを語ることが難しいことが多くあります。

2．性的虐待（家庭内性暴力被害）を受けた子どもへの支援のための児童福祉施設の役割

（1）性的虐待（家庭内性暴力被害）の難しさ

性的虐待（家庭内性暴力被害）を受けた子どもは恐怖や不安に苦しめられます。しかし、性的虐待（家庭内性暴力被害）を受けた子どもの支援で特に難しいことの一つが、被害体験を受け止めることの難しさがあります。

まずは、被害体験をどのように理解し、認識しているかという点です。自分が受けた被害を、遊びの延長や大人からの愛情表現としてとらえていることもあります。被害として認識していても、そのような行為をされるのは何か自分が悪いからだと認識してしまう場合もあります。また、身体的虐待やDV状況にあるような場合は、自分が性被害を受けることで身体的な暴力や他の家族への暴力を防ごうとするような自己犠牲的にふるまう場合もあります。これらは加害者との関係性や性暴力の性質、子どもの年齢や発達状況によってもことなります。

また、子どもが性暴力の意味を理解し始めたときに初めて苦痛や不安を感じ始めることがあります。性暴力を受けたことの意味を理解し始めるのは個人差があります。子どもが第二次性徴を迎え、心理的にも思春期に入り、性や異性関係、性行為、結婚、出産を意識し、向き合い始めたときに、自分が受けた暴力性・侵襲性に気づき、苦しみが始まることがあります。このようなタイミングは個人差があり、施設にいる間と限らず、施設を退所して自立してからということもあり得ます。

次に、感情的な受け止めですが、被害体験について苦痛や恐怖を伴いますが、苦痛や恐怖があまりに強い場合には解離が起きる場合があります。そのような場合、日々の生活では一見すると、子ども落ち着いて過ごし、性暴力のダメージや影響がないように見えることがあります。しかし、施設に入所して、安全な状況になると初めて被害に対する苦痛や恐怖を実感し、不安や恐怖に襲われることもあります。また、性的虐待（家庭内性暴力被害）の事実に直面化することで精神的苦痛や行動面の問題が起こることもあります。

（2）性暴力被害を受けた子ども

特に性に関して不適切な認識をしている親のもとで育つと、不適切な性的な刺激にさらされ、子どもは性に関して偏った感覚や知識を身につけてしまいます。特に性的な暴力を受けた子どもは性に関して拒否感や恐怖感を抱いていたり、逆に不適切な認識や感覚を持っており極端な興味・関心を示したり、言動をしたりすることもあります。具体的なエピソードを見てみたいと思います。

・不適切な性に関する環境で育ったAちゃん

母親が男性関係にルーズで、交際相手や内縁の関係の人を次々に変えて、家庭にも男性を連れ込み、性行為をしている、そのような環境で育ったAちゃんは、「男の人って、セックスしたいんやろ？　私も早くしたい」と話しました。Aちゃんがこのような発言をするのは、他者との関係の持ち方や性に関して誤学習をしてしまった結果です。

・DV環境で育ったBちゃん

母親が父親からのDV行為の支配下にあり、日常的に夫婦間での激しいケンカや父親から母親への暴力が行われている環境で育ったBちゃんの話です。母親は父親から暴力を受けつつも、暴力の後には性的な行為を行っており（行わされていた）、それを見たBちゃんは、母親に対して「意味がわからない。気持ちが悪い」という感情を抱いていました。しかし、Bちゃんは後日、同級生の男の子から性的な行為を求められたとき、「いややったけど、何も考えんようにしていた。そのこと（性的な行為）は忘れた」という反応しかできませんでした。Bちゃんは嫌なことをきちんと断るという力が育っていなかったのです。背景には解離の問題なども考えられます。

・性暴力の問題への対応がされていないCちゃん

家庭内での性暴力被害を受けて施設に入所したものの、施設での生活が合わず、家に帰りたいという気持ちを抱いたCちゃんがいました。しかし、家には性暴力を行った疑いのある内縁男性がおり、しかも事実を認めていない状況です。そのような状況において、「家に帰って、また性暴力を受けるようなことになったらどうするのか？」という職員の問いに対して、Cちゃんは「私が我慢すればいいやろ!?」と答えました。もちろんCちゃんに罪はありません。ですが、性暴力の問題が解決されておらず、Cちゃんの処遇については難しい状況です。

・とりあえず安定した生活は送れるようになったが将来への不安があるDちゃん

Dちゃんは父親から性暴力を受けたのですが父親には社会的な対応がなされ、分離もしっかりと行われ再被害の心配はなかったのですが、Dちゃんが性暴力の影響から情緒不安定になり不登校となってしまい児童心理治療施設に入所しました。数年間の施設での生活を経て、情緒的にも行動もずいぶんと落ち着いたDちゃんですが、将来のこと話し合っている時に、結婚や家族の話になりました。Dちゃんは結婚や家族について「結婚？　私ができるわけないよ。だって私は普通じゃないもん」と淡々と話しました。

（3）児童福祉施設の役割

性的虐待（家庭内性暴力被害）を受けた子どもが性暴力被害の体験に向き合い、被害体験について受け止め、自分や性、将来について適切な認識をもち、よりよい性の自己決定ができるようになるための支援が必要です。

しかし、そのための児童福祉施設でのケア、退所後のアフターフォローは施設が手探りで行っているのが現状です。本章では、この点についてのケアについて説明していきたいと思います。（中村有生）

第2節

調査から見られる性的虐待（家庭内性暴力被害）を受けた子どもの状況

八木ら（2015）は、情緒障害児短期治療施設（現・児童心理治療施設）に入所している性的虐待（家庭内性暴力被害）を受けた児童153名の「性的虐待・性暴力被害や性に関する認識について」調査しています。児童心理治療施設に入所している、性的虐待（家庭内性暴力被害）を受けた子どもの性暴力被害や性に関する認識について、詳しく見ていきたいと思います。

1．子どもの性暴力被害についての認識

（1）性暴力被害についての認識の状況

まず、「性暴力被害についての認識」に関しては、「性暴力被害体験について想起することが困難」が「あり」の子どもは153人中39人（25.5%）でした。また「“被害”という認識が乏しい」という項目について「あり」の子どもは153人中49人（32.0%）という結果でした（表6-1）。これらの結果から、性的虐待（家庭内性暴力被害）を受けた子どもが、被害体験について想起することが困難であることがわかります。

表6-1 「性暴力被害についての認識」に関する項目

項目	あり	なし	不明	未記入
性暴力被害体験について想起することが困難	39 (25.5%)	69 (45.1%)	40 (26.1%)	5 (3.3%)
“被害”の認識が乏しい	49 (32.0%)	77 (50.3%)	24 (15.7%)	3 (2.0%)

（単位：人、n：153人）

（2）性暴力被害についての子どもの認識にみられる特徴

表6-1の結果は性暴力被害の体験が過度にストレスで、あまり恐怖や苦痛が強いために、その体験を否認していたり、記憶の解離が起きている可能性が考えられます。解離が起きている場合は、不快感、苦痛などを感じにくい

こともあります。また、仮に想起できたとしても、"被害"という認識が持ちにくい場合もあります。そもそも、子どもの年齢が幼く、性に関する理解などが未熟な場合は、性的な行為の意味合いがわからない、自分に何が起きているのかわからないということがありえます。加害者との関係性や加害者の言動によっても受け止め方が混乱することもあります。加害者から表面的には優しい言葉かけをされて性行為を強要されたりすると、子どもは行為に対しては違和感を持っていたとしても、行為の意味合いについて混乱してしまいます。

このような子どもに対しては、心理教育を行い性暴力や影響、対処方法を正しく伝える必要があります（第1章第2節参照）。性暴力の事実や被害である認識を正しく受け止めていくことは、子ども自身にとっては苦しい作業ではありますが、回復のための道のりの第一歩となります。

2．加害者や行為の責任についての認識

（1）加害者や行為の責任についての認識の状況

次に、加害者や行為の責任についての認識に関する項目についてみてみましょう。「性的暴力被害の事実について自責的に認識している」の質問については153人中34人（22.2%）の子どもが「あり」という状況で、性暴力被害について自責的に認識している子どもがいることがわかります（表6-2）。

表6-2　加害者、行為の責任についての認識に関する項目

項目	あり	なし	不明	未記入
性的暴力被害の事実について自責的に認識している	34 （22.2%）	71 （46.4%）	44 （28.8%）	4 （2.6%）
加害者の支配的な関係にまきこまれており、依存的・理想化等している	20 （13.1%）	109 （71.2%）	19 （12.4%）	5 （3.3%）

（単位：人、n：153人）

（2）加害者や行為の責任についての子どもの認識の特徴

このように認識している背景には、性暴力行為に対して、拒否しなかったことについて自分を責めていることもあり、また加害者からの暴力やDV、その他の不安や恐怖を回避するために性的行為を受け入れてしまった場合な

ども、自責的に感じていることがあります。

「加害者の支配的な関係にまきこまれており、依存的・理想化等している」場合も"被害"として認識しにくいと考えられます。これは、加害者から非加害保護者へのDV、加害者から子どもへの虐待などの状況があると、関係性そのものが支配的であり、子どもは被支配的な歪んだ愛着が形成されてしまいます。このような対人関係のパターンも子どもの多重被害につながるので適切なケアが必要です。

性暴力被害を受けた子どものアセスメントにおいては、性暴力被害についての確認だけでなく、加害者との関係性、非加害保護者との関係性についても把握しておく必要があります。

3．自分や性、将来についての認識と行動

（1）自分や性、将来についての認識の状況

子どもの自分についての認識の項目では、「自分について"汚れている"・"恥ずかしい"等の認識をしている」、「自分の性や身体に関する嫌悪感や拒否感がある」としている子どもが多い結果でしたが、特に「性や異性に関する知識や認識に偏りがある」の質問については153人中70人（45.8%）の子どもが「あり」という状況で、多くの子どもに性や異性に関する知識や認識に偏りがあることがわかりました（表6-3）。

表6-3　自分や性、将来についての認識に関する項目

項目	あり	なし	不明	未記入
自分について"汚れている"・"恥ずかしい"等の認識をしている	36 (23.5%)	63 (41.2%)	49 (32.0%)	5 (3.3%)
自分の性や身体に関する嫌悪感や拒否感がある	38 (24.8%)	77 (50.3%)	33 (21.6%)	5 (3.3%)
性や異性に関する知識や認識に偏りがある	70 (45.8%)	41 (26.8%)	36 (23.5%)	6 (3.9%)
将来の異性との関係の持ち方、結婚、出産等に関して否定的	21 (13.7%)	84 (54.9%)	44 (28.8%)	4 (2.6%)

（単位：人、n：153人）

（2）自分や性、将来についての子どもの認識の特徴

性暴力被害を受けたり、不適切な性的刺激に曝されたりした環境で育った子どもが適切な性に関する知識や認識を育むことは困難であることは当然で、このような子どもたちに適切な性に関する知識や認識を持てるように支援していくことは、施設においてとても大切なことです。

4. 異性や性に関する認識

（1）異性や性に関する認識の状況

次に、実際の行動面を見てみたいと思います。「異性への距離が近い」、「年齢不相応の性的な行動」なども高い割合で見られます。八木ら（2015）の調査の他の項目では、性的虐待（家庭内性暴力被害）を受けた153名の子どもの入所理由に「性的逸脱行動・加害行動」が見られるのが26名（17%）という結果もあります。

表6-4　異性や性に関する項目

項目	あり	なし	不明	未記入
異性への距離が近い	86 (56.2%)	58 (37.9%)	6 (3.9%)	3 (2.0%)
年齢不相応な性的な行動	60 (39.2%)	79 (51.6%)	9 (5.9%)	5 (3.3%)
過度に露出した服を着る	31 (20.3%)	114 (74.5%)	3 (2.0%)	5 (3.3%)
異性や性に関して、過剰(極端)な興味や関心がある	53 (34.6%)	81 (52.9%)	14 (9.2%)	5 (3.3%)

（単位：人、n：153人）

（2）異性や性に関する子どもの認識の特徴

この結果からは、性的虐待（家庭内性暴力被害）を受けた子どもが必ずしも「性的逸脱行動・加害行動」を示すわけではありませんが、一定の割合でいることを示しています。これらは性暴力による誤学習性の態度や行動、認識によるものとトラウマによる性的行動化によるものです。このような誤学習性の態度や行動をしてしまうことで、その後の生活でさらなる被害に巻き

込まれる可能性が高まってしまいます。

5. 性的虐待（家庭内性暴力被害）を受けた子どもの状況

（1）性的虐待（家庭内性暴力被害）を受けた子どもの特徴

性的虐待（家庭内性暴力被害）を受けた子どもは、全体的に自己否定的な認識をしており、性暴力被害を適切に受け止めることが難しく、性に関する認識や行動に偏りが多く見られました。このような点に関する性的虐待（家庭内性暴力被害）を受けた子どもへのケアが求められています。

もう一つ注目すべきは、それぞれの項目で自己否定的な認識をしていない子どもも一定数いるという点です。この点は注意しなければなりませんが、子どもの様子を観察した時点で、子どもが性暴力被害に直面していない場合、否定的な認識を表面に出さない場合があります。だからといって、子どもに性暴力被害の影響がないということではありません。

しかし、性暴力被害やPTSDなどに向き合い、状態が落ち着いた結果として、否定的に認識しなくなっているのであれば、その子どもの健康的な資質や支えとなった環境に着目していくことも大切です。

（2）性的虐待（家庭内性暴力被害）を受けた子どもの実態把握における課題

全体を通して注目すべき結果は、「不明」の多さです。これは、現時点で児童相談所や施設が性暴力被害や自分、性、将来について、子どもがどのように認識しているかを把握できていないことを表します。今後、しっかりと実態把握に努め、支援を充実していくことが求められます。　（中村有生）

第3節

被害体験や性に関するケア

1．性的虐待（家庭内性暴力被害）を受けた子どものケア

性的虐待（家庭内性暴力被害）を受けた子どもには、生活全体でのケア、安全・安心の確保、守られている環境の持続的な提供などが必要です。そのような環境において、初期対応のサポートケアとして、性暴力被害が発覚したことの正当性を承認することです。子どもは性暴力被害が発覚することでの影響や心配から、被害を打ち明けたことや発覚したことにとまどいや不安を感じることがあります。このような子どもに対して、自分に起きていたことは暴力であり、安全が守られるべきことを伝える必要があります。そして、性暴力被害に直面すること、その直面化するつらさに対処する練習を行いながら、自分に起こったできごとや意味を受け止めていく作業が必要となります。

これらの点は基本的には、児童相談所での一時保護中に行われることですが、一時保護期間中に子どもの気持ちの整理がつくわけではありません。施設に入所してからも時間をかけて行われていくものです。

性的虐待（家庭内性暴力被害）を受けた子どものケアは、基本的にはトラウマと愛着の課題に焦点をあてたケアです。まずは被害環境から離脱し、一時保護を経て施設に入所することで安全な生活の日常性が確立していくことが必要です。そして、まずは性暴力被害の影響そのものへのケアと同時に、性暴力被害の背景にあったネグレクトや支配的・操作的な環境下で育ったことによる愛着の問題へのケアが必要となってきます。それらを基盤として、対人関係の学習、バウンダリー（境界線）の獲得、リラクセーション能力の強化、誤学習性の性的行動の修正、トラウマ性の症状・行動の確認などの支援を行っていきます。これらは詳しくは、第3章の生活ケア、第4章の心理ケア、第7章の医療ケアで詳しく述べられているのでご参照ください。

2．被害体験や性にまつわる支援

（1）性的虐待（家庭内性暴力被害）を受けた子どもへの支援のために確認すべき内容

性的虐待（家庭内性暴力被害）を受けた子どもへの支援のために、まずは子どもがどのような性暴力被害を受け、性暴力被害についてどのように認識しているかを支援者が的確に把握しておく必要があります。そして児童相談所での被害確認面接で確認された被害事実や本人の認識などの内容（第1章第2節）を踏まえて、入所の時点で児童相談所からの情報を子どもと一緒に確認しておく必要があります。

施設としては事実確認の意味合いと子どものケア・治療という観点から性暴力について把握し、必要に応じて子どもからの聴き取りを行います。その際は「あなたの気持ちを尊重しながら、あなたのことをしっかりと知って、サポートしていきたい」というメッセージを伝える必要があります。

確認すべき事柄は、以下の通りです。

- 性暴力被害の内容（行為の内容、期間、回数、状況）
- 性暴力の背景（暴力的、支配的、操作的・洗脳的、脅迫的など）
- 性被害についての子どもの認識
- 性被害の影響（身体、心理・情緒、行動、生活など）
- 子どもの性暴力を受けていた際の対処方法
- 性に関する知識や認識
- 子どもの生活状況（通常の生活、学校生活、楽しみ、サポーテイブな人間関係・環境）
- その他の虐待の有無、状況
- 家族の生活状況
- 加害者との子どもの関係性
- 加害者と非加害保護者の関係性
- 非加害保護者の性暴力についての理解と子どもへの対応
- 子どもの非加害保護者への認識

このように施設の職員が把握しておくべきことは、単に被害の事実だけではありません。性被害の影響は当然ですが、子ども自身が性被害をどのように受け止めているかがケアや治療において重要となります。また、加害者や家族との関係性を確認することは、背景としての支配的、操作的な関係において性行為を強要されたことによる愛着や対人関係の課題へのケアが必要だからです。この点が性的虐待という本来安全である家庭においてうける性暴力被害のダメージが深刻となる理由です。

また、子どもの主体性やレジリエンスの回復、非加害保護者との関係の再構築も重要ですので、この点もしっかりと把握しましょう。

（2）被害体験について聴く際の注意点

1）職員との関係性、施設生活の安心感

被害体験について子どもに話を聞くときは、子どもの状態やタイミングをよく見極めて、子どもの負担が最小限になるように配慮しなければなりません。子どもが被害体験や認識について話す意味をよく理解して、職員との関係において安心して話ができるような支援が必要です。施設の職員との愛着関係、守られている感覚、それらを踏まえての自信や主体性の持てる生活が送れる状態が整って初めて、自分の被害体験、否定的な自己認知、将来への不安に向き合っていくことができます。

2）チームアプローチが基本

性暴力被害を受けた子どものケアは慎重に進めなければなりません。被害体験について聴くということは、子どもの状態を適切に見立てて、ケースワークや生活ケア、治療の流れにどのように位置づけられているのかをしっかりとチームで検討しなければなりません。基本的には児童相談所で担うこと多いですが、生活ケアとの連携、施設内での心理療法、必要な場合は外部の治療機関や医療機関との連携も必要です。施設内で聴き取りを行うとしても、生活担当、ファミリーソーシャルワーカー、主任や管理職、心理療法担当職員などが、どのような立場、どのような目的で聴くのかを子どもにしっかりと説明し、子どもがしっかりと納得できることが大切です。

3）被害体験と子どもの人生について

被害体験に焦点を当てて聴く状況やタイミングも大切ですが、施設の支援者としては、あくまで、その子どもの人生の支援を行っていくという姿勢でなければなりません。その子どもが、どのようにそれまでの人生を歩んできたのか、どのような想いを抱いてきたのかなどをしっかりと理解できるように努める必要があります。決して、「性暴力被害を受けたこの子の課題を探す」ためだけに聴くのではありません。その子どもの人生を理解する姿勢で聴いていくことが大切であり、理解したいという姿勢が支援や治療の始まりであり、基本です。これは、性的虐待（家庭内性暴力被害）を受けた子どもだけでなく、施設に入所してくる子ども全員に必要なことです。施設に入所するまで、どのように生きてきて、どのような想いを抱いていたのか、楽しかったこと、つらかったこと、とりとめもないこと、これらをどのように体験してきたのかを支援者が理解しようと努めることが大切です。これは、それまでの子どもの支えとなっていたものや子ども自身の生きていく力（レジリエンス）を見つけていく作業でもあります。

（3）性暴力被害とケアについての心理教育

1）性暴力について

性暴力についての理解ができるように心理教育していかなければなりません。暴力とは「人を傷つける行為」のことです。性暴力とは、「人を傷つける性的な行為」のことです。この基本的なことを理解できるようになるにあたり、長期間、慢性的に虐待環境にあった子どもは暴力ということを理解し、実感することが難しい場合があります。このような子どもにわかりやすく暴力について伝えていく必要があります。暴力とは本当の同意がない状況のことであるということが、『My Step　性被害を受けた子どもと支援者のための心理教育』（野坂・浅野 2016）にわかりやすくまとめられています。

〈本当の同意に必要な条件〉
1．お互いが、気持ちのうえでも、理解力の面でも対等であること
2．お互い、相手を大切に思う気持ち（誠意）があること
3．お互いのことをよく理解していること

4．同意しなかったり、断っても罰や危害を加えられたり、不機嫌になって攻撃されたりする心配がないこと
5．その行為をしたら起こりうることを、お互いが本当にわかっていること

このような基準を満たしていない場合は暴力になるということをしっかりと説明する必要があります。また、法律的な根拠に基づいても違法行為（犯罪行為）であることを教える必要があります。2017年7月に刑法が一部改正され、強制性交等罪への名称の変更や厳罰化がなされました。もともと刑法においては13歳未満の子どもに対するわいせつ行為は違法となっています。また、13歳以上でも暴力や脅迫を伴う場合は性犯罪となります。また、児童虐待防止法では、18歳未満の子どもに対し、保護者がこのような同意がない行為は、暴力であり人を傷つける行為であると説明していきます。

このような心理教育は、単に子どもに“自分は被害者”という認識をさせることが目的ではありません。暴力を受けることなく、自分は護られるべき存在であり、自分の意志や気持ち、身体は大切にされるべきもので、きちんと自己主張してよいのだということを理解してもらうことが目的となります。

施設に入所後も継続して子どものケアという観点で聴いていくべきことは、単に性被害の事実関係ではありません。なぜなら性的虐待（家庭内性暴力被害）は背景にネグレクトの問題や支配的・操作的な関係の問題があるからです。そのような意味で、家族の状況、加害者の立場、加害者と被害児童との関係、非加害保護者の状況、加害者と非加害保護者の関係、これらについて子どもがどのように認識しているかが性暴力のダメージに影響を与え、治療の方向性にも大きな意味合いを持つからです。

2）性暴力と加害者の責任

性暴力の加害行為については、当然のことですが加害者に責任があります。子どもが加害者から分離され、安全が確保されるだけでなく、本来は加害者が事実を認め、謝罪行為や償いをし、再発しない環境設定などを約束し、加害者に対する社会的な対応がなされることが、被害児童のケアにとっては大きな意味を持ちます。しかし、残念ながら性的虐待（家庭内性暴力被害）の実態としては、加害者が事実を認めないことや必要な社会的な対応がなされ

ない場合があります。このような状況では、子どもは安心して暮らすことも、被害事実に向き合うことも困難です。また、加害者への対応がどの程度行われているのか、または行われていないのか、行われていないとすれば何が原因なのか、それに対する非加害保護者の状況や子どもの気持ちへのフォローが必要です。このような状況を踏まえて、子どもには加害行為の責任は加害者にあること、子どもが護られるべきであること、本来であれば加害者に対しては社会的な対応がなされるべきであることなどは説明していくことが必要です。

3）自分を大切に思う気持ち、人への信頼感の回復

子どものケアにおいてなりより大切なことは、傷ついた自尊心や自己効力感、他者への信頼感などの回復です。性暴力被害を受けた子どもは、不安や恐怖、自己嫌悪や他者への不信感を強く持っています。施設での実生活を通じて、心も体も人から大切にされる実感、自分で自分の生活を営んでいける主体性、大人との安心できる関係、遊びや勉強などの活動を通じての自信の回復などが最も大切です。子どもが回復していける生活ケアを丁寧に行えることが、児童福祉施設の最大の強みです。どれだけ子どもに「あなたは大切にされるべき存在です」と教えても、実際に大切にされる関係や環境がなければ子どもには響きません。

しかし、実際の支援においては上記のような支援を行うには難しい課題もあります。子どもの不信感や強い恐怖感から人との関係の築きにくさや自分を傷つける行動をしてしまうことがあり、なかなか安心できる生活が送れない場合があります。このような場合は丁寧な心理教育が必要です。性暴力被害の影響、不安や恐怖のコントロールの方法、自分や人への認知、衝動的行動のコントロールや対人関係の持ち方について丁寧に一緒に考えていく必要があります。このような支援は、TF－CBTという、トラウマに焦点をあてた認知行動療法が有効です。PTSD様の反応や治療、心理教育については、第４章「心理ケア」で詳しく述べられているのでご参照ください。

4）適切な性に関する認識

性暴力被害を子どもは、先に述べたように「自分について“汚れている”・“恥ずかしい”等の認識をしている」、「自分の性や身体に関する嫌悪感や拒

否感がある」という反応を示すことがあります。また、「性や異性に関する知識や認識に偏りがある」ことも多いです。

このような子どもたちに対しては、対人関係の安心感や自尊心の回復、トラウマ症状の軽減やコントロールに加えて、性に関する支援も大切です。性に関する支援として基本的なことを丁寧に話し合っていく必要があります。

- 性的な行為とは、本来、互いに大切なパートナー同士が、互いを大切な気持ちを表すための行為であること
- 自分の気持ちが尊重されるべきであること
- 将来、子どもを授かり、家族を営んでいくということにつながる大切な行為であること
- 今後、あなたがそのようなパートナーにめぐり合い、互いを大切にすることができる性的な行為を営むにあたって、自分が受けた性暴力は身体的にも健康的にも影響や差し障りはないこと
- ただし、性的な行為やパートナーに対する気持ちや考え方については不安や恐怖が再燃することはありえるので、そのような場合はきちんとサポートを受ければよいこと

基本的には、このようなメッセージを子どもが受け止められるような伝え方、タイミングで伝えていくことが大切です。具体的な性教育なども必要です。施設における性教育については、第９章で述べられていますので、ご参照ください。また、性的虐待（家庭内性暴力被害）を受けた子どもが、異性や性に関する不安や恐怖が強く、拒否的な反応を示す場合や、性に関する不適切な関心や行動を示す場合には特に以下のことを伝えていかなければなりません。

○異性・性に関する不安や恐怖が強く、拒否的な反応を示す子ども対しては

- 不安や恐怖心は自然なことであること
- 自己嫌悪や不安などは適切なサポートとコントロールの練習で軽減できること
- 無理に相手に合わせる必要はなく、自分の気持ちを尊重してもらうこ

とは当然のこと
・焦る必要はないこと
・自分には異性との関係を持つことは無理だと決めつけなくてよいこと
・自分にも適切にパートナーと関係を持ち、安定した生活を営んでいける力があることを
・自分の気持ちの伝え方、パートナーへの説明の方法を工夫すればよいこと
・そのためには、一般的な異性との関わり方のペースなどを丁寧に話し合い、その場面ごとの不安や心配を相談していけばよいこと

○性に関する不適切な関心や行動を示す子どもに対しては
・自分を大切にする異性との関わり方
・自分の性に関する認識や興味・関心、行動の傾向の整理、一般的な認識とのズレ
・そのような言動による周りの反応や行動の見通し
・どのような異性関係やパートナーとの関係の持ち方が自分の本当に望むものなのか
・背景にある不安や満たされなさ
・性的な行為と安心できる関係というのは別であること
（性被害を受けた場合、性的な行為が他者の関心を引き、身を守る行為であるという風に認識してしまっている場合があるかあらです）
・適切で安心できる対人関係のとり方

これらの心理教育は、一定回数や必要な内容をプログラムに沿って“教える”ものではありません。先に述べたような、施設での安心できる生活の上で、信頼できる職員との間で、職員の子どもを想う気持ちなども伝えながら、子どもが安心できる関係の実感があって初めて伝わるものです。

5）長期的なアフターフォロー、自立支援

性的虐待（家庭内性暴力被害）を受けた子どもが施設から退所し、自立していくにあたって向き合う出来事、知っておいて欲しい事柄や対処方法につ

いてきちんと学んでおいてもらうことが必要です。加害者が分離され、非加害保護者との安定した生活に戻れる場合や、自立を選んでいく場合などさまざまですが、以下の事柄は一人の人間として自立した生活を送っていくにあたって、一つずつ身に付けていってもらいたいことです。

体のケアや生活スキルについては生きていくにあたって必ず必要なこととなってきます。ただ、対人関係や性にまつわる自己決定に関する項目は本人が主体的に考え、選んでいくことです。必ずしも正しい選択があるわけではないですが、本人がしっかりと考え、不安や恐怖にふりまわされず、退所後も施設がアフターフォローし、本人のライフイベントに向き合うタイミングで、支えながら、相談し、本人が自分で選択していけるようになることが理想です。

自分の身体のケア、生活スキルについて

・体の発育や変化、健康面、体のケア、婦人科的なケア

・医療受診の方法

・就労、経済的自立

生活

・ライフイベントにおける不安や自分の課題に対する向き合い方

・人生における主体性と自己決定

・適切な人への頼り方

対人関係の持ち方、性にまつわる自己決定のあり方

・交際のあり方やパートナーとの付き合い方

・性的な行為の意味合いや自己決定

・人生における選択肢の一つとしての結婚、出産、子育て、家族という営み、それらの本人にとっての意味合い

社会的養護で育つ子どもにとっては、自立や就労というのは大きな問題です。詳しくは第10章をご参照ください。性的虐待（家庭内性暴力被害）を受けた子どもにとって特に大きなことは、性暴力を受けたことによるトラウマによる情緒面・行動面の不安定さ、被支配的な愛着関係の影響によるDV被害などの多重被害の問題などがあります。自分自身の課題に向き合い、個人

的、専門的サポートを受けながら、人生を主体的に生き、性に関する自己決定がその後も侵害されないような力を身に付けられるよう、長期的な支援が必要です。

そのために、必要なテーマの一つが非加害保護者との関係の持ち方です。以下に述べます。

3．非加害保護者と子どもの関係における支援

1）非加害保護者の不安、混乱

性的虐待（家庭内性暴力被害）を受けた子どもにとって、非加害保護者の子どもへの関わり方はとても大切です。そのような非加害保護者の状況について考えてみたいと思います。

非加害保護者の立場で見てみると、性暴力の加害者が父親で、非加害保護者が母親の場合、性暴力を受けた子どもも当然ダメージが大きいですが、母親の混乱も大きいものです。母親も自分の子どもが、父親から性暴力被害を受けた事実が信じられない気持ち、加害者への怒り、子どもへの戸惑い、母親が自分を責める気持ちなどさまざまです。また、母親が父親からDVを受けており心理的に支配されているような場合は、子どもに性暴力の責任があると認識して、子どもを責めたりすることもあります。また、経済的・心理的に加害者に依存している場合は、子どもの言うことを信じないで、加害者の言動を信じて、性暴力の事実を認めなかったり、時には子どもを拒否してしまう場合もあります。

2）非加害保護者の状況と子どもの状況

先にあげられた、性暴力被害の受けた子どもの性暴力や自分についての認識について、非加害保護者の態度の調査項目では、非加害保護者が性暴力の事実について「認めている」群と「認めていない」群では、「認めていない」群で、子どもに「性や異性に関する知識や認識に偏りがある」(46.1％)、「加害者の支配的な関係にまきこまれており、依存的・理想化等している」(15.38％)、「性暴力被害事実について自責的に認識している」(30.8％)、「自分の性や身体に関する嫌悪感や拒否感がある」(30.8％) などが高い結果となっていました。また、非加害保護者の本児に対する態度の「拒否的」群で、

「性や異性に関する知識や認識に偏りがある」(66.8%)、「異性への距離が近い」(66.7%)、「異性や性に関して過剰(極端)な興味や関心がある」(55.7%)などが高い結果でした。

3)子どもの安定のための非加害保護者の安定の重要さ

これらの結果は、非加害保護者が性暴力の事実に向き合い、子どもを信じて守る姿勢を示し、加害者に対して然るべき態度をとっていることが子どもの安定にとっては重要であることを示しています。このように非加害保護者が安定して子どもに関われるために、非加害保護者の生活のサポートも関係機関と連携しながら行い、心理的・情緒的なケアも児童相談所と協力して行っていくことが必要です。また、生活面や経済的な支援が必要な場合もあります。非加害保護者が支援を受けて安定することで、子どもに適切に関われるようになることで、子どもも安定してきます。実際の施設の支援においても、入所中の子どもが不安定な状態になっていることに対しても非加害保護者が混乱し、子どもに適切に関われない場合もあります。

4)子どもの非加害保護者についての気持ち

子どもも非加害保護者に対する思いはさまざまです。非加害保護が自分を性暴力から守ってくれなかったという思いや、子どもが被害を打ち明けたときに非加害保護者が信じなかった場合などは不信感を抱くこともあります。また、逆に、子どもが性暴力を自責的に認識しており、自分が性暴力を受けたことや告白したことが家族を混乱させ、非加害保護者を不安定にさせたと思ってしまう場合は、子どもは非加害保護者に対して申し訳ない気持ちを抱くこともあります。このような思いは非常に複雑で、子どもが率直に打ち明けたとしても、非加害保護者が誠実に応えられる状態とは限りません。

支援のあり方としては、子どもが非加害保護者の状況を受け止められるように支援していく必要があります。性暴力が起きていた時期の非加害保護者の状況、加害者との関係性などです。しかし、これらは子どもにとってはとても大変な作業です。本来、護られるべき立場の子どもにとって、護ってくれるべき非加害保護者の不安定な状況を理解していくというのは難しいことです。時には、非加害保護者が子どもに対して拒否的な態度をとっている場合もあり、このような状況を子どもが受け入れることは、とても過酷なことです。子どもが非加害保護者への気持ちを整理していくためにも、支えとなるのは施設職員との信頼感や護られているという感覚がしっかりとあることです。それらを前提として、非加害保護者への児童相談所や施設からの支援の状況、見通しや方針を伝え、子どもが少しでも安心できるように務めなければなりません。非加害保護者の状況、子どもの落ち着いた生活の状況を見極めながら、課題を具体的にして面会などを進めていかなければなりません。

非加害保護者が安定し、子どもに必要な支援を行えるようになり、子どもも施設でのケアを通じて安定し、非加害保護者に向き合っていけるようになることが大切です。（中村有生）

〈引用・参考文献〉

・野坂祐子／浅野恭子著（2016）『マイステップ―性被害を受けた子どもと支援者のための心理教育』誠信書房
・太田敬志／木全和巳／中井良次／鎧塚理恵／“人間と性”教育研究協議会児童養護施設サークル編（2005）『子どもたちと育みあうセクシュアリティ―児童養護施設での性と生の支援実践』クリエイツかもがわ
・岡本正子／八木修司ほか（2011）「性的虐待を受けた子どもへのケア・ガイドライン」厚生労働科学研究費補助金（政策科学総合研究事業）「子どもへの性的虐待の予防・対応・ケアに関する研究」（主席研究者：柳澤正義）平成20・21・22年度総合研究報告書
・岡本正子（2016）「性的虐待事案に係る児童とその保護者への支援の在り方に関する研究」平成26・27年度厚生労働科学研究費補助金［政策科学総合研究事業（政策科学推進研究事業）］総合研究報告書（研究代表者：岡本正子）
・高柳美知子編／“人間と性”教育研究所著（2008）『イラスト版　10歳からの性教育　子どもとマスターする51の性のしくみと命のだいじ』合同出版
・滝川一廣／高田治／谷村雅子／全国情緒障害児短期治療施設協議会（2016）『子どもの心をはぐくむ生活　児童心理治療施設の総合環境療法』東京大学出版
・八木修司（2016）「情緒障害児短期治療施設における性暴力被害児への支援の在り方に関する研究」厚生労働科学研究費補助金（政策科学総合研究事業）「性的虐待事案に係る児童とその保護者への支援の在り方に関する研究」（研究代表者：岡本正子）平成26・27年度総合研究報告書
・八木修司／平岡篤武／中村有生（2011）「性的虐待を受けた子どもへの児童福祉施設の生活支援と心理ケア」『子どもの虐待とネグレクト』Vol.13 No.2、pp.199-208
・八木修司／岡本正子編著（2012）『性的虐待を受けた子ども・性的問題行動を示す子どもへの支援―児童福祉施設における生活支援と心理・医療的ケア』明石書店

第7章

性的虐待（家庭内性暴力被害）を受けた子ども支援における医療の役割とポイント

第1節 児童福祉施設における医療

1．医療ってなんだろう？

皆さんは医療と聞いてどんなことを思い出すでしょうか？「病気を治してくれる」「白衣」「薬」などなど。中には「怖いところ」とか「病気の人がたくさんいる」とかネガティブなイメージもあるかもしれません。

医療とは何か。辞書で見てみると「医術で病気を治すこと」[1]という意味になります。つまり、病気になった時に病院に行って治療を受けることが医療なわけです。病気には誰もがかかるので、医療が必要になることは誰でもあるわけですが、病気でない時には医療は不要です。風邪を引けば風邪薬を飲みますが、治れば薬はやめるものでしょう。風邪が治ってもいつまでも病人の生活をしていたら、生活能力が落ちてしまいますし、子どもでは成長が阻害されます。医療は「病気になったら速やかに利用し、治ったら速やかに中止する」ことが特徴です。

ただ、病気の中には花粉症や糖尿病など、治療に時間がかかるものがあります。これらは慢性疾患と呼ばれ、治るまで病人の生活をするのではなく、「服薬を継続しながら、なるべく通常の生活を送る」ことになります。精神医療だとてんかんや発達障害の子への服薬がこれに当たるでしょう。

性的虐待（家庭内性暴力被害）を受けた子どもの場合、症状があったとしてもその子が病気だから生じたものとは限りません。性暴力被害という深刻な体験が原因となってさまざまな症状が現れ、その症状の軽減や回復を図るために精神的にも身体的にも医療が必要になる可能性は高くなります。

2．性的虐待（家庭内性暴力被害）を受けた子どもへの医療の必要性

では、性的虐待（家庭内性暴力被害）を受けた子どもになぜ精神医療が必要になるのでしょうか。図7-1に「情緒的に不安定な性暴力被害児が向精神薬（さまざまな精神症状に効果のある薬）を飲む効果」について示しました。

虐待体験などのトラウマや、発達障害による対人トラブルなど、さまざまなことに影響を受けた子どもは情緒的に不安定になります。彼らは周囲が怖くて警戒しているのですが、この様子を「ネコが“シャー！　シャー！”と威嚇している感じ」と表現する人もいます。しかし、周囲の人たち（大人も子どもも）は「その子がなぜ不安定なのか」はなかなか理解できないですし、理解できたとしても耐えられないレベルのトラブルも起きたりします。そして、周囲とトラブルが増えれば人間関係も悪くなり、本人はさらに周囲に不信感や敵意を持つようになってしまいます。これでは悪循環です。

向精神薬は、不安を軽減したり刺激への敏感さを減らしたりすることで、その子の情緒の不安定さを落ち着かせる効果があります。これは、トゲトゲしていたその子の周りにベールが張られ、トゲトゲが目立たなくなるようなイメージです。トゲトゲが目立たなくなれば、周囲の人たちもその子に関わりやすくなり、関係性が変われば本人の周囲への恐怖心も減少し、いわば

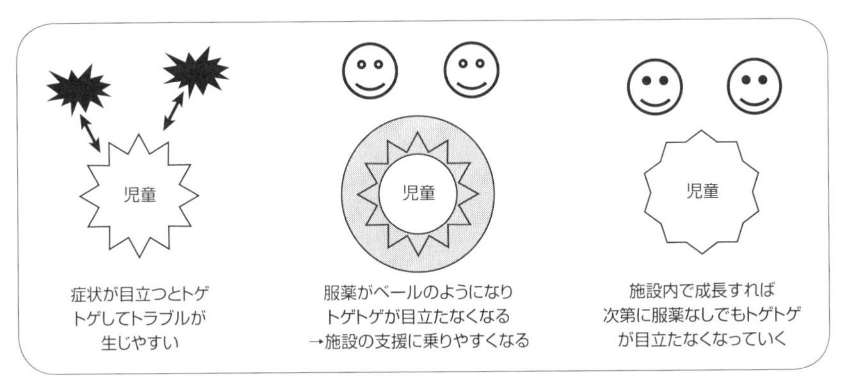

図7-1　情緒的に不安定な性暴力被害児が向精神薬を飲む効果

「好循環」になります。このような好循環が継続すれば本人も成長し、次第に服薬なしでもトゲトゲしないでいられるようになるわけです。

この回復の過程で一番トゲトゲが目立つのはもちろん最初になりますし、子どもに一番自信がないのも最初です。その状況を少しでも医療の力でお手伝いして、一番重要な「好循環による本人の成長」に早く移行することが、情緒的に不安定な性暴力被害児に対する医療の役割だと思っています。

3．性的虐待（家庭内性暴力被害）を受けた子どもの精神医学的な症状

では、性的虐待（家庭内性暴力被害）を受けた子どものどのような症状に対して精神医療が必要となるのでしょうか。2015年に全国の児童心理治療施設に行ったアンケート[2)]では、性暴力被害児への向精神薬の内服は、「トラウマ反応」「激しい行動」「感情の問題」の3つの症状に対するものが多くなっていました。これらは性的虐待（家庭内性暴力被害）を受けた子どもがしばしば示す精神症状であり、向精神薬の効果が期待できる症状でもあります。3つの症状を詳しく説明したいと思います。

（1）トラウマ反応（過覚醒、回避、再体験）

トラウマ反応とは、「心に受けた傷によって起きる反応」のことで、「①過覚醒症状（警戒心から強く緊張していること。不眠、情緒不安定、過度な緊張など）、②回避症状（いやなものを避けること。孤独、無表情、現実感の喪失など）、③再体験症状（つらい体験を思い出すこと。過去を思い出して不穏、悪夢など）」の3つがあります。トラウマ体験を受けた環境から安全な場所に移った直後に生じることが多いので、入所施設では最初に対応に困る症状です。

トラウマ反応は本人にも周囲にも強いストレスを与えるため、安心で安全な生活が難しくなります。安心で安全な生活が行えないと回復が困難になるので、トラウマ反応を服薬によって抑えることは、入所初期の施設不適応を避けるためにとても有効な治療だと思います。

（2）激しい行動（暴力・暴言、過度な手洗い、自傷など）

激しい行動は「暴力、暴言、自傷、飛び出しなど」といったものがありま

す。これらの行動はいずれも危険性が高く子どもも周囲も危険に陥るので、精神科入院が必要になることもあるでしょう。ただ、激しい行動のウラには「言語化できない苦しい気持ち」が眠っていることがあるので、行動を抑制するだけでなく、行動の意味を話し合ったり考えたりすることを通じてその子の理解を深めていくことが重要です。

（3）感情の問題（怒り、抑うつなど）

感情の問題は「大人への怒り、抑うつ症状、被害感など」といったものがあります。「トラウマ反応」や「激しい行動」に比べて、感情の問題はなかなか改善が難しく時間もかかることが多いです。一方、向精神薬の中には抑うつ気分や不安への効果が認められている抗うつ薬、抗不安薬があり有効性も高いので、精神医療の有効性の高い症状と言えると思います。

4．向精神薬（精神に関する薬）について[3)]

次に、それらの症状に対して使う向精神薬について説明します。性暴力被害児の症状に用いる向精神薬としては、「抗精神病薬」「抗うつ薬」「抗ADHD薬」「抗てんかん薬」「抗不安薬・睡眠薬」「その他の薬」があり、表7-1にまとめました。

先ほどの3つの症状では、「トラウマ反応」には抗精神病薬、抗うつ薬、抗てんかん薬、「激しい行動」には抗精神病薬、抗てんかん薬、抗ADHD薬（※ADHDの場合）、「感情の問題」には抗うつ薬、抗てんかん薬、抗不安薬（※子どもへの使用は大人より少ない）が、それぞれ使用されることが多いです。

子どもへの向精神薬の使用について注意が必要なこととしては、「現在日本の医療保険で小児への適応が認められている向精神薬は、抗てんかん薬、ADHD治療薬、小児の自閉症スペクトラムに適応があるアリピプラゾールとリスペリドンのみ」だということです。海外では子どもに保険適応となっている薬が、日本では「適応外使用」として使われています。ただ、それらの薬は医師が勝手に行うわけではなく、さまざまな治療ガイドラインをはじめとした根拠に基づいて処方しています。例えば、子どものうつ病には抗うつ薬の有効性が確認されていないため、投与は慎重に行うことになっていま

表7-1　向精神薬について

	抗精神病薬	抗うつ薬	抗ADHD薬	抗てんかん薬（抗躁薬）	抗不安薬・睡眠薬
主な使い方	統合失調症、躁状態、自閉症スペクトラムの易刺激性	うつ病・うつ状態、不安症状、強迫症状	ADHDの不注意、多動・衝動の症状を緩和	てんかん、躁状態	不安、不眠
その他の使い方	興奮、衝動性、チック、トラウマ症状（過覚醒、再体験症状）	ストレスによる身体症状などの改善	なし	気分の変動性や興奮、衝動性	ストレスによる身体症状などの改善
薬の効き方	ドーパミンの働きを抑制	セロトニンやノルアドレナリンの働きを促進	ドーパミン、ノルアドレナリン、アドレナリンの働きを促進	神経の異常興奮を抑制する	GABA（γ-アミノ酪酸）の分泌を促進
代表的な副作用	自律神経症状（便秘などの胃腸症状、めまい、ふらつきなど）や錐体外路症状（手足のふるえ、筋肉の異常な動き）など	自律神経症状（便秘などの胃腸症状、めまい、ふらつきなど）や錐体外路症状（手足のふるえ、筋肉の異常な動き）など	食欲不振、イライラ、不眠など	薬疹（薬のアレルギー反応で高熱や湿疹が出る）、肝障害など	強い眠気、不安がなくなり過ぎて興奮
代表的な薬	アリピプラゾール（エビリファイ）、リスペリドン（リスパダール）、クロルプロマジン（コントミン）	デュロキセチン（サインバルタ）、エスシタロプラム（レクサプロ）、フルボキサミン（デプロメール）	メチルフェニデート（コンサータ）、アトモキセチン（ストラテラ）、グアンファシン（インチュニブ）	バルプロ酸（デパケン）、カルバマゼピン（テグレトール）、ラモトリギン（ラミクタール）	ジアゼパム（セルシン）、エチゾラム（デパス）、ラメルテオン（ロゼレム）

す。子どもへの抗うつ薬は、主に不安症状に対して使用しています。

5．服薬開始に際して――嵐山学園の場合――

嵐山学園で薬を開始する場合は、図7-2のような段階を踏んで行っています。

(1) 入所児童の保護者に対して、入所前の見学か入所時に医師から医療の説明を行い、包括的な同意書にサインをいただいています。精神医療への不安を持っている方もおられますが、ていねいに説明して不安を払拭するようにしています。

(2) 薬開始の希望は、職員からの場合と本人からの場合があります。希望が

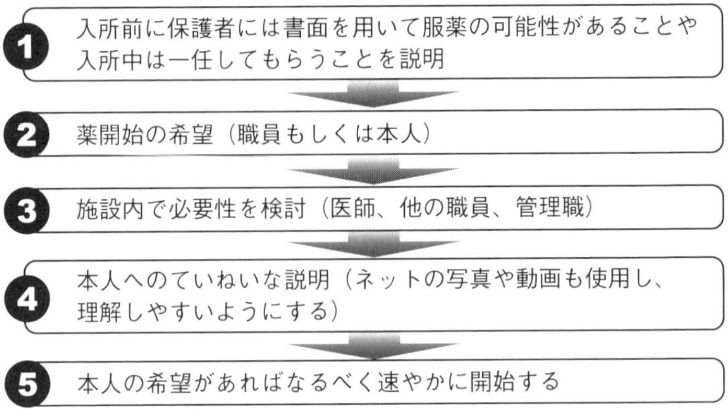

1. 入所前に保護者には書面を用いて服薬の可能性があることや入所中は一任してもらうことを説明
2. 薬開始の希望（職員もしくは本人）
3. 施設内で必要性を検討（医師、他の職員、管理職）
4. 本人へのていねいな説明（ネットの写真や動画も使用し、理解しやすいようにする）
5. 本人の希望があればなるべく速やかに開始する

図7-2　嵐山学園での薬開始フローチャート

誰から出ても、(3) で述べるように皆の合意が取れてから服薬を開始します。

(3) 服薬開始や服薬調整の必要性は、個人の判断ではなくチームとして検討するようにしています。子どもが服薬を希望しても、職員が「薬に頼らなくても大丈夫」と保留になることや、その逆（子どもが拒否する）のこともあります。

(4) 服薬の説明は、ネットの写真や動画なども用いて、視覚的にわかりやすい説明を心がけています。子どもが十分納得していないと、あとで薬を拒否することになるからです。説明だけ行って、「内服したくなったら希望するように」と伝えて待つこともあります。

(5) 子どもから希望があった場合は薬を開始しますが、その際に子どもには「効かない薬は中止、効いた場合に飲むかどうかを自分で決めるように」と話しています。子どもは初めて薬を飲むわけで、効いていても「この程度か」とがっかりすることもあるでしょう。なので、効果が出た上で、飲み続けるかどうかを子どもに決めてもらっています。

6．医療との関わりの中で見られる子どもたちの成長
──注射を例として──

嵐山学園では毎年子どもたちが恐れている医療のイベントが2つあります。1つは薬を内服している子どもたちを対象に夏に行う血液検査、もう1つは

11月に全児童に行うインフルエンザの予防接種です。子どもたちにとって（大人にとっても？）注射は「恐怖のイベント」なので、年2回の注射の告知をすると子どもたちは大騒ぎになります。

私は子どもたちへの注射について、「必ず受けなければならない、と子どもに伝えること」と、「決して強制ではやらないこと」の2つを大切にしています。子どもたちには「この注射がなぜ必要なのか」を説明し「必ず行う」と伝え、決して強制はせず、気長に本人が決心するのを待ちます。決心に時間がかかる場合は日を変えて行ったり、担当の職員に付き添ってもらったりします。このやり方で、これまで全ての入所児童が注射を受けられています。

なぜこのようにしているかと言えば、彼らに苦しくてつらいことを自分の意思で乗り越える体験をしてほしいからです。性暴力被害児の中には医療を怖がる子どももいます。彼らはさまざまなことを強制されながら育ってきているので、強制されて従うことには慣れていますが、その反面、強制されないと必要なことから逃げてしまうこともあります。しかしそれでは、これからの人生で損をすることも多いでしょう。やらないといけないことを自らの意思で乗り越える体験をしてほしいのは、そのためです。

一度実施できれば、次からは「この前できたから今度は大丈夫」となり、子どもはどんどん強くなっていきます。もちろん毎年大騒ぎになる子どももいますが、血液検査や予防接種を行っていると、以前は怖がって泣き叫んでいた子どもが、涙ぐみながらもがんばって受けられるようになり、さらに強がって平気なふりをして受けるようになったりする姿を見ることができます。このような子どもたちの劇的な成長を見ることができるのは、児童福祉施設で働く面白さの一つでしょう。（早川洋）

第2節

性的虐待（家庭内性暴力被害）を受けた子どもに対する精神医療の現状

1．性暴力被害児に精神医療はどのように対応するか

この本では「性的虐待（家庭内性暴力被害）を受けた子ども」について述べていますが、家庭外でも学校や学習塾での教師からの性暴力被害や、ストーカーや元恋人からの性暴力被害、また、知らない暴徒によるレイプ被害もあります。ここではそれらも包括した性暴力被害児への精神医療の現状について説明します。

図7-3に性暴力被害児に対する精神医療の現状を示しました。

まず3つの円ですが、一番大きな四角の性暴力被害児の中に精神医療の対象になる児童がおり、精神医療が必要な症状としては「トラウマ反応」と「感情の問題（不安、うつ）」が多いことを示しています。

次に真ん中の「精神医療対象の児童」の円の下半分がグレーになっているのは、「精神医療を必要とする性暴力被害児の中に、精神医療を受けられていない子たちがいること」を示しています。

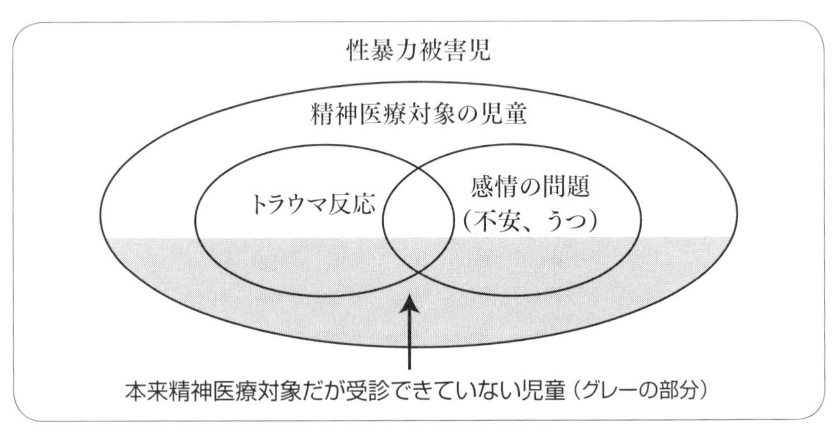

図7-3　性暴力被害児に対する精神医療の現状

日本の児童精神科医師はまだまだ数が少なく、本来精神医療を受ける権利がある子どもたちに十分な医療を届けられていない現状があります。精神医療を必要とする子どもたちが治療を受けてトラウマ反応や感情の問題を改善することができれば、彼らの回復の助けになるのではないかと考えています。

2．性的虐待（家庭内性暴力被害）を受けた子どもへの医療のチェックリスト

最後に、性的虐待（家庭内性暴力被害）を受けた子どもに医療を行う際のチェックリストを示します[4)]。医療に対しては否定的な考えを持つ人もいるので、「きちんとした根拠に基づいて行うこと」と「同意を得た上で行うこと」の2点が大切です。根拠と同意が十分ではない医療行為は後に問題になることもあるので、注意してください。　（早川洋）

性暴力被害児への医療のチェックリスト
・児童の要件
□　児童が通常の支援では対応困難なトラウマ反応を示している（特に入所初期）。
□　児童が感情や行動の問題を呈しており、通常の支援では改善が困難である。
□　本児に医療の必要性を説明し、合意を得られている。
・施設側の要件
□　施設が精神医療を安定して利用できる状況にある。
□　精神医療に依頼する目的が明確になっている。
□　施設内外で精神医療の利用についての合意が得られている。

注

1）松村明編（2006）『大辞林　第三版』三省堂
2）岡本正子（2016）「性的虐待事案に係る児童とその保護者への支援の在り方に関する研究」平成26・27年度厚生労働科学研究費補助金［政策科学総合研究事業（政策科学推進研究事業）］総合研究報告書（研究代表者：岡本正子）
3）以下を参照。
・飛鳥井望監修（2007）『PTSDとトラウマのすべてがわかる本（健康ライブラリーイラスト版）』講談社

・樋口輝彦編（2012）『今日の精神疾患治療指針（今日の治療指針シリーズ）』医学書院
・稲田俊也編著（2017）『小児の向精神薬治療ガイド』じほう
・齊藤万比古編集（2014）『子どもの心の処方箋ガイド（子どもの心の診療シリーズ）』中山書店
・Stahl, Stephen M. (2013) *Stahl's Essential Psychopharmacology: Neuroscientific Basis and Practical Applications 4th ed.*, Cambridge University Press〔スティーブン M. ストール著、仙波純一／浦雅人／太田克也訳（2015）『ストール精神薬理学エセンシャルズ 神経科学的基礎と応用 第4版』メディカルサイエンスインターナショナル〕
・Stahl, Stephen M. (2009) *Prescriber's Guide: Stahl's Essential Psychopharmacology 3rd ed.*, Cambridge University Press〔スティーブン M. ストール著、仙波純一訳（2016）『精神科治療薬の考え方と使い方 第3版』メディカルサイエンスインターナショナル〕
・Wilens Timothy E. (2004) *Straight Talk about Psychiatric Medications for Kids. Rev. ed.*, The Guilford Press〔ティモシー・E. ウィレンズ著、岡田俊訳（2006）『わかりやすい子どもの精神科薬物療法ガイドブック』星和書店〕
4）岡本（2016）前掲書

コラム❻

性的虐待（家庭内性被害）を受けた子どもの支援やケアにおける看護師の役割──医務室、生活場面での関わり──

Ⅰ．性的虐待（家庭内性暴力被害）を受けた子どもへの接し方

私（平井）が勤務している児童心理治療施設には多くの性的虐待（家庭内性暴力被害）を受けた子どもが入所しています。しかし、日常の支援において特別な意識はせずに、あくまで「一人の入所児」として関わっています。つまり、強く意識して「性的虐待（家庭内性暴力被害）を受けた子どもだから」と思うと、心理的な距離が生じてしまって、肝心の関係性が形成できません。一人の大切な子どもであると自覚して「その子がどんなことが好きで、どんなことが苦手だったのか」ということを把握するのが大切だと思っています。

入所中に大人の言葉の影響が入所している子どもたちにとって大きいことを知っているので、普段の関わりには気を使います。したがって、なるべく聞き役になるようにしています。子どもにしても、生活をともにしていない看護師から、何かをエラそうに言われてもムカつくだけだと思います。

ー子どもとの距離感の難しさー

子どもとの関わりでは距離を保つことが難しいです。衝動性が高い子や、そもそも距離の意識が乏しい子が多く、通常ならば入ってこないところまで近づいてきます。子どもが私につきまとうこともあります。私は精神病院での勤務経験がありますが、ある患者さんが他の患者さんにつきまとってトラブルになることがよくありました。距離が近づきすぎるとトラブルの元になります。この児童心理治療施設でも、距離を保つことが子どもたちを守るための大切な「境界線（バウンダリー）」だと思っています。

2．児童心理治療施設の看護師の１日―「学園の保健室」―

私の勤務している児童心理治療施設では薬を飲んでいる子どもが多いので、薬の準備が大きな仕事になっています。他には、健康管理や予防活動といった保健活動も大切な仕事です。

看護師の仕事は「学園の保健室」のようなイメージです。子どもたちが病気になった時に関わるので、健康な子どもと関わることは少ないです。

病気や怪我などで継続的な処置が必要になった時は、なるべく養育者である現場職員にしてもらうようにしています。養育者との関係が強くなることが大切だと考えているからです。そのため、医療的なことを丸投げで引き受けることは避けています。家庭においても「親子で一緒に乗り越える」ことが大切ですが、学園でもなるべく「子どもと職員で、一緒に相談に乗る」ようにしています。中には、身体疾患で注射が必要であったり、施設外の通院が必要であったりする子どももいます。そのような医療度の高い子どもの場合は医療職以外には知らないことも多いので、看護師が支援して職員が不安を感じないようにサポートしています。そのような場合でも、「現場職員の保護者役割を奪わない」ことを前提としています。

3．不定愁訴の対応―「必ずしも、子どもの話をうのみにしない（でも、しっかり聴く）」―

子どもたちは、「ここが痛い」「気持ち悪い」というような不定愁訴を訴えることが多いです。彼らは感情表現が苦手でストレスの対処も上手くないからそうなるのだと思います。特にストレスが溜まっている場合は、子どもたちは看護師を見ると次々に症状を訴えてきます。それだけ聞いてほしいんだと思います。でも、全ての不定愁訴を全部受け止めていくのがよいわけではないと思います。施設を退所した後は、全ての精神症状をきちんと受け止めてもらえることは難しいからです。過去には退所後に不定愁訴を訴えすぎて生活が破綻してしまった児童もいました。

不定愁訴があった場合、次のようなことを意識しています。

(1) まず痛いと言っている部位の所見（状態）を確認します（所見の確認）。

(2) 前後にストレスになるイベントがないか確認します（不定愁訴の原因）。

(3) その子が前にも同じようなことをしていないか、他の子が同じようなことをしていないかを確認します（再現性、模倣性の確認）。

(4) 難しい場合は医師に診察してもらいます。

特に子どもが訴えてきた場合は、「必ずしも、子どもの話をうのみにしない」ようにしています。子どもたちは自分のことを見てほしくて、ついつい大げさに言いがちです。でも、そのことでうまくいってしまうとますます大げさに言うようになり、それが続くとだんだんと周りの子どもや大人から「嘘つき」と思われてしまいます。したがって、子どもが言ったことを必ず確認をするようにしています。したがって、きちんと聴くことが大事です。被虐待児の場合、「本当の気持ちをきちんと聴いてもらえなかった育ちの経緯も踏まえて対応しなければならない」のが難しいと思います。

4．自傷のセルフケア―「処置は自分で、気持ちの傾聴は職員と」―

子どもたちには、セルフケアをできることはなるべくセルフケアをしてもらうようにしています。セルフケアは「自分で自分をケアする」ことで、大人であれば誰でもしていることです。特に卒業後に高校生活を始める子たちは大人扱いされますから、セルフケアができるようになっていることが大切です。

例えば、自傷をしてしまう子に対しては、「自傷の処置セット」を袋に入れて現場職員に渡しておき、自傷をした時には職員にそれを渡してもらい、自分で処置してもらうようにしています。他にも、イボや鶏眼（ウオノメ）の処置や、陥入爪の処置などもそうしています。もちろん、最初にやり方を教えますし、自分一人でできない場合には職員が手伝いますが、できることは自分でしてもらいます。職員には自傷に至る前の気持ちを聞いてもらっています。子どもの中には、自傷の処置がしてもらいたくて自傷を繰り返してしまうこともあります。でも本当は、自傷ではなく気持ちを語れる方がよいわけです。「処置は自分で、気持ちの傾聴は職員と一緒に」というように役割分担しています（とは言え、保健室でしか言えないこともあり、役割はシェアです）。

5．小児科・婦人科のこと―「怖い気持ちを支えられて乗り越える体験」―

本施設に入所している子どもたちは、怖がりの子が少なくないです。普段は落ち着いていても、注射や処置が必要な時にとても不安定になる子たちがいます。そのような場合に、根気強くていねいに関わることが必要です。例えば、毎年全児童に実施しているインフルエンザワクチンの接種では、「平気で接種を受けられる子」、「怖がりながらも我慢できる子」、「泣き叫びながら受ける子」、「拒絶する子」などに分かれます。大切なのは、「拒絶が強くても決して押さえつけたりせず、繰り返し繰り返し説得をしてあくまで子どもの意思で受けられるまで待つこと」です。そのように「つらい気持ち」、「怖い気持ち」を支えられながら自分の力で乗り越える体験が、彼らの成長につながると思っています。

女子特有の症状としては、月経前症候群（PMS）を持つ児童が少なくないです。PMSは月経前の約1週間、性ホルモンの関係で起こる体と心の不調のことです。他にも、月経時痛や月経不順も起きます。程度がひどいときは近くの婦人科の先生が「いつでも往診しますよ」と言ってくれているので心強いです。

6．本施設の性教育―「ライフプロジェクト」

性教育は子どもに直接関わる児童指導員と心理士が行っています。これは、「彼らに必要な性教育は、知識よりも、ネグレクト体験を埋めることである」と考えているからです。開設当初は身体における性のメカニズムなど知識を中心にした性教育をしていた時代もありました。しかし、そうした性教育では、性暴力被害児の性的逸脱行動は減りませんでした。そのため、私の施設では性教育を「ライフプロジェクト」と名付け、「生きる権利をお互いに認め合う」という活動にしました。具体的には、年齢や能力別にした小集団のグループワークで「プライベートゾーン（水着で隠れるところは隠さなければならないという考え方）」や「よいタッチ悪いタッチ」といった考え方をみんなで学ぶことを基本とし、集団だけでは不十分な子ども（虐待の影響が大きい、認知の歪みが大きい、能力的に理解が困難など）には、個別で丁寧に対人関係を中心とした性教育を行っています。大人への不信が大きく、個別の関わりではなかなか対人認知を変えることが難しい子も、グループの中で他児の反応を見ることで、変わっていくことがしばしば見られます。また、グループの中でわかりにくかったことを個別で説明すると、他児と同じペースでは理解が困難な子もわかることができます。

私の施設のライフプロジェクトを見ていると、この活動には「母親からの

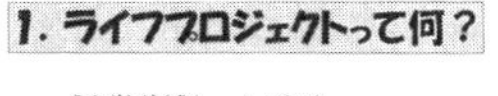

☆ 嵐山学園の職員は＿＿＿＿さんのことを“大切な存在”だと思っています。
＿＿＿＿さんが“大切な存在”だということを伝えたいです。

☆ ＿＿＿＿さんは、“安心して生活”する権利があります。

※権利とは…国のきまりでみとめられているもので、あることを「していい、しなくてもいい」という資格。

☆自分以外の人も“大切な存在”です。自分以外の人も“安心して生活”する権利があります。

どんな風に自分を大切にするのか、
どんな風に相手（子ども・大人）を大切にするのか。
一緒に考える時間をライフプロジェクトと言います。

4. 相手（おとな、こども）との距離について

①パーソナルスペース・・・・これ以上ちかづかれると「なんかイヤだな」と思うきょり

パーソナルスペースの大きさは人それぞれ違います。
うで一本ぶん離れていると、安心してお話しすることが出来ます！

人は、その人の関係性によって、それぞれ安心してお話しが出来るきょりがあるよ。
お友達は腕一本！知り合いの人は1 m くらい。
はじめてあう人とは 2～3 m 、離れていると安心

職員手作りの「ライフプロジェクト」の冊子（一部）

ネグレクト体験を埋める効果」があるように感じます。つまり、「あなたの身体が大切です」というメッセージを繰り返し伝えられることで、子どもたちは自分のことを大切に思えるようになります。これこそが、性的虐待（家庭内性暴力被害）を受けた子どもにとって最も根幹となる体験のように感じています。

7．児童心理治療施設で働いて―「子どもたちと一緒に勉強する感じ」

児童心理治療施設での勤務は9年となり、今まで勤務した機関の中で最も長い勤務場所になりました。いろいろと大変なこともありますが、楽しく勤務させていただいています。私は、元々子どもは少し苦手だったのですが、ここの子どもたちは今まで出会ってきた子どもたちとは違う気がしています。格別の思いがあります。それと、私が子どもたちと一緒に勉強させてもらっている感じがしています。「親も子とともに育つ」などと言いますが、子育てに関して、さまざまな方向から勉強させてもらっていると感じています。

ある児童心理治療施設の医務室

（早川洋・平井寿子）

第8章

子ども個人、子ども集団への関わりを紡ぐ会議

子ども理解のための会議の持ち方

1．引き継ぎやケース会議の持ち方

施設での子どもの支援は児童指導員や心理担当職員、看護師、栄養士、医師、教員などの多職種の専門家がチームとして関わることになります。チームとして関わるためには生活の中で起きた事実関係や、その時に対応した内容と子どもの反応、また子どもの予定などの情報をチームとして共有する必要があります。例えば虐待を受けて施設に入所した子どもが、保護者との初めての面会が予定されるなど子どもに大きな影響を与える可能性がある情報などが職員に伝わらず、職員が何も知らずに子どもと関わるというようなことがあってはならないということです。保護者との面会が予定されていても、保護者の都合で中止になることもあります。子どもは、次の保護者との面会まで待たされる緊張感と面会がなくなった安心感を同時に持つことになるかもしれません。こうした情報を職員間で共有し、子どもの状態を観察すること、不安定な状態となったときどのように関われば良いかを検討しておく必要が出てきます。こうした情報を共有しておくためには、職員同士が頻繁に連絡し合うことが必要になります。しかし、変則勤務で全員が揃わなかったり、教員が授業時間との関係でミーティングやカンファレンスに参加できなかったりと一律に口頭で伝えることは難しくなります。そのため、日常の生活記録や心理の面接記録、医務・医療の記録、学校での記録など一定のルールに則った記録方法を作り、いつでも職員が確認できることが必要になります。口頭での情報共有のあり方としては、毎日の引き継ぎとケースカンファレンスに分けられます。引き継ぎで検討された事項や結果と対応については

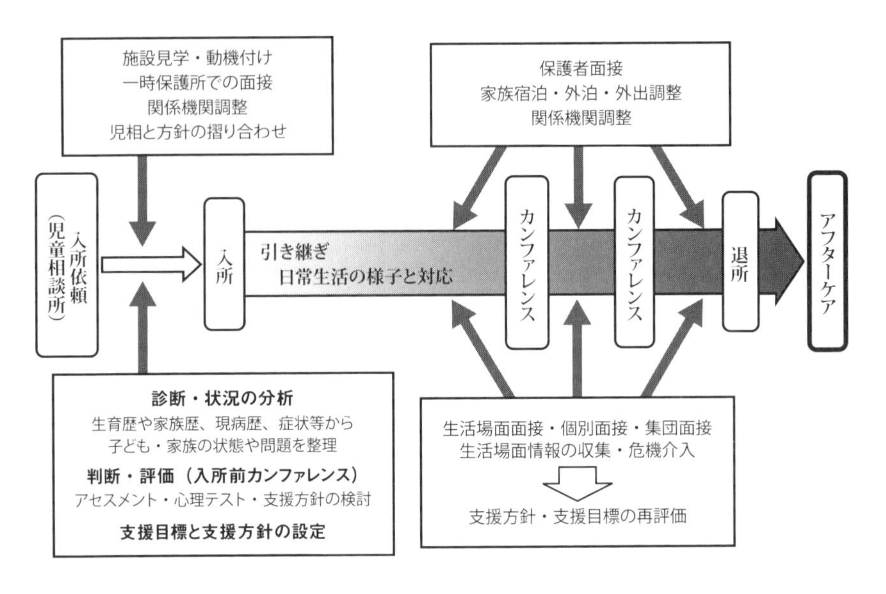

図8-1　入所依頼から退所までの流れ

記録に残し、職員が再確認できることが必要になります。また、カンファレンスの内容も記録し支援方針の見直しに繋げていくことになります（図8-1）。

（1）引き継ぎについて

引き継ぎにはいくつかのパターンがあります。一つは朝の時間に出勤している各部署の職員が全員出席しての情報交換、変則勤務で出勤した職員への情報提供と動き、夜勤で出勤してきた職員への情報提供、学校の教員との情報交換等になります。

子どもの情報は、日々更新されていきます。毎日の引き継ぎは子どもの情報をその日に勤務する職員に伝える方法としては非常に大事になってきます。毎朝、決まった時間の引き継ぎで、子どもの状態、身の回りで起きていることの情報を共有します。子どもがどのような状態でどのように表現していたのか、それに対してどのように職員が対応したのか、その日は誰がどのように対応するのか等を具体的に決めていきます。また、その日の子どもの日課や活動、心理の面接、病院受診の予定等も共有化しておく必要があります。

生活の職員は変則勤務をしていることが多く、朝の引き継ぎの時間に出勤していない場合もありますから、勤務のパターンに合わせた引き継ぎの方法も作っておく必要があります。対応する職員の配置がはっきりしており、現状にどのように関わっているのかが引き継がれれば、職員の混乱も少なくなります。

学校の教員とは、子どもの登校前に前夜から朝の状態を伝えるとともに配慮が必要な情報を提供する引き継ぎと、授業終了後に学校での様子や次の日の授業予定や変更の有無の確認をする引き継ぎがあります。学校で起きた出来事をそのまま施設に持ち込み下校後に不安定になったり、施設や家庭で起きた出来事を学校に持ち込み不安定になったりすることがよくあります。学校にいる時間は長く、特にクラブ活動などに参加している子どもによっては朝から夕方まで長時間学校で過ごすことになり、その影響は大きいからです。学校と施設という子どもが生活する場面を一連の流れとしてとらえていくことで、子どもの理解を深められ、子どもの状態に合わせた援助方針を立てることが可能となります。

（2）ケース会議について

ケース会議は、一人の子どもを取り上げ各分野からの情報を持ち寄り濃密に振り返る時間になります。ケース会議では生育歴や家族歴などの生きてきた歴史、施設に入所に至った経緯、入所してからの経過、過去と現在の家族の状況などの情報が集約され、子どもの理解を共有する重要な場面となります。

ケース会議には、入所前検討ケース会議、子どもに関わる全ての職員が参加する大きな会議、担当者で行う状況確認と進行状況の確認のための会議、性的問題や対人暴力、無断離設、自傷行為など緊急時に行う会議、児童相談所や福祉、学校などの関係機関を含めた会議などがあります（表8-1）。

1）入所前検討会議

子どもの入所の前にケースの背景を知り、理解を深め、どのように受け入れていくか協議します。学校、生活、心理部門などでできるだけ多くの人に参加を促します。

表8-1　ケース会議

入所前検討会議
初回ケース会議
定期的なケース会議（全体で行う会議・担当者会議）
退所前検討会議
緊急ケース会議（無断離設、性的問題、施設内暴力等）
関係機関ケース会議（児童相談所との連絡会議等）

保護者や子どもの情報を入所前のカンファレンスで整理し職員で共有化することで、入所後の子どもが施設で生活する上での課題が見えてきます。入所している子どもとの関係を予想し、居室や同室になる子どもの組み合わせ、担当職員の決定や対応上の留意点、精神科医療の可否、性的発言があったときの対応のあり方、入所後の観察すべきチェックポイントの整理などを行います。また、子どもの権利条約にのっとり、施設入所について子ども自身に考える時間が持てるように配慮します。そのため子どもが施設や学校を見学に来る日の調整が必要になります。見学に来たときの子どもの状態も入所前検討会議での情報になります。

性的虐待（家庭内性暴力被害）では、虐待の当事者が家庭にいる場合は子どもの分離が基本です。しかし、非加害保護者の状況により、共同治療者になり得る場合もありますし、非加害保護者自身への治療的介入も必要になる場合もあります。こうした非加害保護者は子どもを守れなかったことへの自責の念とともに、子どもと同様な虐待的環境に置かれていたことによる問題も抱えている場合もあります。子どもの治療と併せて非加害保護者への治療的支援も考えておく必要があります。また、子どもとの接触や連絡を禁止するなどの対応を事前に児童相談所と協議しておきます。共同治療者になり得る非加害保護者の場合は、面会の方法や時期、支援の方向性などをルール化して児童相談所から伝えてもらいます。

しかし、保護者の状況によっては強制引き取りや施設に連絡を取ってくる場合なども想定されます。そうした場合にどのように対応するのか等も職員間で共有しておく必要があります。

入所前検討ケース会議の情報共有の内容として以下のことが考えられます(表8-2)。

表8-2　入所前、入所時の情報共有

・子どもの状況
・虐待の有無
・当該家庭の経済状況、保護者の就労の状態
・子ども、保護者の病歴、通院や入院歴、服薬、アレルギー等の有無と内容
・虐待有りの場合、虐待を行う保護者の性格
・児童相談所に対して示した子ども・保護者の態度
・保護者、家族等についての対応上の留意点
・虐待を行う保護者以外の家族メンバーの性格と子どもとの関係
・虐待が継続されたメカニズム
・子どもの通学状況と保護者等の学校との関係
・子どもや家族の特徴を端的に表しているエピソード等
・家庭復帰の見通しと子どもへの説明の内容
・施設と児童相談所との役割の分担

2）初回ケース会議と定期的なケース会議の実施

子どもが施設に入所後は、定例的なケース会議を行います。一つの目安として、入所後おおむね1カ月から2カ月の観察期間を経て、受け入れ検討ケース会議の情報とのすり合わせや現状の情報交換をし、当面の支援方針を確認する初回ケース会議をします。これは子どもが施設生活への適応期が過ぎて、本来の姿が表現されるようになってくるからです。施設に入所して間もないと、職員との関係ができていなかったり、子ども自身の思いが整理されていなかったり、本当の意味での「子どもの意向」を汲み取ることが難しくなることもあります。観察期間をおくことで多くの職種・職員の目にとまる機会が十分に持たれ、理解の的確性が増すということもあります。個別面接や生活場面面接、集団の場面によって子どもの見せる表情が異なるのは自然なことで、場面ごとの違いも評価に生かしていく必要があります。児童養護施設では心理担当職員による面接を導入するか否かも検討の一つになると言えます。入所前検討ケース会議の情報との違いや経過観察の中で確認できた内容から課題の整理を行います。また、性的被害が疑われなかったケースでも、

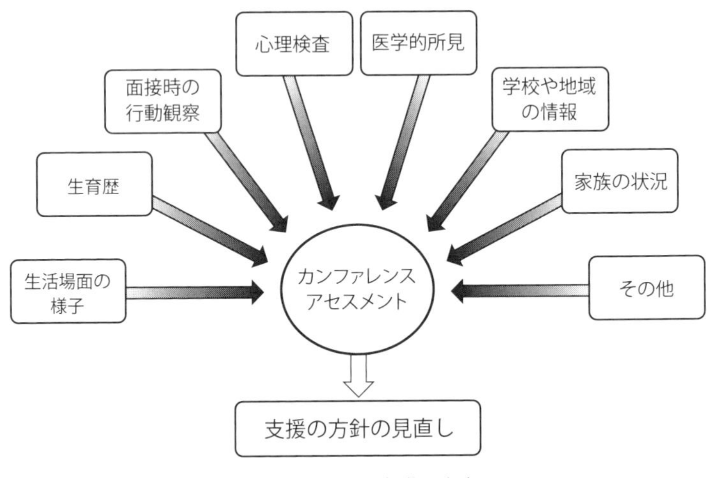

図8-2　ケース会議の内容

性的言動などが入所後に見られる場合もあります。こうした場合には再度生育歴や家族歴などの見直しをすることや、児童相談所に連絡を取り情報の提供と再調査を求めることになります。それとともに生活面や心理支援での注意点や重点観察事項などを検討し支援方針の見直しを行います（図8-2）。

3）定期的なカンファレンスとアセスメント

入所後、子どもの生活場面や心理治療の状況、学校での様子、投薬の効果など、多面的な情報を収集しケース会議を行います。

生活場面では、子ども個人の状況と職員や子どもとの関係についての情報を整理します。生活場面での子どもの情報としては表8-3「生活場面の様子」を参照してください。

また、個々の情報の他に、職員や子ども同士の対人関係、その反応から見る発達段階、身体面の健康状況などについても整理していきます（表8-4、8-5）。

その他に、施設での生活で子どもが日常的に見せる課題以外に生活場面では気がつきにくい情報もあります。例えば、職員の目を盗んでの非行や他の子どもへのいじめ、性的な逸脱行動などです。職員の目の届かない場所やプライベートスペースなどで、他の子どもを誘ったり連れ込んだりして性的な行為が行われる、同性同士で同じ寝具を共有する、登下校などの子どもだけ

表8-3　生活場面の様子

体格や姿勢・表情・髪型や服装・言葉遣い
食事（拒食・過食・偏食・食べ方等）
排泄（トイレの使い方・排便後の処理・夜尿・遺尿等）
睡眠（寝付き・眠りの深度・夜驚・悪夢等）
入浴（湯船の使い方・体の洗い方等）
身支度や身辺整理（着替え・持ち物の管理・忘れ物等）
清潔さへの配慮（歯磨き・入浴・洗髪・服装等）
生活のリズム（睡眠時間・排便のリズム・一日のリズム等）

表8-4　社会性と発達

発達レベル	衝動のコントロール、怖い場面・苦手な場面・混乱する場面の有無、痛みへの反応、遊びの内容　等
職員との関係	過度の甘え、要求の通らなかったときの反応、大人に助けを求められるか、大人を避けているか、注意をしたときの反応　等
子ども同士の関係	遊べるか、年長及び年少児への態度、ルールの共有ができるか、仲の良い友達はいるか、トラブルの解決方法　等

表8-5　身体の健康面や発育状況

身長・体重の変化
疾病の有無
体温・脈拍
姿勢、運動面（巧緻性、粗大運動等）
歯科等の医療受診の状況　等

で活動する時間帯といったことが考えられます。被害に遭った子どもや、当事者でない子どもからのからの訴えがなければ発覚しないことも考えられます。日常の生活の中で子どもの状態を丁寧にとらえる姿勢が求められます。また、心理治療場面は、閉鎖的な空間を大人と一対一で共有化しますので、子どもから性的発言や性的虐待（家庭内性暴力被害）の暴露がされやすくなります。

子どもは可塑性が高いため、定期的にアセスメントし、カンファレンスで支援の方針を修正していくことが大切になります。

4）退所検討会議

社会的な環境や子どもの状況により退所に向けた会議が設定されることになります。施設内で退所に向けた方針の合意がなされれば、児童相談所を交えた検討会議や関係機関ケース会議等を持つことになります。虐待ケースの場合は家庭復帰検討委員会にかける必要も出てきます。定期的な児童相談所との連絡会議で自立支援計画が検討されていますので、児童相談所は子どもの状況を把握していることになります。退所後の復帰先や時期、退所後のフォローをどこが行うのかといった具体的な検討を行うことになります。

2．記録を残すこと

児童福祉施設に入所する子どもの処遇は年々難しくなっています。児童相談所はもとより学校や医療機関、市町村など他機関との協働の必要性が以前に比べて高まるなか、子どもの現状やこれまでの支援の内容を関係機関に的確に伝える力が求められるようになっています。施設内で起きた性的問題や暴力問題など児童相談所だけでなく所管課に報告することも義務付けされるようになりました。また、入所後に性被害などの事実が子どもから暴露されたときなど、速やかに児童相談所や所管課に報告し対応することになります。その時は文書でまとめて事故報告として提出しなければなりません。また、処遇上で児童相談所とカンファレンスを実施する時もケース報告を文書化することが求められます。これが不十分だと施設での処遇や方針に誤解や齟齬が生じる場合もあり、関係機関の連携に水を差すことにもなりかねません。

生活記録や心理の記録、医療記録など、情報伝達のためだけでなく、記録を整理することで過去の経過を振り返ることが可能となります。例えば、ケース会議のために記録を整理することで、トラブルが続いている子どもでも、その内容が随分と変化していることに気づかされたりします。また、記録を書くことは、自らの対応を振り返ることになります。業務に紛れて対応がおざなりになったことや、子どもの関わりに巻き込まれ感情的になったことなどを客観的に見つめ直す機会になります。記録は日々のエピソードや対応を記録する生活記録や心理士の面接記録、医務の治療記録など職員の立場によってさまざまな記録が残されることになります。記録の取り方について

も検討しルールづくりをすることも必要になります。　（塩見守）

〈引用・参考文献〉

・厚生労働省（2014）『情緒障害児短期治療施設運営ハンドブック』
・増沢高（2009）『虐待を受けた子どもの回復と育ちを支える援助』福村出版
・岡本正子（2016）「性的虐待事案に係る児童とその保護者への支援の在り方に関する研究」平成26・27年度厚生労働科学研究費補助金［政策科学総合研究事業（政策科学推進研究事業）］総合研究報告書（研究代表者：岡本正子）
・八木修司／岡本正子編著（2012）『性的虐待を受けた子ども・性的問題行動を示す子どもへの支援―児童福祉施設における生活支援と心理・医療的ケア』明石書店

第9章 児童福祉施設における子どもの性の健全育成と性的問題行動を示す子どもへの支援

第1節 児童福祉施設における性に関する支援

現在、児童福祉施設では被虐待経験や発達障害を持つ子どもが増え、現場はさまざまな課題に直面しています。その一つが、子どもの性に関する問題です。特に性的問題行動に直面した若手の職員は対応がわからず、戸惑ってしまいます。経験を積んだ職員でも適切な知識がないと、適切に対応できない場合があります。例えば「性的な発言をしているけど、これって普通のこと？」、「何度注意しても止まらない」、「この子、施設を退所するけど、何もわかっていないようだけど大丈夫だろうか？」といったことから、重大なことでは「施設内で、性的な暴力が発生してしまった！　どうしたらよいかわからない!?」などです。

児童福祉施設で生活している子どもへの性に関する支援はなかなか難しいテーマです。まず必要なことは職員がしっかりと学ぶことです。しかし、「何から手をつけていいかわからない」、「変に教えることで、余計に刺激してしまうのでは？」などのさまざまな心配があります。大丈夫です、一つずつ丁寧に準備していけば、適切な支援につながっていきます。

この章では以下のことについて、ご説明いたします。

①児童福祉施設の子どもの性に関する課題

②児童福祉施設の子どもの性の健全育成

③性的問題行動を起こしてしまう子どもへの支援

まず、施設における子どもへの性の健全育成の支援について振り返ってみましょう。

チェックリスト～性の健全育成についての取り組みをチェック～
□ 性的言動については、日々の記録に項目を設けて記録している。
□ 子どもの性的言動は引き継ぎで、職員間で共有している。
□ 子どもと個別で性に関する聞き取りや話し合いをする時間を設けている。
□ 子どもの性に関する教育についての書籍を施設で購入している。
□ 職員が性に関する研修に参加している。
□ 施設に性に関する係や委員会が設置されている。
□ 性に関する支援の施設内マニュアルがある。
□ 職員間での性に関する勉強会を実施している。
□ 外部講師の研修やスーパーバイズを受けている。
□ 子どもに性教育を実施している。
□ 性的問題行動・暴力についての治療プログラム（個別・集団）を実施したことがある。
□ 地域の施設間で、性に関する勉強会や情報交換をしている。

これらのことは、全て実施しなければならないということではありません。大切なことは職員一人一人が性についての支援の必要性を意識して、施設全体で子どもたちの支援を行うことです。

性の健全育成を行い、子どもたちが適切に対人関係を営み、安心して暮らせるような支援が大切です。また、性の健全育成を行うことで、性的問題行動への予防的な支援にもなりますし、性的問題行動が発生した場合は速やかに、適切に対応・支援していくための準備にもなります。　　　（中村有生）

第2節

児童福祉施設における性の健全育成

1．児童福祉施設における性に関する支援の必要性

さて、なぜ児童福祉施設において性に関する支援が必要か考えてみましょう。現場の方からよく聞くことは、「性教育を行うことで、余計に興味をもたせてしまのでは？」という素朴な疑問です。

しかし、実際に現代の生活では、子どもはインターネット、スマートフォンなどで偏った性の情報に触れる機会がとても多くあります。このような状況にあるだけでも、きちんとした性に関する知識を大人が教えなければなりません。

また、児童福祉施設で暮らす子どもはさまざまな背景を持っています。施設に入所する前には、生活が安定していなかった子どもが多くいます。不安定な養育環境で育つことで性に関してもさまざまな課題を持つことがあります。自分の身体や性ついての感覚や知識、人との距離感が十分に育っていないことがあります。このような子どもには性の健全育成に関する支援が必要です。

2．性暴力被害を受けた子どもへの性の健全育成

性に関する不適切な環境で育った子どもや性暴力を受けた子どもは性に関する知識や自分を守ること、人間関係の適切な対処方法を身につけていないことがあります。このような子どもに対する支援のあり方は児童福祉施設の大きな課題です。また、仮に施設での生活では問題なく落ち着いて過ごしているように見えたとしても、その子が将来、パートナーを見つけ、交際したりする時に、不安や恐怖、自己嫌悪に苦しまず、極端な性的な認識や関係の持ち方をせずに、安定した関係を持てるようになって欲しいものです。性暴力は人生において長期的に影響を与えるため、その子どもが施設にいる間だけでなく、成人し、自立する時期までの見通しを持った支援が必要とされます。

3．児童福祉施設における性に関する支援の目的

さて、児童福祉施設で暮らす子ども、不適切な性に関する環境で育った子どもや性暴力を受けた子どもへの性に関する支援の必要性についてここまでご説明してきました。性に関する支援がとても大切なことであるとご理解いただけたと思います。

しかし、実際に性に関する支援は難しいテーマでもありますし、何から手をつけていいかわからない、どうしていいかわからないということもあります。ここで最初に大切なことを確認したいと思います。

“性に関する支援は、日常の生活支援の中にある”ということです。改めて、特に「性教育をしなければいけない！」、「中途半端にはできないからしっかりと準備をしないといけない！」と身構える必要はありません。性教育とは、“妊娠や出産、性行為についての正しい知識を子どもに身につけさせる”ことだけではありません。適切な性に関しての感覚や知識というのは、日常生活で育まれる自分の身体やバウンダリー（境界線）の感覚、人との距離についての感覚、自分を大切と感じられること、人への共感性や大切に思う気持ち、これらの上に成り立つものだからです。このような感覚は“教える”ことで身につくものではなく、児童福祉施設における日常的な生活支援において“育む”ものです。児童福祉施設における性に関する支援とは、

・安定した生活環境で、自信を持てる日課や活動、職員との信頼関係を通じて
・安心感、自尊心、他者との信頼関係を育み
・身体、性に関する適切な感覚を持ち、それらを改めて学ぶことで、自分や他者、性についての適切な知識・イメージを持ち
・自分を大切にして、適切な他者との関係を持ち、自立できるようになる

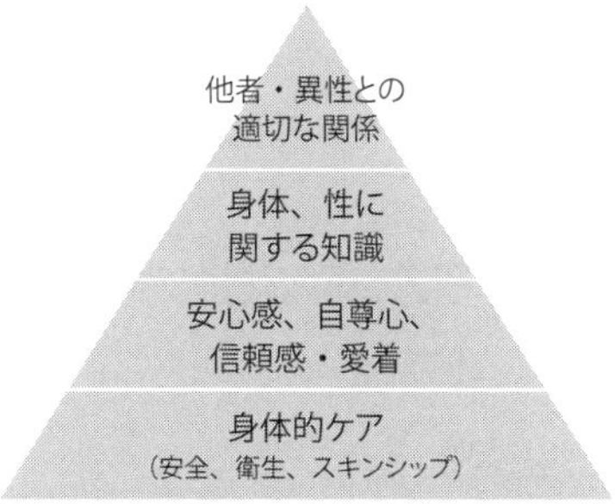

他者・異性との適切な関係
身体、性に関する知識
安心感、自尊心、信頼感・愛着
身体的ケア（安全、衛生、スキンシップ）

図9-1　“性教育”の段階

ということです。

4．児童福祉施設における性の健全育成に関する支援

（1）準備・導入～体制づくり～

1）準備

さて、性に関する支援といっても何から始めればよいのでしょうか。本を読めばよいのでしょうか、研修にいけばよいのでしょうか、そもそも誰がすればよいのでしょうか。早速、行き詰まってしまいそうです。

準備といっても色々とあります。一覧表（表9-1）をご覧ください。実際に施設で“性教育”を始めようとすると、さまざまな準備が必要となってきます。どれから始めればよいのか？　答えとしては、“始めやすいところから始める”です。一覧表の順番どおりでなくてもかまいません。担当や係りを決めることから始めてもよいですし、研修に行くことから始めてもよいですし、大切なことは施設全体での意識を作っていくことです。施設長や主幹が必要性を意識し、現場のスタッフに依頼することも必要ですし、現場のスタッフから声をあげて実践していくことも大切です。一つずつ取り組みを始めていき、継続していくことです。

表9-1　性教育の準備

準備段階	・担当の設置（職種、性別、経験年数のバランス） ・研修会の受講 ・他の施設の取り組みの見学、情報収集 ・施設内での勉強会 ・計画立案 ・教材の準備、練習 ・生活の中での性的言動の記録
実施 （導入段階）	・ニーズ・必要性・緊急性の高いところから ・低年齢児からの実施 ・実施しやすいところから

2）施設内の勉強会

お勧めの一つは、施設内での勉強会です。係りや担当でもよいですし、研修会に参加した職員が自分の学んだことを施設内の勉強会で発表してみま

しょう。あまり構える必要はありません。勉強になったこと、わからないこと、なんでも率直に報告すればよいと思います。そうすることで、他のスタッフからの質問や意見も活発に出ると思います。

3）職員間のオープンな話し合い

大切なことはスタッフ同士、率直な疑問や意見を交換することです。なぜなら性に関しては個人差があったあり、人前で話すことに抵抗があったりするからです。その際、スタッフは個人的な体験について話す必要はありません。大切なテーマは、「子どもにとって、何が大切か、何を学んでほしいか」ということです。この基本コンセプトさえ共有しておけば、話し合いも混乱することなく進められることと思います。

4）職員の正しい知識と心構え

性に関する知識を改めてしっかりと勉強してみると、意外と大人も正確な知識を知らないことに気づかされます。性の発達や身体のつくり、子どもの性的行動などです。児童福祉施設で勤めるからには、科学的な根拠にもとづいた性に関する知識は必要です。

（2）性に関する支援

児童福祉施設における性に関する支援のスタイルは、以下の3つになります。それぞれの関わり方についてみていきましょう。

表9-2　性教育の支援のあり方

設定	支援のあり方	取り扱う課題・テーマ
生活	具体的、即時対応	実生活の中で、実体験を通じて学ぶことができる。
グループ	グループという構成された中での学び	体系的な知識の伝達 他児の意見や認識に触れることで相対的に自分の知識や認識をとらえることができる
個別	個別の課題を丁寧に扱う	認知の歪み、傷つき体験、家族の課題 職員との信頼関係形成

1）生活の中での支援

生活支援においては、さまざまな場面で性に関する支援が行われています。

・バウンダリー（境界線）を育む

バウンダリー（境界線）という言葉をお聞きになったことがあるかと思います。人と人の距離感についての考え方の一つです。どこからどこまでが自分で、どこからどこまでが他人で、その自分の範囲、他人の範囲は大切にされるべきという考え方です。それは肉体的、物理的、精神的な自分のスペースのことを表します。このような感覚を丁寧に育むことで、“自分の身体”という感覚、“自分の身体も心も大切にされる”という感覚を育むことができます。

生活支援においては衣服やタオル、布団など、肌に触れるものが適切に用意されているでしょうか。職員との距離感やスキンシップなども大切な機会です。また、部屋や物の管理なども自分と人の距離感をしっかりとさせることとして大切なことです。居室やベッドが互いに行き来が自由、物の管理も貸し借り自由で、誰が誰のものかわからないような状況はよくありません。服装などの身だしなみということも含まれます。

・体調管理、衛生面、整理整頓

日々の子どもの体調への職員の気配り、寒暖の変化への配慮、体調不良時への丁寧なケアや付き添いなど生活支援の基本的なことが、大切にされている感覚、身体感覚やバウンダリーを育てます。

入浴場面や食事の前の手洗い、トイレなどの衛生面も大切です。身体を清潔に保つということは健康上だけではなく、心理的にも意味があることです。

自分の身体だけでなく、自分たちで使う場所もきれいにしておくということも大切です。施設のリビングや廊下、トイレやお風呂、庭なども不衛生でなく、整理整頓されて気持ちよく過ごせるでしょうか。壊れた家具や破れた掲示物はないでしょうか。自分たちの生活している場所を大切に扱うことは自分たちを大切に扱うことでもあります。

・プライベートゾーン・パーツ

プライベートゾーンについて子どもに学んでもらうには生活の中での支援が大切です。着替え、入浴時、トイレットトレーニングの場面での職員側の距離感、配慮、声のかけ方によって自然と育まれるものです。プライベートゾーンやパーツについては大切にすべき場所であり、安易に人にみせたり、触らせたりするものではないという感覚を持てるからこそ、人のプライベートゾーンやパーツに対しても同様の感覚が持てるようになります。

基本的にプライベートゾーンは水着で隠れるところを指しますが、当然ですが、プライベートゾーン・パーツだけでなく子どもの体、気持ちすべて大切であり、特に大切なところがプライベートゾーン・パーツであると教えましょう。

・性に関する情報への接触

性に関する情報は子どもの周りに溢れています。現在はスマートフォンでマンガを読んでいるだけで、広告としてのポルノの情報に自動的に触れてしまうこともあります。マンガの中にも性的な描写があります。子どもがどのような情報に触れているかを職員はできるかぎり把握するように努めましょう。また、そのような情報は偏りがあることを子どもとしっかりと話し合いましょう。子どもは極端で刺激的な情報に興味を惹かれがちです。

・性に関する興味・関心

恋愛や異性への興味は子どもにとって大きな関心ごとの一つです。思春期には男の子も女の子も性や恋愛を意識し始めます。それ自体は自然なことで、相手への思いやりや自分のあり方を見つめなおす機会でもあります。

恋愛や性行為についての認識については、現在は性行為の低年齢化などの社会的な問題もあります。職員としては子どもの率直な気持ちや認識を丁寧に聞きながら、しっかりと以下の基本的なことを伝えていきましょう。

・互いの平等な関係において信頼関係と思いやりに基づいて行われる
・相手の同意と拒否する権利を尊重すること
・単に自分の興味や欲求を満たすために行う行為ではない
・行為についての社会的、医療的な知識を年齢相応に持っていること
・起こりえる結果に対して社会的にも経済的にも責任が持てること

これらを生活場面の何気ない会話、個別のしっかりと話し合える時間に伝えていくことが大切です。当然のことですが、子どもと職員の間にこのように互いを尊重した、信頼関係ができていることが前提です。

2）性的暴力を受けた子どもの生活支援

性に関する不適切な環境で育った子ども、性的暴力を受けた子どもは自分の身体を大切にする感覚、そして人との距離感が混乱していることがあります。子どものペースを尊重しながら、自然で安心できる距離感を育みましょう。

普段の会話の立ち位置、テレビを一緒に見ている時の座り位置や距離感な

どの細かいことへの配慮が必要です。年齢が幼い子であれば自然と手をつないだり、抱擁を求めたりしてきますし、就寝時の寄り添いなど、どれも大切な機会です。

ただし、年齢・性別に配慮して、スキンシップは幼児年齢を除いて、同性が原則です。このような子どもとの距離感、スキンシップ、場面については職員間で共有し、オープンにしておかなければなりません。不適切なスキンシップはいけませんし、職員はよかれと思っていても子どもは不快に感じており、言葉にできないだけということもあり、大人に合わせないといけないと思い込んでしまっている場合もありえます。決して、安易に距離を詰めてはいけません。ゆっくり時間をかけて丁寧に、子どもも職員にとっても、お互いに安心できる距離感を育んでいってください。

また、反対に不適切な性に関する環境で育った子どもは距離感が近すぎたり、不適切なスキンシップをしたりすることがあります。そのような場合には距離感や、そのようなスキンシップが相手をどのような気持ちにさせるのか、適切なスキンシップはどのようなものかを丁寧に教えてあげてください。その時、子どもが「拒否された」と感じないように配慮してください。同時に、子どもにそのようなスキンシップはどこで知ったのか、誰かにされたことがあるのかを聴きとってください。そのような聴き取りから性暴力被害の事実が明らかになることがあります。

逆に過敏になりすぎるのもよくありません。「この子は性的暴力を受けたから、人との距離感を慎重にしなければ！」と腫れ物に触るような関わりはいけません。“ごく自然に”が基本です。ただ、その子どもの様子の丁寧な観察、職員同士での子どもについての印象の共有、何より子ども本人が自分や身体の感覚、人との距離感をどのように感じているかをしっかりと話を聴くことが大切です。どのような関わり方やスキンシップがよくて、不適切なのかを率直に話し合える環境が大切です。

3）個別での性教育

生活支援において子どもと職員が一対一でゆっくりと話す機会は、どの施設でも、どの職員でも行っていることかと思います。改めて子どもと話すと「そんな風に感じたり、考えたりしていたのか」と意外なことに気づくことも多いものです。また、職員の気持ちも、普段のやりとりではしっかりと伝えきれていないことを伝える機会でもあります。

さて、このような場面で性に関する話題も自然と出てくることがあります。思春期にも入り、第二次性徴による身体への変化が始まると、体や感じ方の変化に子どもは戸惑うことがあります。また、恋愛についても興味や関心が高まり、実際の交際なども始まります。一番大切なことは、子どもが抱いている思いを率直に話ができるような関係性です。そのためには子どもの気持ちを受け止め、尊重する姿勢が必要です。時に子どもは偏った知識や極端な考え方を持っていることもあります。それらを頭ごなしに否定してはいけません。なぜ、そのような知識をもっているのか、そのように考えるようにいたったのかを丁寧に聴いていきましょう。その際には、職員は子どもの育ちを想像しなければなりません。どのような環境で育ち、どのようなことを体験してきたのかを想像しなければ、子どもの気持ちを理解することはできません。そのように子どもの思いを理解したうえで、極端な思い込みや偏った知識を持つ子どもには、一般的な知識や職員の考え、その理由などを丁寧に伝えていきましょう。

特に性暴力を受けた子どもについては、丁寧なケアが必要です。自分が受けた性暴力について、性に関する認識の歪み、不安や恐怖、将来についての不安などは自分から語ることは難しいものです。子どもが何も話さないからといって、何も感じていないということではありません。詳しくは、第6章で述べられていますので、ご参照ください。

4）グループ学習での性教育

学集会形式のグループ学習もとても有効です。子どもに性に関する体系的な知識をまとまって学んでもらえるよい機会です。子どもがふざけてしまい、悪影響があるのではという心配もあるかと思いますが、しっかりとした準備をして取り組めば大丈夫です。

グループの最低限の約束としては、

・発言は手を挙げてする
・人の発言を批判したり、ばかにしたりしない。人の嫌がる発言をしない
・グループ学習で知った他の子の情報は、他言しない

・子どもも職員も言いたくないことは言わなくてよい
ということが、しっかりと守られる雰囲気づくりができれば大丈夫です。

グループ学習の基本的なポイントは３つです。
・子どもに率直に語ってもらう
・子ども間、子どもと職員との間で意見交換ができる
・自分の性に関する感覚や認識を客観視できるようになり、正確な知識を身につける

“子どもに正確な知識を身につけてもらわなければ”と職員の肩に力が入りすぎてもよくありません。子どもに適切な知識をもってもらうことも大切ですが、子どもが自分の知識や感覚を、自分で見直して、自分で考える力を育てることが大切です。

そのためには子どもが性に関してどのような知識やイメージがあるのかを語ってもらうことから始まります。心配や悩み、おもしろ半分の知識など、どんなことでも大丈夫です。男子のグループでも、女子のグループでも性器の呼称などが話題としてあがると、恥ずかしがったり、ふざけたりする子がいます。そのようなときはどうすればよいのでしょうか。手を上げて発言するという約束をしっかり守ってもらい、子どもが発言すれば、なぜそのように思うのか、その考え方を人がどう感じると思うのかを、まじめに聞きなおしてみましょう。決して叱ったりする必要はありません。

〈グループ学習の実践例〉

筆者の勤める施設でのグループ形式の性教育の実践例を少しご紹介させていただきます。

・グループ分け：小学生の男子・女子、中学生の男子・女子
・各グループの人数：６～７人
・回数：各グループ、年３・４回
・スタッフの人数：生活支援員２名、心理職１名
・時間：30分～50分、放課後
・内容例：中学生男子に行った内容

第１回	オリエンテーション：性とは？
第２回	法律と性暴力：社会のルールと真の同意について
第３回	プライベートゾーン：バウンダリー、適切なコミュニケーションの取り方について
第４回	正しい性的知識：男女の２次性徴、ポルノ、マスターベーション、性感染症などについて
第５回	思考の誤りと正しい感情の表現方法：過去の間違ったことについて、適切な感情表現について

内容例は、ある年度の実施例です。この年は、中学生男子に不適切な性的な発言などが見られたので、性暴力について内容を盛り込みました。最初はふざけたりする子どももいましたが、回を重ねるうちに子どもたちも積極的に取り組み、自分の知らない知識に耳を傾け、疑問に思っていることも話してくれるようになりました。内容は少し盛りだくさんでしたが、グループ学習会だけで丁寧に伝えられないこともあります。そのような時は生活や個別でのフォローが大切です。

しかし、性教育を続けていくにはさまざまな課題があります。人員の配置や経験を積んだ職員の異動、他の行事や日課との調整などです。性教育は継続性が大切ですので、実施していくためには施設全体で取り組んでいく意識が必要です。

（3）性についての学び

性についての学びということで、子どもにどのようことを学んでもらえばよいのでしょうか。基本的な内容としては表をご覧ください。

職員はグループ形式の学習会を行う場合は毎回テーマをしっかりと設定する必要があります。職員は性に関する知識を勉強しなければなりませんが、医療的なことも含めて完璧にというわけにはいけません。職員はわかっていないことを理解しておくことも大事です。そして、子どもに質問されたときに、わからないことは「わからない」と率直に伝えて、次回までに調べておくという風に伝えてあげればよいと思います。大切なことは子どもたちの疑

表9-3　性教育の内容

	身体面のケア	自尊心、信頼関係、安心	身体・性に関する知識	他者・異性との適切な関係
乳幼児	身体の清潔、衛生 排泄、入浴 衣服	親との関係 基本的信頼感 自己コントロール	体の部位、つくり プライベートゾーン・パーツ	遊び方、断り方 良いタッチ、悪いタッチ 暴力、暴言 親切な行為
小学校低学年（児童期前期）	身だしなみ 衣服、物の管理	自律性	男女の身体の共通点、違う点	自己主張と他者の理解
小学校高学年（児童期後期）	体調の自覚、管理	性意識 コンプレックス	第２次性徴（精通、月経） 生殖（性交、妊娠、出産 性的興味・関心	協力関係
中学生（思春期）	精通 月経の処置	集団での役割 他者からの評価	性衝動 自慰行為のマナー 性と法律	異性関係のマナー 性自認・指向 ジェンダー
高校生（青年期前期）	身の回りの衣食住の管理 医療的知識	社会的役割、責任 将来の展望	性行為 避妊 性感染症	共生 結婚、家族

問に丁寧に向き合う姿勢です。

単に身体や性に関する知識を身につけてもらうことが目的ではありません。大切にされている信頼感と自尊心を基本として、身体のケアや他者を大切にするという感覚と、そのための必要な知識を身につけていくことが目的です。性教育とは、決して性に関することだけではなく、人として生きていくために必要な知識と心を育てることです。

詳細は参考になる図書が多く出版されています。『イラスト版　10歳からの性教育―子どもとマスターする51の性のしくみと命のだいじ』（高柳2008）は、具体的な知識がわかりやすく、イラスト付きで説明されています。そのまま子どもに見せて、一緒に勉強することができます。　　（中村有生）

第3節

性的問題行動を示す子どもへの支援

1．性的問題行動とは

（1）児童福祉施設でみられる性的問題行動

1）性的問題行動の内容・定義

性的問題行動について、八木が以下のように整理しています（八木・岡本 2012）。

①発達的に期待されるより頻度が多い
②発達的に期待されるより持続期間が長い
③その結果、通常の活動を妨げている
④一般的な養育者による介入方略によって行動が減少しない
⑤年齢や発達段階が大きく異なる子どもとの間でなされる
⑥強制力や暴力を用いて相手の子どもや他の人を傷つけ不安や恐怖をもたらす

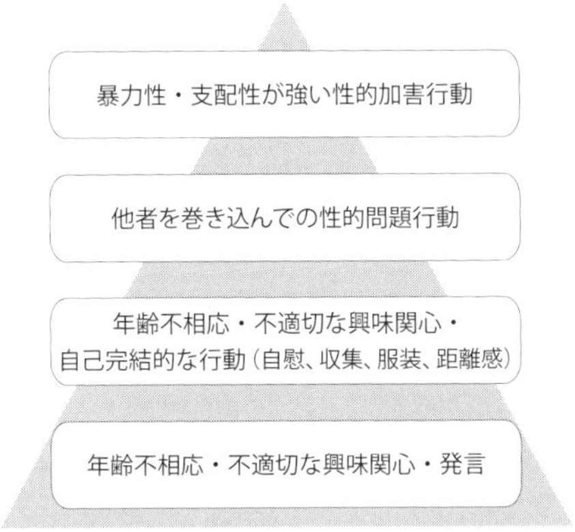

暴力性・支配性が強い性的加害行動
他者を巻き込んでの性的問題行動
年齢不相応・不適切な興味関心・
自己完結的な行動（自慰、収集、服装、距離感）
年齢不相応・不適切な興味関心・発言

図9-2　児童福祉施設で見られる性的逸脱行動

例えば、小学生低学年の男の子が人前でも、男性性器についておもしろがって話すことがあっても、それ自体は一般的にも見られることです。そのような行動を大人がたしなめることで、収まり、次第に減少していくものです。しかし、そのように対処しても、言動が収まらず、逆にエスカレートしていき、他の性的行動に移行したり、逆に潜伏したりしていく、このような場合は不適切な性的な行動ということになります。もちろん性行為の強要や人前での自慰行為など明らかに不適切であるものもありますが、単発の言動だけでは「問題」と言えるかの判断が難しいため、経過を見ながら判断していかなければなりません。気をつけておかなければならないのは、明らかな性的問題行動、性暴力行為はある日、突然に起こるのではなく徐々にエスカレートしていくということです（図9-2）。早い段階での気づきと、支援が大切です。

このような性的行動を理解するには、その行動だけでなく背景をしっかりと理解する必要があります。

〈児童福祉施設でみられる性的問題行動、性的暴力〉

・性器を見せる、見せさせる
・性的な発言、表現（絵を描く等）を繰り返す
・露出の多い服装、身体的な距離感の近さ、不適切な身体接触
・性器を触る、触らせる、舐める、舐めさせる
・他の児童への性的行為を強要する
・過剰、不適切な場面での自慰行為
・自慰行為を手伝わせる、自慰行為の強要
・性器の挿入、性行為の強要
・衣服、下着を盗る
・施設内外での異性関係の問題、デートDV

2）性的問題行動に関係する子ども

これらの性的問題行動は、性別においては男女間、男子間、女子間でも起こりえます。また、年齢では、同世代間、年齢の上下間でも起こりえます。高校生が幼児にするような場合もありえます。施設に入所している子ども同士、施設に入所している子どもと地域の子どもの間ということもありえます。

また、一対一の場合もありますし、一人の子どもが複数の子どもにする場合、複数の子どもがお互いにしている場合、複数の子どもが一人の子どもにしている場合などさまざまな場合があります。

生活環境を共にしていることから、性的問題行動が子どもの間で伝播していくことがあります。居室、浴室、トイレなどを共有していることの危険性があります。そして、職員の目の届かないところで広がっていくことをよく知っておかなければなりません。

3）児童福祉施設で見られる性的問題行動の性質

児童福祉施設で起こる性的問題行動の性質は複雑です。これらは子どもの表面的な発言や行動を見ているだけではわかりにくいものです。普段の子どもの様子や課題をしっかりと見極め、性的問題行動の詳細や心理状態、子ども同士の関係性を見極めていかなければなりません。

・暴力性が高い場合：一方的に性的行為を強要する場合です。相手の子どもはその行為を望んでいません。しかし、拒否の態度を示しても、暴力、脅迫を伴い、抵抗できない場合もあります。また、恐怖や力関係から拒否の態度を示せない場合もあります。相手の子どもが嫌がり、傷つく行為だと加害側の子どもが認識している、していないということは関係がありません。性的な行為による快感を一方的に満たすためであったり、相手を傷つけたり、支配することによる満足感を得るための行為でもあります。

・お互いに“一見、同意している”場合：一人の子どもが性的な行為を提案し、相手の子どもも了承しているように見える場合もあります。相手の子どもも性的行為に興味を持つ場合や最初は嫌がっていたが、次第に快感を覚え、同意してしまう場合もあります。同意してしまった子どもにも背景には愛着や身体ケア、対人関係の課題がありえます。このような場合も、巻き込まれた子どもの体と心の安全と安心、性に関する自主性を損なうという意味で、性暴力であると認識しなければなりません。

・被害を受けた子どもが加害者側に回る場合：性暴力被害を受けた子どもが、加害者側になってしまうこともあります。これは性暴力を受けたことによる傷つきや不安、怒りなどを別の子どもに向けての性暴力によって解消するようになってしまうためです。または、性被害による誤学習によって対人関係やコミュニケーション、身体感覚に偏りを持ってしまったからです。

・性的虐待（家庭内性暴力被害）による性的行為の誤学習：性的虐待（家庭内性暴力被害）を受けた子どもは、性的な行為が他者の好意を引き出したり、自分の安全を守ったりする行為であると誤学習してしまっている場合があります。そのような心理的な課題を抱えていると他児の性的な行為を誘発してしまうことがあります。

実際の性的問題行動はこれらの性質が複雑に絡み合っており、単純に一つによるものだとは言えません。しかし、子どもの状態、関係性を丁寧に整理して、適切にアセスメントすることが、治療教育や再発防止のための子どもの本質的な課題の改善につながっていきます。

（2）性的問題行動の背景や心理的課題

それでは性的問題行動を示す子どもにはどのような背景があるのでしょうか。実際にはさまざまな要因が複雑に絡み合っていますが、大きく分けると以下の３つになります。

・適切なケアを受けられず、身体感覚や対人関係の持ち方、愛着の課題が背景にあり、性的関心の高まりとともに、性的行動を不適切な形で学んでしまっている。
・家庭や地域または施設の中での不適切な性的かかわりや性暴力被害による、性的行動の誤学習やトラウマによる性的行動化の表れ。
・心理的な不安や攻撃的な衝動があり、そのような不安やストレスを解消する不適切な方法としての性的問題行動を示してしまう。また、性的問題行動・性暴力という形での対人面への暴力性、支配性の表れ。

このような背景の理解は、子どもの性的問題行動に対する支援には必要不可欠です。性的問題行動や性暴力の解消を目的として、その行為だけに焦点を当てても本質的な解決にはなりません。子どもの全体的な課題が、一つの表れ方として性的問題行動に出ているのです。

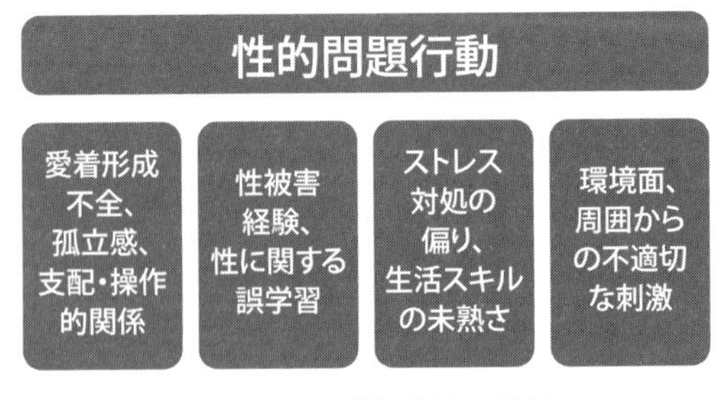

図9-3　性的問題行動の背景

（3）施設生活における原因、集団生活、力関係

1）集団生活の影響

児童福祉施設における性的問題行動の一つのリスクとして、集団生活という点があります。集団生活とは、子どもが対人関係を学び、共に暮らす人たちとの安心感や信頼感を育み、居場所として、子どもの心の安定と成長にとって、とても大切なものです。

しかし、性的なケアという観点で見ると、一般家庭に比べると特殊な環境であることも否めません。大舎制の施設においては、お風呂やトイレを複数の子どもで同時に利用する場合があり、居室や物の管理などバウンダリーが曖昧になりえる環境でもあります。このような施設の特殊性を職員が自覚して、施設の特徴を把握して、目の行き届かない場所や時間帯、子どもだけで過ごすような場所への目配りが必要です。

これらのリスクは小規模化やグループホームの形態をとる施設が増えている中で、ハード面で解消されてきています。お風呂やトイレも一人ずつ利用することができるようになっていますし、個室が用意される施設も増えてきています。

2）子どもの関係性

子どもたちの関係性にも気をつけましょう。集団生活では年上の子どもや対人関係で優位に立つ子どもが出てくる場合があります。良い意味で他の子どもたちの見本になり、率先して行動してくれることもあり、子どものお互いの成長にとって良い影響も多くあります。

しかし、立場が上の子どもが性的な課題を抱えていると、年下や立場の弱い子どもへ性的問題行動をしてしまう場合があります。また、問題が表面化しにくく、被害を受けている子どもも打ち明けにくい場合があります。一方の子どもがおびえており、言うことを聞いてばかりいる時は、子どもに何か嫌なことをされていないかよく聴かなければなりません。

（4）性的問題行動・性暴力の発見時の対応

施設内での性的問題行動・性暴力が最初に発覚したときの対応は難しいものです。被害を受けた子どもの報告で発覚することや、職員が性暴力行為の

場面に直面することがあるかもしれません。また、何らかの性的な言動をしている子どもに聴き取りを行うことで発覚することもあるかもしれません。

〈初期対応：安全の確保と事実確認〉

○現場での初期対応

・まず、落ち着くことが大切です。子どもからの報告でも、性暴力の場面に直面した場合も職員は冷静に対応することは難しく、混乱したり、感情的に反応したりしそうなりますが、冷静な対応が求められます。

・先輩、管理職にすぐに報告し、対応の指示をもらいましょう。

・関係している子どもの安全確保のためにも、当面の生活場所の分離が必要です。

○事実確認

・職員で分担して聴き取りを行う。職員間で相談し、聴き取りの役割分担をしましょう。

・子どもを責めたり、叱ったりする姿勢では聞かないようにしましょう。

・最初は状況、行為、発言などの客観的な事実について聴き取りを行います。関係児童、行為の内容、回数、始まった時期・経過、発言などです。

・加害－被害が明確な場合もありますが、不明確な場合もあります。職員は決め付けて聞いてはいけません。また、職員から状況や行為を提示してしまい、誘導的な聞き取りをしてもいけません。一方の子どもに、「○○くんに、"性器を触って"と言われたの？」のように思い込みで聞いてはいけません。

・児童相談所にはできるだけ早く報告を入れましょう。状況が発覚した時点で一度報告を入れて、児童相談所の協力や判断をもらいましょう。

〈中期的対応：関係児童のケアと再発防止の取り組みのための設定〉

○児童相談所との協議

初期の事実確認を行い、性的問題行動・性暴力の事実がある程度明確になり次第、できるだけ早く児童相談所には連絡をいれます。その際、聴き取った内容はできるだけ詳細に、子どもが話した内容、職員が質問した内容や聞き方も記録にまとめて提出しましょう。

○安全の確保と児童相談所・関係機関との連携

子どもの安全の確保のために、性的問題行動・性暴力の内容や程度、関係児童の詳細の確認は児童相談所に一時保護してもらい、保護所で行ってもらう場合もあります。関係している児童の安全と安心感の回復が必要です。

性暴力の内容によっては医療受診が必要な場合もあります。身体のケガ、性器の挿入の有無、性感染症、妊娠の有無などを確認しなければならい状況もあります。また、性暴力の問題が大きい場合は、警察と連携する可能性もあります。これらの問題は重大な問題であり児童相談所と連携しながら、関係児童の保護者への説明と保護者の意向の確認を慎重に進めなければなりません。

○安定した生活の回復と長期的な再発防止の取り組みのための処遇

施設と児童相談所で十分に協議し、性暴力の程度や被害児童の安全と心理ケアの観点、加害児童の治療教育上、同施設での処遇が不適切であると児童相談所が判断した場合は措置変更ということもありえます。基本的には加害児童と被害児童は分離することが原則です。

○被害を受けた子どものケア

被害を受けた子どものケアは最優先に行われなければいけません。加害児童との分離、安全の確保、身体的ケア、心理的ケアを丁寧に行っていかなければなりません。子どもの恐怖や不安に十分に配慮しながら、丁寧な説明と、子どもの意向のしっかりとした確認が必要です。

性的虐待（家庭内性暴力被害）を受けた経験がある子どもの場合、状況はさらに深刻です。本来、安全である施設の生活において再び性暴力を受けるということはあってはいけません。施設として安全を守れなかったことを子どもに謝り、その後の生活の安全やケアを十分に行うことをしっかりと説明しなければなりません。

性暴力を受けた子どもへの生活ケア、心理ケア、性被害に関するケアは各章を参考にしてください。ただし、施設内という本来安全であるべき場所で性暴力を受けて、その後の生活も送っていく場所であるということは、より慎重で丁寧なケアが求められます。

2．性的問題行動を示す子どもへの支援

（1）支援の基本

性的問題行動を示す子どもへの施設における支援の基本的な目標は以下の通りです。

・適切な生活ケア、心理ケアにおいての安心感、自信、信頼感を育む
・適切な対人スキル、ストレス対処スキルを身につける。
・不適切な性的認知、行動パターンの理解とコントロールのスキルと習慣を身につける。
・これらが行える設定、サポートを継続的に整える。

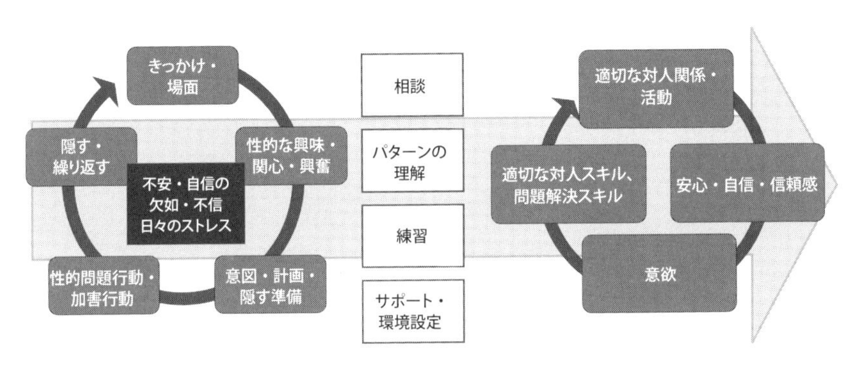

図9-4　性的問題行動を示す子どもへの支援

1）性的問題行動・性暴力の問題性の理解

不適切な環境で育ち、対人関係や性に関して適切な感覚や知識が育っていない子どもは、自分の対人関係や性に関する認識や行動について違和感がないことがあります。なんらかの性的言動をしても、そのような行為が職員に知られると注意されたり、怒られたりすることだとは一応は知っていますが、違和感や不快感はなく、他者を傷つける行為だという実感が乏しい場合があります。

性的問題行動を示す子どもに対して、知識として性的問題行動や加害行為の社会的、生物学的・医療的な問題や危険性をしっかりと伝えましょう。性

に関する一般的な知識や感覚、司法的な基準や犯罪行為であること、衛生面や性感染症、妊娠等の危険性などです。さまざまな観点から「あなたのしている性的な行為は不適切で人を傷つける行為です」と教えることは必要です。しかし、不適切な感覚を身につけて育った子どもが実感を持って理解するかはなかなか難しいところです。だからこそ、児童福祉施設においては日常生活での人との距離感、安心できる感覚、人への共感性を育みながら、不適切な性に関する認識や感覚を減少させていくことが重要です。

2）性に関する認識、性暴力被害体験についての整理

児童福祉施設に入所している子どもは適切な身体的なケアや対人関係の距離感を育まれていない場合があります。また、性的虐待（家庭内性暴力被害)、地域での性暴力被害、施設の他の子どもからの性暴力を受けた経験のある子どももいます。このような子どもの性に関する経験や認識を丁寧に聴き取らなければいけません。

子どもは日常生活において不安やストレスを感じていたとしても、解離が起きているとその不安やストレスを自覚していない場合があります。そのような不安やストレスを打ち消す行為として性的問題行動を行う場合もあります。また不適切な性的な情報や行為にさらされて育った場合は、性的な行為への違和感や不快感が乏しいこともあります。

このような子どもの不適切な性に関する経験をしっかりと整理し、子どもが自分の性に関する認識や感覚、パターンを理解して行動をコントロールできるようになることが性的問題行動を防ぐために大切です。

3）性の逸脱行動のパターンの理解、対処方法の理解と練習

性的問題行動が起こるパターンを整理すると以下のようになります。

・状況、きっかけ
・状況、きっかけに応じて起きる情動や感情、性的な興味・興奮
・感情や興奮を受けての意図や計画、見通し
・実際の性的問題行動・性暴力
・性的問題行動、性暴力を隠す、繰り返す

性的問題行動を示す子どもに、「なぜ、そのような行動をしてしまったの？」と聞いても、子どもからは「わからない」「頭が真っ白だった」「何も

考えていなかった」などの返事が返ってくることがよくあります。

このような子どもに聴き取りながら、パターンを整理していかなければなりません。子どもは自分の置かれている状況、感情や考え、行動の傾向などを自分で理解して説明することは難しいです。性的問題行動を示した子どもと一緒に丁寧に状況やその場面での気持ちや考えなど振り返りながら整理していき、子どもが自分のパターンに気づいていけるように支援することが必要です。次に具体的な事例を通して、支援の実際を見てみましょう。

〈性的問題行動がみられた小学校低学年男子のケース（モデルケース）〉

小学校低学年の男の子のＥくんは性的な興味が強く、性的な発言も日常的にみられました。施設に入所する前も、布団に性器をこすりつける行為がとまらないということもありました。

Ｅくんが、みんなで過ごすディルームで、同年代の男の子Ｆくんとテレビを見ていると、水着姿の女性がＣＭで映りました。そのことをきっかけに性的な発言で盛り上がってしまい、Ｆくんのズボンをずらして、性器を触りあうということがありました。

Ｆくんの職員への訴えから発覚し、職員がＥくんに聞き取りを行いました。最初はなかなか認められませんでしたが、性的な行為の危険性や職員が心配している気持ちを伝えると、認めることができました。しかし、Ｅくんは性的な行為をした理由は「なんとなく」「おもしろかったから」という程度しか答えられず、性的な行為についても「気持ちよかった」と話しました。以前に性器を触ったり、触られたりするようなことがあるか聞いても、「保育園のときに、友達にズボンの上から触られたことがある」というくらいしか本人からは語られません。養育者から身体的虐待や心理的虐待を受けており、連絡もつきにくい状況の家庭だったので、養育者にＥくんの性に関する情報の確認が難しい状況でした。

そこでＥくんと職員で、性的な言動のパターンを整理していきました。

〈性的問題行動の整理〉

状況・きっかけ：テレビやマンガの性的なシーンを見た時、入浴時の脱衣場等で性的発言がよく見られる。

情動や感情：テンションがあがって、おもしろくなってしまう。

意図：性器を触ったり、触られたりすると気持ち良いと思ってしまい、行動に移そうとする。

行動：性器を触ったり、触らせたりしようとする。職員に知られても怒られると思って嘘をついてしまう。

〈対処方法の整理〉

このような流れをＥくんと整理して、それぞれの段階での対処方法も考えていきました。性的問題行動をしてしまったＦくんとは二人だけにならないように、お互いの居室への入室はやめること、ディルームでも二人だけでは遊ばないことを確認しました。そして、性的な発言からしっかりと直していくこととしました。性的な関心が高まり、性的な会話から行動に移るというパターンがあったからです。この段階でのしっかりとした意識付けが必要です。

〈被害児童との関係〉

Ｅくんは一定期間生活空間を分けていたＦくんにもしっかりと謝り、性的な言動を直すための方法や設定についてＦくんにも説明しました。もしＥくんがＦくんに性的な発言をしてしまったら、Ｆくんは「やめて」と言って欲しいことを職員とＥくんから一緒にお願いして、Ｆくんも納得して了承してくれました。このように環境面のサポートを整えました。

〈日常的な課題とのつながり〉

また、性的な刺激に触れたときに関心が高まり、興奮状態になったときは一旦自室に戻り、折り紙やお絵かきをすることを約束しました。これは、普段の生活の中での対人トラブルなどが起きた際にも居室に戻って、クールダウンする練習もしていたので、それに結び付けて練習しました。

〈生活における実践的な取り組み〉

しかし、最初は自分で行動に移すことはできませんでした。何かのきっかけで性的な関心が高まり、性的な発言がみられた時の職員からの注意と促しで、自分の発言に気づいて、収められ、部屋に戻って一人で遊んで気持ちを落ち着けることが徐々にできるようになりました。性的な興奮状態になった初期の段階での対処策について職員と一緒に取り組みました。

〈意識づけの継続性〉

このような一連の性的な言動のパターンや対処策は、職員とＥくんで一緒に紙に書いて整理して、完成したものは画用紙に清書して、居室の見える場所に貼ることにしました。また、日々の振り返りノートにも記載しておき、繰り返し確認できるようにしました。

性的な行為の危険性や周囲の人の気持ちなどを職員からＥくんに伝えることで、Ｅくんも「直したい」と言えるようになり、性的な言動をなおすために主体的に取り組みました。ただ、性器を触りあったりすることについては違和感や不快感がある様子は見られませんでした。

〈レジリエンスへの支援〉

Ｅくん自身は友達と仲良く遊びたいという気持ちを持っていました。そこで、性的な逸脱行動をしていることで友達が減ることを確認して、友達と一緒に楽しく遊べる方法も一緒に考えました。また、Ｅくんに職員への要望を聞いてみると、「性的な発言をしたときは注意して欲しい」ということと「職員と二人で遊びたい」ということだったので、職員と二人で遊べる時間を設定しました。適切なスキンシップやよいタッチなどを教え、おんぶや抱っこをしてよい場面を教えました。その結果、以前よりＥくんは素直に職員に甘えが出せるようになりました。それまでも職員もＥくんに個別的な関わりを行っていましたが、Ｅくんにとっては不十分だったのだと普段の支援のあり方を見直しました。

このように性的問題行動のパターンをそれぞれの段階で軌道修正する対処策と設定を相談し、繰り返し練習すること、また適切な対人関係のとり方を整理して、うまく実践していける方法を取り入れ、自信と信頼感を育む支援が必要です。

4）継続的な支援

性的問題行動を示す子どもへの支援は継続的な関わりが必要です。性的問題行動は暴力の問題と同じで、一度、対処方法を教えたからといってすぐに収まるものではありません。なぜなら、それまでの育ちの中で積み重なった問題の表れ方が性的問題行動だからです。もちろん子どもの状況や性的問題行動の性質によっても異なりますが、子どもや職員が意識的に努力や工夫をして、同じ失敗をしないための取り組みを継続し、生活上の全般的な改善によって収まっていくものです。決して、一定期間の性教育やプログラムだけでは収まらない問題です。

（2）性的問題行動、性的加害行動に関するプログラム

現在、日本において性的問題行動や性暴力を示す子どもへの支援のプログラムとしては、大きく二つあります。一つは、性暴力を起こす不適切な認知や行動パターンを整理して、自分自身でしっかりとコントロールしていけるようになることを目標とした、認知行動療法を基本としたプログラムです。これは『性暴力の理解と治療教育』（藤岡 2006）に代表されます。もう一つは、性暴力を示す子どもは何らかの心理的な不全感があり、そのような不全感を解消するために適切な自己モデルを実現できるようなスキルを学び、自信と信頼感を身につけることで性暴力をしない、よい生き方を身につけていくグッドライフ・モデルがあります。これは『性加害行動のある少年少女のためのグッドライフ・モデル』（プリント 2015）にまとめられています。

児童福祉施設において性的問題行動や性暴力を示す子どもへの支援について、どちらもとても有効なモデルを示してくれています。施設内の性暴力についてお悩みの方はぜひご一読ください。このようなプログラムを個別の設定や面接で行うことは施設の中だけでは難しい場合は、児童相談所と連携して実践していくことも有効です。そしてどちらのプログラムも、実生活の中の取り込み、日常生活での適切な認知や行動、対人関係の持ち方をトレーニングしていくことで、より効果をあげることができます。

（3）職員の支援体制

性的問題行動を示す子どもが主体的に行動を改め、適切な対人関係や活動に取り組める力を育めるような職員の関わりが大切です。そのためにはさまざまな設定が必要です。

- ・子どもの見守りができる人員の配置
- ・日課の工夫
- ・目が届きにくい時間帯や場所の把握と補う工夫
- ・子どもと一緒に過ごし、子どもの良いところを伸ばす関わり
- ・不適切な性的な言動が起こりえる場面での早めの介入
- ・適切な支援方法を職員で学び、共に検討できる体制

などが必要となってきます。決して、性的問題行動を示す子どもの担当の職員が一人で取り組むことではありませんし、一人でできることでもありません。施設全体が共通認識を持って、協力しながら支援にあたらなければなりません。これらは具体的には第3章に詳しく書かれていますので、ご覧ください。

3．保護者との協力

（1）保護者の心理的なフォロー

施設の生活の中で性的問題行動を起した場合、当然、保護者も驚きます。「なぜ、そんなことをしたんだろう」「他の子どもからの影響だろうか」「施設に入れたのがいけなかったのだろうか」などの不安です。また、子どもに対して怒りを向ける場合もあります。時には、残念なことではありますが無関心な反応を示すこともあります。反応は保護者によってさまざまです。

まずは保護者の気持ちを丁寧に受け止める必要があります。確認できている状況、まだ不明な点などを説明していく必要があります。なにより、性的問題行動をした子どもを守り、行動の改善に向けて支援をしていく施設の姿勢を示す必要があります。もし、子どもを見守るための施設の体制に不備があったような場合は率直に謝罪することも必要です。同時、施設でできる範囲で見守っていたとしても限界もありえることを理解してもらえるように丁

寧に説明することも大切です。

（2）見立てや支援方針の丁寧な説明

保護者が知りたいことの一つは「なぜ、そのようなことをしてしまったのか？」ということです。これは施設側としても丁寧に説明しなければなりません。

この説明を保護者にわかりやすく行うためには、子どもについてのアセスメントがしっかりできていなければなりません。単に「子どもが“していいこと”“わるいこと”がわかっていなかったから」という問題ではありません。

子どもの愛着の問題、状況を理解する力、暴力的・支配的な対人関係の課題、衝動性のコントロール、性的問題行動の背景の問題などを総合的にアセスメントして、要点をしぼって、保護者に理解してもらえるように説明しなければなりません。

背景に子どもの愛着や生育歴上の問題がある場合は、保護者と子どもの関係を見直していく必要もあります。保護者にも問題意識や主体的な姿勢を持ってもらうことが望ましいです。このように課題を整理して、支援や再発防止のための取り組みを施設としてどのようにしていくのかをしっかりと説明して、保護者の安心と協力が得られることが大切です。

（3）保護者の役割

保護者が状況を理解して、やるべきことを理解した上で子どもに関わってもらうことは、子どもの支えにとってとても大きな意味があります。

子どもに愛着の問題や対人関係の問題がある場合は、保護者の関わり方が改善することで、子どもの状態も安定し、適切な対人関係のとり方にもつながります。また、家庭内での性に関しての認識や雰囲気なども保護者が問題だと気づき、改めてくれることは子どもの認識や感覚の改善に大きな役割を果たします。

児童福祉施設にとって、子どもの保護者と協力関係を築くことはとても大切なことですが、同時に難しいテーマでもあります。基本的な関係のとり方は第5章をご覧下さい。

（中村有生）

〈引用・参考文献〉

・藤森和美／野坂祐子編（2013）『子どもへの性暴力―その理解と支援』誠信書房
・藤岡淳子（2006）『性暴力の理解と治療教育』誠信書房
・野坂祐子／浅野恭子（2016）『My Step　性被害を受けた子どもと支援者のための心理教育』誠信書房
・太田敬志／木全和巳／中井良次／鎧塚理恵／“人間と性”教育研究協議会児童養護施設サークル編（2005）『子どもたちと育みあうセクシュアリティ―児童養護施設での性と生の支援実践』クリエイツかもがわ
・岡本正子／八木修司ほか（2011）「性的虐待を受けた子どもへのケア・ガイドライン」厚生労働科学研究費補助金（政策科学総合研究事業）「子どもへの性的虐待の予防・対応・ケアに関する研究」（主席研究者：柳澤正義）平成20・21・22年度総合研究報告書
・岡本正子（2016）「性的虐待事案に係る児童とその保護者への支援の在り方に関する研究」平成26・27年度厚生労働科学研究費補助金［政策科学総合研究事業（政策科学推進研究事業）］総合研究報告書（研究代表者：岡本正子）
・ボビー・プリント編、藤岡淳子／野坂祐子監訳（2015）『性加害行動のある少年少女のためのグッドライフ・モデル』誠信書房
・高柳美知子編／“人間と性”教育研究所著（2008）『イラスト版　10歳からの性教育　子どもとマスターする51の性のしくみと命のだいじ』合同出版
・滝川一廣／高田治／谷村雅子／全国情緒障害児短期治療施設協議会（2016）『子どもの心をはぐくむ生活―児童心理治療施設の総合環境療法』東京大学出版会
・八木修司／平岡篤武／中村有生（2011）「性的虐待を受けた子どもへの児童福祉施設の生活支援と心理ケア」『子どもの虐待とネグレクト』Vol.13 No.2、pp.199-208
・八木修司／岡本正子編著（2012）『性的虐待を受けた子ども・性的問題行動を示す子どもへの支援―児童福祉施設における生活支援と心理・医療的ケア』明石書店

第10章

児童福祉施設における子どもの社会的自立とレジリエンス

第1節

子どもの肯定的資質・資源

さまざまな傷つきをもって児童福祉施設に入所する子どもたちの心身の状態については、一般的にネガティブなイメージがつきまとうことが少なくありません。実際にトラウマを含めた傷つきとその影響があることは否定できませんが、一方でその年代の子どもらしさを取り戻し、自分の将来的な展望をひろげ、悩みながらも日々の生活を前向きに積み重ねていることが少なくないことを、支援者はよく知っています。このような人間の持つしなやかさ、その結果としての成長とも言うべきものとして、近年、レジリエンス（resilience）、心的外傷後成長（Post Traumatic Growth：PTG）といった概念に関心が集まっています。

1．レジリエンスについて

（1）レジリエンスの概念

児童精神医学や発達精神病理学において、一般的にレジリエンスとは「リスクや逆境にもかかわらず、よい社会適応を示すこと」（庄司 2009）とされています。しかし、現在のところ、さまざまな定義が並存しており、いまだ統一されたものはありません（平野 2015）。上記の説明を例にすると、①“リスクや逆境”の範囲をどのようにとらえるか、②“よい社会適応”とはどういう状態を指すのか、③“こと”の内容をどのようにとらえるのかによって、レジリエンスの内容にばらつきが出ます。すなわち①では虐待などのトラウマティックな出来事への暴露などから日常的なストレスまでの範囲、②では、「ハイリスクな子どもの良好な結果」「ストレス下の子どもの能力の維持」「トラウマからの回復」（Masten *et al.*, 1990）（下線筆者）という状態や「成長」という状態までもを含めるのか、③についても、「能力」、「過程」、「結果」等のいずれに焦点をあてるのかという点で、レジリエンスの指し示す内容が微妙に異なるということです。以上のようなことから、レジリエンスという言葉はさまざまな意味を内包したまま使用されているのが現状です。そこで本節では、実際の支援を行う上での分かりやすさという観点から、レジリエンスを「リスクの存在や逆境にもかかわらず、よい社会適応を示す現象・過程」として、それらの現象・過程を促進する要因とリスクを緩和する要因とをまとめてレジリエンス要因とします。

（2）レジリエンスの要因

レジリエンスに関連する研究は、重篤な精神病患者における転帰に幅があり、適応的な結果を示す一群がいることへの関心からはじまったとされます（庄司 2009）。またその後の研究の中で、発達心理学者E. E. Wernerと臨床心理学者R. E. Smithが行ったハワイ・カウアイ諸島における縦断的研究（Werner & Smith 1982）はもっともよく知られている研究の一つです。この研究では1955年生まれの乳幼児698人が対象とされ、長期にわたって、貧困、離婚、親の精神疾患、未熟児として出生したこと等のハイリスク下にある子どもが精神的に健康に育つ割合、精神的健康に育った子どもとそうでなかった子どもの違い等について、縦断的に調査が行われました。対象となった乳幼児のうち、3分の1がハイリスク児であり、このハイリスク群のうち、3分の2が18歳までにさまざまな問題が見られましたが、残りの3分の1は良好な発達を遂げていました。また良好な発達に至った者の特徴として、個人要因においては「活動性の高さ」、「コミュニケーションスキルの高さ」、「社会性があること」、「肯定的な自己意識」等であり、環境要因においては家庭内に少なくとも一人は情緒的な信頼関係を結べる人がいるという「家族との結びつき」や地域や学校で自分のことを気にかけ、相談に応じてくれるメンターの存在などの「家族外のサポートシステム」でした。またハイリスク群の中でさまざまな問題を示し、不適応におちいった者も、その後、30代になる頃には適応的な生活を送っている者も少なくありませんでした。

良好な適応を示す者は3分の1に過ぎないという悲観的な見方もできますが、良好な予後をもたらす要因の一端が示されていること、不適応が永続的に固定化されないケースが示されたことが重要であったと考えられます。

その後、レジリエンスという現象とその要因に注目が集まるようになり、心理尺度の開発を含めたさまざまな研究や実践が行われました。Wolin & Wolin（1993）はダメージモデルと対比的にチャレンジモデルを提案し、「洞察、独立性、関係性、イニシアティヴ、創造性、ユーモア、モラル」の7つのレジリエンス要因をあげています。またアメリカ心理学会（American Psychological Association: APA）は9.11アメリカ同時多発テロ事件以後に「レジリエンスへの道（The road to resilience）」を出しています（APA, 2012）。そこではレジリエンス要因として、①現実的な計画を立て、実行するための手段を講じる能力、②自分自身のポジティブな視点と自分の強みと能力に対する自信、③コミュニケーションと問題解決のスキル、④強い感情や衝動を管理する能力の4つがあげられています。表10-1はこれまでに明らかになっている幼児期のレジリエンス要因をまとめたものです（小花和 2004）。レジリエンス要因として、環境要因（子どもが周囲から提供される要因）と個人内要因に分かれ、特に個人内要因は子ども個人としての要因とその後の発達の

表10-1　幼児期のレジリエンスを構成する主な要因

要因		具体例
環境要因	周囲から提供される要因	安定した家庭環境・親子関係　両親の夫婦間協和　家庭内での組織化や規則　家庭外での情緒的サポート　安定した学校環境・学業の成功　教育・福祉・医療保険の利用可能性　宗教的・道徳的な組織
個人内要因	個人としての要因	年齢・性　共感性　セルフ・エフィカシー　ローカス・オブ・コントロール　自立性・自己制御　信仰・道徳性
	獲得される要因	コンピデンス　問題解決力　ソーシャルスキル　衝動のコントロール　知的スキル　根気強さ　ユーモア

（出所）小花和（2004）

中で獲得される要因とに整理されています。要因によっては、後天的に獲得しにくいものもあるとは思われますが、発達という時間経過を経ながら環境と子どもとが複雑な相互作用をする中で、レジリエンスを支える要因が立ち現れていくものと考えられます（小花和 2016）。

（3）レジリエンスの促進

レジエンス要因を促進していくための考え方や方法についても、さまざまなものが提案されています。ここでは児童福祉施設での生活支援を念頭におき、プログラム化された手法ではなく、実際の支援の際に指針として活用しやすいものを中心にあげることにします。Southwick & Charney（2012）は、ベトナム戦争における兵士のPTSD等について研究し、ストレスとトラウマへの効果的な対処をまとめています。すなわち「1. 楽観主義を育むこと、2. 恐怖に直面すること、3. 道徳指針の強化、4. 宗教やスピリテュアリティの実践、5. 社会的サポートを受けることと与えること、6. レジリエントなロールモデルを真似ること、7. 運動（身体トレーニング）をすること、8. 精神面・感情面のトレーニングを行うこと、9. 認知・感情の柔軟性を高めること（ユーモア）、10. 生きる意味・目的・成長を見出すこと」です。またAPAは先の「レジリエンスへの道」の中で「レジリエンスを構築する10の方法」（APA 2012）を紹介しており、加えて「親と教師のためのレジリエンスガイド」で「子どもと10代におけるレジリエンスを構築する10のヒント」（APA 2012）を示しています。後者は「未成年を対象にしていること」とそのための「親・教師むけガイド」であることから、前者と幾分異なるところも見られますが、おおむね対応関係にあります。後者では、「1. つながりを持つ、2. 他者を助ける経験をする、3. 日々の日課を維持する、4. 休憩する、5. セルフケアを教える、6. 自分の目標に進む、7. 自己肯定的な見方を育む、8. 展望をもち、希望的な見通しを維持する、9. 自己発見の機会を探す、10. 変化を人生の一部として受け入れる」がレジリエンスを構築するヒントとして示されています。

ここまで概観しただけでも分かるように、レジリエンスに関わる要因や方法は多くありますが、そのすべてを獲得・実践しなければ、回復は見込めないというものでもありません。またそれぞれの要因が相互にからみあっており、なおかつ個人の発達段階や生活環境の多様性、心的外傷となるような出来事等によっても重要となる要因は異なると考えられます。Lahadら（2012）が提唱するBASICPhアプローチでは、信念と価値（Belief and Values）、感情／情動的（Affect/Emotional）、社会的（Social）、想像（Imagination）、認知的（Cognitive）、生理・身体的（Physiological）の６つの局面で、それらに含まれる各要素を個人が組み合わせて、その人固有の対処様式を形成し、保持していると考えられています。つまりレジリエンスを促進するためには、対象となる子どもがどのようなレジリエンス要因を持っているのか、それらがどのように組み合わされ、適応が行われているのかを把握し、その適応のあり方そのものを尊重・活用していく姿勢が重要になると考えられます。

２．心的外傷後成長（Post Traumatic Growth：PTG）について

（1）PTGの概念

レジリエンスの近接にある概念として、心的外傷後成長（Post Traumatic Growth：PTG）があります。PTGは、1995年にR. G. TedeschiとL. G. Calhounによって提唱された概念で「トラウマティックな出来事、すなわち心的外傷をもたらすような非常につらく苦しい出来事をきっかけとした人間としての心の成長」（Tedeschi & Calhoun 1996）を指します。ただし、ここでいう「トラウマティックな出来事」とは、広い意味でとらえられており、精神科診断基準に用いられているような生死に関わるような出来事や性的暴力に対する暴露だけではなく、重大なストレスがかかるような出来事が含まれています。外傷的であるかどうかということよりも、個人の中核的な価値観や信念が大きく揺さぶられる出来事であるということが重要とされています。

（2）PTGの変化領域

PTGの変化内容としては次の５つの領域が想定されています。すなわち「他者との関係」「新たな可能性」「人間としての強さ」「精神性の変容」「人生に対する感謝」（Tedeschi & Calhoun 1996）における変化です。

「他者との関係」は困難な出来事を通して、家族・友人の大切さを実感し

たり、親密性が増したりするなどの変化を指します。「新たな可能性」は、犯罪被害にあった人が被害者支援の活動に参加するようになるなど自分の人生に新たな可能性を見出すという変化です。また「人間としての強さ」は困難な出来事を通して自分の強さを見出すというような変化、「精神性な変容」は困難な出来事を通して信仰心を強く持つようになるなどの変化を指します。最後に「人生への感謝」は人生における優先順位が変わったり、人生の価値や日々の生活に感謝の念が生まれたりするという変化を指します。

（3）PTGの留意点―児童福祉施設入所児童の姿から―

児童福祉施設で生活する子どもたちを思い起こしながら、PTGの変化領域を概観すると、いくつか思いあたることが浮かんできます。決してすべてのケースに該当するわけではありませんが、被虐待経験という困難を通して施設職員や友人など支えてくれる人との親密性が増し、その大切さを実感するようになったり（他者との関係）、施設職員や学校教師の存在をモデルにしながら将来の仕事として児童指導員・保育士や教師を目指したりする（新たな可能性）という子どもたちに出会うことがあります。これらは何らかの形でPTGが生じていると考えることができるかもしれません。しかし、すべてのケースがこのような“成長”があてはまるわけでもありませんし、“成長”は無理に求めるものではありません。また、仮に当てはまったとしても、慎重に見極める姿勢が必要です。人間は自らの状態にさまざまな心理的適応を行います。子どもたちの心理的な防衛反応から過剰適応が生じ、それがPTGに見えてしまうということもあるかもしれません。また支援者自身にとっても、トラウマを含めた子どものネガティブな側面に向き合うことには負担が伴うため、少なからず意識的・無意識的抵抗が生じます。これらが結びついたとき、子どもの本来のつらさが見えづらくなってしまうという危険がありますので、注意が必要です。

3．レジリエンスとPTGが意味するのもの

ここまでレジリエンスとPTGの概念について触れてきましたが、ダメージを受けながらも元の水準に戻り、適応を維持する、もしくはそれ以上の水

準に成長するという違いはあるものの、両者とも人間が外傷的な体験に対して無力ではなく、ある種の強さを持っていることがわかる概念です。しかし、注意を払う必要があるのは、レジリエンスにしろ、PTGにしろ、決して子どもたちが体験した出来事がよい思い出になるわけでもありませんし、体験に痛みを伴わないわけでもないということです。両概念に大切なことは、当事者に求めるということではなく、まず支援者の方が子どもたちのどこかにそのような力があるのだと信じ、願いながら、何が子どもたちの助けになるのかを考え、少しでも強みとして活かせるような支援を考えていくということに、本来的な意義が認められるのではないかと考えられます。またこのような概念を念頭に置くことで、子どものさまざまな資質やスキル、資源をストレングスとして、気づきやすくなるという意味で重要な概念ではないかと考えられます（若島ら 2016）。

4．子どもの肯定的な資質や資源を視野に入れた施設ケア

ここまでレジリエンスを中心にふれてきましたが、子どものレジリエンスに注目することは、ストレングスモデルと関係が深いと考えられます。近年、日本国内でも広まりつつあるTrauma Informed Care（TIC）でも、欠損モデルではなく、「サバイバーのレジリエンシーを伸ばせるように、未来に焦点をあて、習得能力を活用していく」という「ストレングスに基づくアプローチ」をとっています（中村ら 2015）。そこで「4.」では、子どものストレングスとして、肯定的な資質や資源を視野に入れて施設ケアを行っていくことの意義とそのための視座についてふれていきます。

（1）子どもの肯定的資質や資源に着目することの意義

1）子どもと支援者との好循環を作る

子どもの肯定的資質や資源を視野に入れることは、当の子どもと支援者・他の子どもとの関係を整えることに役立ちます。子どもたちの中には、これまでのさまざまな体験から安全・安心感を喪失し、問題行動と見なされがちな行動を表出していることがあります。支援としても、そういった不適切な行動をいかに変容させていくかということに注意が集まり、変化と抵抗の綱

引きのような状態が生じることがあります。当該の子どもと支援者、あるいは他の子どもたちとの間で悪循環が生じ、他者や周囲の世界に対して、さらに否定的な感情を強めてしまうというような結果になることもあります。子どもの肯定的な資質や資源に着目することは、このような悪循環に陥らず、好循環をつくり出していくことに役立ちます。

2）主体性を回復する

先に否定的な感情と述べましたが、被虐待体験のある子どもたちが抱く感情や感覚の中にはさまざまなものがあります。例えば、恐怖、抑うつ、不安、恥、怒り、無力感、孤立無援感や自尊心・自己効力感の低さ等です。過去の出来事に起因するトラウマと現在の自分の感情や行動とのつながりを自覚しにくく、言葉にできないネガティブな感情や感覚に耐えながら、行動化におちいっているという状況が多く見られます。当然、安全・安心感のみならず、自分や周囲に対する統制感も失われています。また児童福祉施設への措置自体が子どもを保護する目的ではあるものの、本来は子どもの責任ではないにもかかわらず、子どものみが分離されるという体験でもあります。したがって、子どもの肯定的な資質や資源に着目するということは、子どもたちが自分自身を「力のない存在」であると見なすのではなく、困難な環境の中で「よく対処してきた自分」、困難とは別に「望ましい自分」がいること、あるいは、そういった自分を作っていけるということを知ることで、主体性の回復につながっていくと考えられます。

3）変化を動機づける

子どもたちが自分の肯定的な資質や資源に気づき始めるにつれて、自分なりの「望み」を持ち始めることがあります。もちろん要因はさまざまにあると思われますが、一つには2）のように子どもたちが安全・安心感を積み上げながら、主体性を回復するにしたがって、本来の自分の可能性にも気づいていくためと考えられます。虐待や児童福祉施設に向けられる一般的なイメージとは裏腹に、児童福祉施設の職員は子どもたちが明るく、よく笑い、楽しそうにしている姿も知っています。本来的に子どもたちは人と関わりながら、楽しんだり、好奇心をもったり、目的を達成したり、自分らしくあることを望みます。外傷的な体験や困難な環境に圧倒される中で、背後に潜んでいた本来の自分の肯定的要素に気づくことで、しだいに未来が焦点づけられ、変化への動機が整っていくと考えられます。支援者は子どもたちが非常に困難な体験をしてきたという事実を否認してはいけませんし、子どもの準備状態やタイミングを見ながらそれらを取り扱っていく必要がありますが、一方で子どもたちのさまざまな姿を過度に心理学化・精神医学化して、病理の文脈に位置づけ続けることには慎重である必要があります。そのことがかえって、子どもの変化を阻んでしまうということになるからです。

（2）子どもの肯定的資質や資源をとらえる視座

児童虐待の大きな特徴の一つにダメージを発達途上で慢性的に受けるということがあります。個人によって幅があるとしても、一定期間、ある程度、健康的に生活してきた大人がダメージを受ける場合とは性質的に異なるところがあります。これを資質・資源という側面からみると、子どもたちはその成育過程の中で十分な肯定的資質・資源を育む機会に乏しかったと言えます。そのため支援者が子どもの適応を助けるような資質や資源を見つけ、活用しようとしても、なかなか難しいという場合があります。そのような理由から、ここでは子どもの肯定的資質や資源をとらえる視座についてふれることとします。

1）“逆境”と“よい適応”をとらえなおす

先に述べたようにレジリエンスとは「リスクや逆境にもかかわらず、よい社会適応を示すこと」（庄司 2009）です。子どもの肯定的資質や資源を考える際、子どもたちの現在の“逆境”や“よい適応”自体について再考することが大切です。

本書は性的虐待（家庭内性暴力被害）を受けて児童福祉施設に入所している子どもたちへの支援を想定していますが、児童福祉施設に入所しているという状況はリスクや逆境から離れ、守られた状況にあると言うには心もとない部分が存在しています。たしかに児童福祉施設に措置されることで、子どもたちは当面の直接的な性暴力被害から逃れることはできますが、居場所としての家庭や非加害親との関係、トラウマへの対処など根本的な問題の解決は保留され、今後にゆだねられたままになっていると言えます。またトラウマティック・ストレスはその性質上、終わったこととして体験されるものではなく、現在、進行形であるとも言えますし、実際、子どもたちは今もさまざまな影響を受け続けています。つまり児童福祉施設に入所しているという状況は、子どもたちにとって逆境の中で今まさに適応している最中であると見なすことができます。

また"よい適応"とはどのような状態をさすのでしょうか？　研究の上では精神病理、学業成績、対人関係、犯罪等の領域で社会的に好ましいとされる状態をさまざまな指標を用いて規定しますが、それらにうまく該当しない場合は厳密にはレジリエンスとは見なせないのかもしれません。しかし、実際の支援を行う上では良い適応を示す以前の段階における広い意味でのレジリエンスがもっとも重要となるように思われます。つまりよい適応を示しているとみなすことは難しいかもしれませんが、何とか生き抜いていることに役立っている個人の資質やスキル、環境の資源が重要になるように思われます。宮地（2016）は実際に社会的にも受け入れられるような良い適応を示している場合を「教科書型レジリエンス」、決して良い適応とは言えず、問題とも受け止められるような適応になっているが、何とか困難な環境に順応してきた場合を「サバイバル型レジリエンス」と呼んで、「保健医療や福祉現場で支援する場合は、この両型のレジリエンスを視野に入れ、時と場合によって、うまく考え分け、使い分けながら、寄り添っていくというのが現実的かもしれない」と述べています。

このようにとらえなおすと、子どもの資質やスキル、資源は誰から見てもポジティブに見なされるようなものだけをとらえればよいということではないことが分かります。子どもたちの中にはたとえそれが不適切な方法であったとしても、それを用いて何とか凌いできたという歴史があるかもしれません。大人はつい社会適応ということを考えてしまいますが、実はその場合の社会というものはあまり実体がなかったり、限定された社会であったりすることが多くあります。時に児童福祉施設の現場では問題行動を頻繁に起こす子どもに対して、「あの子は問題が多いけれど、生きる力はあるよね」といったことが聞かれたりしますが、まさにこのような子どもの適応の姿の中にこそレジリエンスの過程を見出し、それを支えているものを肯定的な資質や資源としてとらえなおしていく必要があると思われます。

2）時間の中で子どもの個人差・多様性を理解する

本章では実際の支援上の観点からレジリエンスをシンプルに「現象・過程」ととらえ、それを促進する要因とリスクを緩和する要因とをまとめてレジリエンス要因としていますが、本来は多面的で包括的な概念です。レジリエンス要因には、個人の生得的な影響の強い特性、後天的に習得可能な個人の特性、あるいは周囲から提供される環境資源までもが含まれています。

個人の持つ特性や資源がある段階ではそれほど適応を助けていなくても、その後の人生には大いに役立つというようなリフレーミングが生じる場合もあります。卑近な例を挙げると、軽薄だと思われがちな性格特性が、その後の生活においては対人関係上の積極性やユーモアにつながるという場合などです。逆に子どもの頃の優等生が大人の社会の中ではつまらない人間にうつるという場合もあります。また児童福祉施設での適応と学校での適応、あるいは社会での適応は同義ではありません。適応のための基礎的な要件は共有していると思われますが、それぞれで場の特徴が異なるため、必要とされる個人の特性やスキル、資源も当然異なってくるわけです。つまり、適応への道筋は一つではありません。

時間経過や生活範囲の拡大、さまざまなライフイベントの中で、子どもたちと環境（人を含む）との間でさまざまな相互作用が行われた結果、時として資質や資源が肯定的なものとして現れてくるということだと考えられます。したがって、支援者は一時点の限定された状況での単純な適応・不適応にとらわれず、中長期的な経過や子どもの生活範囲等を考慮にいれ、その個人差・多様性に配慮していく姿勢が大切になります。

3）環境との相互作用を丹念に見る

2）でもふれたとおり、子どもと環境がどのように相互作用を行っているのかを丹念に見ていくことが大切です。具体的には、アセスメントを通して、過去の生活歴や現在の生活状況を紐解きながら、子どもたちのおかれた環境や主観的な体験の質を微にいり細にいり調べ、想像しながら、未来に向かうその道筋を明らかにしていく作業であろうと考えられます。そこには必ず子どもと環境との悪戦苦闘とも言える相互作用が見て取れます。

またレジリエンスやストレングスという意味では、相互作用をとらえるアセスメントにもその視点が盛り込まれる必要があります。Rappら（2006）は、ストレングスとして「1. 個人の性質と特徴、2. 才能と技能、3. 環境、4. 関心と願望」を挙げています。筆者はストレングスをこれらの領域に分類するとしても、児童虐待という問題の性質上、子どもの抱える困難との関係でどこにストレングスを見出すかということが重要であると考えます。そこで、ここでは二つの視点を提示したいと考えます。

一つ目は、1）と重複するところですが、子どもの抱える問題に肉薄したところにこそ子どものストレングスが良く現れるととらえ、その資質・資源を見出そうとすることです。ここでは過去・現在の困難な環境への適応に対して、子どもの資質や資源の果たした（ている）役割とは何だろうかということを問いかけることになります。例えば、無断外出・外泊を繰り返したり、性的逸脱行動を起こしたりする中に、人との親密な関係や居場所を求める気持ちが潜在しているような場合です。もちろんそこには愛着の課題や歪んだ性情報への暴露、誤学習の問題なども同時に存在していますが、それでも親密な関係を求めること自体は否定されるものではありません。問題行動の背後に潜む子どもの根源的な願いは一つのストレングスと言えますし、それに基づいた目標設定と支援を行うことで子どもとの協働的な支援につながっていきます。

二つ目は、過去・現在の困難な環境にあっても、問題から相対的に離れたところで維持されてきた（ている）子どもの資質・資源です。ここでは子どもがよく機能する活動や場、役割、人との関係性とは何だろうかということを問いかけることになります。例えば、スポーツやその他の興味ある活動の中で、子どもが意外な才能やスキル、好ましい姿勢・態度を示す場合などが含まれます。年少の子どもや障がいを持った子どもたちに対して、非常に面倒見が良いということもあります。ただし、気をつけておく必要があるのは、これらのストレングスが施設入所とともに途切れてしまっていないかということです。また大人が良かれと思って用意した環境資源が子どもにとっても有用なものだと意味づけられているかどうかという点にも配慮が必要です。

ここまで子どもの肯定的資質や資源をとらえる視座についてふれてきまし

た。増沢（2016）は生活臨床を「子どもが生きる生活の場をケースの理解および回復と育ちの中心的場ととらえ、子どもに影響を与えている環境、活動、援助者の対応、子ども集団などを、子どもの回復と成長のために設定、工夫、方向付けしていく取り組み」と定義しています。子どもと環境との相互作用の中で肯定的な資質や資源をとらえるということは、まさに「生活臨床」の視座であり、近道のないものだと言えるかもしれません。　　　（高田豊司）

第2節
社会的自立への支援

1．学習への支援

子どもたちの実際的な自立を考えた際、その進路・就職の選択肢の幅を広げていくためにも、学習支援は重要な領域となります。しかし、これまでの生活環境の不安定さから、学習習慣が十分に身についていなかったり、学習の積み重ねを行う機会が乏しかったりしたことで、低学力に陥ってしまっている子どもたちも少なくありません。そして、無力感から学習に向かう意欲が低下し、結果として進路の幅が狭められてしまうということも起こりえます。学習環境への配慮や学習習慣への支援を前提として、ここでは、（1）愛着関係を考慮した学習支援、（2）発達特性を考慮した学習支援の二つについてふれたいと思います。

（1）愛着関係を考慮した学習支援

学習支援というと、どうしても学習内容の理解をいかに促していくかという視点が中心となります。しかし、児童福祉施設に入所している子どもたちは先に述べたように学習習慣が身についておらず、学習そのものに拒否感を示したり、巧妙に回避したりする子どもたちも少なくありません。またトラウマや愛着の問題からさまざまな情緒行動上の課題（自尊心、自己効力感、集中力、衝動性、多動性等）を抱え、学習に向かう条件が整わないという場合もあります。つまり学習内容に入る以前の段階ですでにつまずきが見られており、支援者が単純に学習を促しても抵抗を受け、本題である学習内容にまでたどりつかないということがあります。

その際、学習という場面を愛着関係の視点で見直してみることも大切です。学習に愛着というと少し意外な印象ももたれますが、筆者は大いに関係していると考えています。愛着関係については、「第３章第１節　1.「（1）生活支援において重要な視点」」においてもふれられていますが、一般的に虐待を受けた子どもたちは、愛着サイクルに何らかの課題を抱えていることが多くあります。例えば、危機を感じた場合でも助けを求めなかったり、サポートをしてくれる人を信じられず攻撃的にふるまったりするなどの行動です。危機場面に対する人間の原初的な反応である「逃走-闘争」の反応が、社会的な場面でも過剰に表現されることで、不適応におちいってしまっていると言えます。

ひるがえって、学習場面を見た際に、学習は子どもたちにとって不安を喚起される危機場面と見なすことができるかもしれません。これまでの生活歴の中で積み上げることができなかった自己効力感や自信のなさがあるとしたら、それははかりしれない危機場面となります。したがって、この視点から学習場面を見直すと、学習における内容面の理解を行う以前に、愛着サイクルを正常化していくということが大切になってきます。

学習場面における愛着サイクルを適応的にしていくための方法として、1）学習という危機自体を子どもが対処可能なレベルにすること、2）適応的な愛着行動を学ぶこと、3）危機場面に出会った際の不安を低減する方法を学ぶこと等が挙げられます。

1）学習面の危機を子どもが対処可能なレベルにすること

子どもの学習習慣を含む生活歴や知的能力・発達特性を見直す必要があります。それに応じて、学習課題をその子に応じた適切なレベルに変えていく必要があります。単純な例ですが、問題の難易度、量、時間、取り組み方の工夫などがそれにあたります。そのためには学校にも子どもの状況を説明し、十分な理解と協力を得た連携が必要になります。この点は、施設と学校との日々の連携が試される部分であろうと思われます。

2）適応的な愛着行動を学ぶこと

一言で言えば、素直にヘルプを求められるスキルです。不安を感じた際に問題となるような行動を起こすのではなく、直接的に大人にサポートを求め、学習量を減らしたり、スモールステップにしたり、内容理解のための説明を求めたりするということです。しかし、これらは無力感を積み重ねてきた子どもたちにとっては自発的に行うことが難しいと考えられますから、大人側から子どもに適切なヘルプの求め方を教えていく姿勢が必要となります。

3）危機場面に出会った際の不安を低減する方法を学ぶこと

このような支援を受けながら、子どもが自分に生じた不安をなだめていく、なだめられるという体験を積み重ねていくことです。学習にはさまざまな感情が付随します。今更がんばってもどうにもならないという無力感、自分の能力が露呈し、それに直面してしまうことで起こる自尊心の傷つきなど、子どもの不安は学習そのものだけではなく、それに伴う周囲や自分の評価による不安が含まれています。したがって、子どもが混乱してさまざまな不適切な行動を起こしていたとしても、大人は落ちついてできるだけニュートラルな姿勢で不安をなだめていくことが大切になります。

ここまで愛着の視点を学習支援に活かすという内容でしたが、逆に言うと愛着関係の修復のために学習支援を活かすという視点も成り立ちます。愛着の修復については、これまでさまざまに指摘されてきたところですが、そのための特別な支援プログラムではなく、日常的な関わりの中で行う方法という意味では、具体的な方法が少なかったように思います。愛着の修復方法について筆者の身近な同僚にたずねると「子どもとできるだけ個別の時間を持つ」という返答がよくありました。決して間違いというわけではありませんが、子どもが危機場面で不安を感じた際、どのように安全・安心を回復するかということが重要です。その意味では学習支援は愛着関係の修復にも役立っていく場面となるように考えられます。

（2）発達特性に応じた学習支援

1）児童福祉施設に入所する子どもの発達状況

愛着関係を考慮した学習支援として、子どもの学習習慣を含む生活歴や知的能力・発達特性を見直す必要があると述べました。現在、児童福祉施設に入所している子どもには発達的にさまざまな特性や課題を抱えた子どもたちが入所しています。2013年度の「児童養護施設入所児童等調査結果」（厚生労働省 2015）によると子どもたちの心身の状況として、「知的障害」（児童養護施設12.3%、児童心理治療施設14.0%）、「ADHD」（児童養護施設4.6%、児童心理治療施設19.7%）、「LD」（児童養護施設1.2%、児童心理治療施設1.9%）、広汎性発達障害（児童養護施設5.3%、児童心理治療施設29.7%）でした（重複解答）。これ以外にも知的境界域にある子どもたち、発達障害等の診断がはっきりとついていなくとも、認知上の特徴から学習に配慮が必要な子どもも少なくありません。また従来から虐待を受けた子どもたちが発達障害様の行動傾向を示し、注意力や衝動性、多動性の課題を示すことがあるという指摘がされてきましたし、不適切な養育環境が知的発達に影響を与えることも知られています。これらのことを考えると、児童福祉施設で学習支援を行う際には子どもたちの発達特性を十分にとらえた上での学習支援を行っていく必要があることが理解されます。

2）発達特性・認知特性の把握

発達特性の理解のためには、児童相談所の心理判定員、施設の心理療法担当職員と連携しながら、定期的に把握していくことが必要です。

入所時点では知能検査・発達検査が行われていることがほとんどですが、適切な環境におかれることで子どもの発達特性・認知特性に変化が見られることがありますので、継時的に把握していくことが必要です。入所時点ではやや偏りは感じられたものの、それよりも全般的な知的能力の低さの方が目立っていた児童が、入所後、他の能力が伸びていったことで、その偏りが鮮明になっていったというケースを筆者は経験したことがあります。この場合、生活上の観察から違和感はもたれていたものの、検査を行ってみてはじめて、子どもの現在の状況と発達状況とが合致することになりました。おそらく定期的に検査を行うことなくしては、把握は難しかったように思います。また学習支援ということに焦点を当てた場合、一般的に入所時点でよく使用される知能検査・発達検査だけでは不十分で、あらたに別の検査が必要になるということもあります。また検査による特性の把握だけではなく、それらが実際の学習場面でどのように表現されているのかということを、細やかな観察を通して明らかにしていくことが重要です。

3）発達特性に応じた学習支援の実際

発達特性に応じた学習支援は、特別支援教育の中で、すでにたくさんの取り組みが行われているため、ここですべて紹介することができません。そこで、支援者が日常的によく出会う課題として、「集中力が持続しない」という問題について簡単な事例の紹介とともに支援の実際についてふれたいと思います。

ある小学生の子どもは学習に集中できないため、夕方に学校の宿題が終わらず、夜になっても勉強に取り組んでいました。この子どもは認知特性の一つとして、ワーキングメモリが非常に弱いという特徴をもっていましたが、施設職員からは気づかれておらず、単に集中力がない子どもと見なされていました。なおワーキングメモリとは短い時間、頭の中で情報を保持しながら、同時にそれらを操作する能力を指します（Gathercole & Alloway 2008）。読み書き計算など学習の基礎を支えている大切な能力です。この子どもが学習している様子をよく観察すると、まずはじめの段階として、問題を書き写すという課題につまずきがあるということが分かってきました。計算問題や漢字などをノートに写す際、保持していた情報（数字や漢字）が消えてしまうため、問題集とノートを何度も往復して確認する必要がありました。また確認の際は、どこまで問題を進めていたかを見失ってしまうということもあったため、さらに労力がかかっている様子もありました。もちろん計算問題では繰り上がりや繰り下がりなど記憶を保持しながら、操作をするという要素も含まれており、混乱しやすい様子がありました。このような負担からしだいに集中力が切れ、結果的にいつまでたっても宿題が終わらないということになっていたようです。そこで支援方法として、学校と協議し、問題集をコピーしたものに直接解答を書きこんでもよいというようにしました。また記憶を保持するために、新たに書き込み箇所を作るなど頭の中ではなく外部に残しておけるような工夫も行いました。そうして、しだいに夜までかからず、夕方に宿題を終えられるようになりました。

これは些細な一例ですが、さまざまな発達特性を抱えていることで、学習において「集中力が続かない」ということはよく起こります。結果として、それらの行動は問題視されやすく、子どもの自尊心の傷つきにもつながっていきます。本来は問題行動というよりも、環境と発達特性との組み合わせによって生じた表現行動と見なすほうが適切かもしれません。いずれにせよ、他の職種とも連携しながら、子どもの状況によく気づき、教材や教具の工夫、学習の取り組み方の工夫などを積み重ねていくことが大切です。（高田豊司）

2．進学・就労への支援

（1）進学・就労支援の意義

社会的養育において「安定した就労」は目指すべき支援目標の一つであり、虐待や貧困など不安定な環境で育った子どもが無事に進学して就労できることを「自立」と呼びます。

2016年度学校基本調査によれば、高等学校を卒業した生徒の56.8％が大学または短大に進学しています。専門学校に進学した22.3％とあわせると高校を卒業した約８割が進学し、就職などを選んだ生徒は2割程度になります。一方、児童養護施設における大学進学率は26.5％で、就職を選択した生徒は67.5％といわれています（自立支援白書 2017）。この差が人生における格差につながることが懸念され、近年では社会的養育下にある者にも専門学校や大学への進学をサポートする取り組みが活発になっています。これまでも授業料の減免などの特待生制度や各種の奨学金制度はありましたが、それを受けるためのハードルが高いことや卒業後の返済に困る状況が指摘され、近年は給付型の奨学金も検討されています。これらの支援はサポートを受けた子どもだけではなく、次の世代に貧困や虐待の問題を引き継がないための予防的対策としても重要です。ここでは被虐待もふくめた社会的養育を必要とする子どもたちの進学・就労の支援について、児童養護施設で勤務する筆者の視点から述べたいと思います。

（2）子どもたちの現状と支援モデル

日本の社会的養育において今日までもっとも多くの子どもたちにその役割を担ってきたのは児童養護施設です。近年では家庭的養育が推奨され、ファミリーホームや里親への委託が増えつつありますが、児童養護施設や児童心理治療施設（旧情緒障害児短期治療施設）へのニーズも少なくはありません。社会的養育は戦災孤児の収容から始まりましたが、被虐待児の発見と保護ならびにその養育が必要になると、治療やケアという要素を強く帯びるようになりました。その対策として児童養護施設の職員配置基準が改善されたのはつい最近ですが、それに伴うかたちで子どもの自立支援やアフターケアのほか、必要であれば20歳までの措置延長に取り組むことも明記されました。

現在の日本では、高校かそれ以上の学校を卒業し、新卒で採用試験を受けることが就労における一般的な道筋です。児童養護施設でも高校進学のために学習支援や進路相談などに取り組み、最近では大学や専門学校に進学する者も増えてきました。しかしそれは、社会的養育全体からみれば一部に限られた話かもしれません。多くの児童養護施設では、高校に合格することすら難しい子どもたちと向き合う日々があり、合格した後にもなんとか卒業までを支えることで、やっと高卒で正規雇用の職に就ける現状もあります。そこには経済的な事情よりも子ども自身の姿勢が大きく影響しており、低学力というよりも低学習意欲の問題があります。彼らの多くは将来にむけて努力するよりも、現在の学習を回避する傾向にあります。しかし、高校に進学したくないわけではなく、高校に行けないと恥ずかしいとすら感じていますが、自らの苦手さに向き合う力が育まれていません。結果的に進学しても学校には居場所を見つけにくく、それは就労をふくめたその後の社会生活にも引き継がれる傾向があります。松本（2010）が述べるように、貧困や虐待は子どもに多くの不利を蓄積させ、大人になってからではその回復が困難な状態に陥らせる問題です。その意味で、この時期の就学支援に適切に取り組むことが一つの支援モデルと言えます。ただし、衣食住を保障して塾などの学習機会を整えるだけでは十分ではなく、内面のケアにも留意しなければなりません。なお、社会的養育における自立を「脱貧困」と考える人は多いものの、今日では遺児や孤児などの入所はむしろ少数です。知的障害や発達障害を伴うケースや、貧困にあえぐ程ではない家庭からの被虐待児の入所も多く、そのイメージへの修正は必要ではないでしょうか。

（3）学習支援と被虐待のケア

E. H.エリクソンは学童期のテーマとして「勤勉性」を挙げていますが、佐々木（1996）が述べるように、就学場面での困難さを示す子どもには、それ以前の課題に注目することが大切です。例えば「基本的信頼感」や「自律性」が挙げられ、まずは学習以外のことでもよいので本人の得意なことに着目してみてはどうでしょうか。アルバイトや部活動のほか園内での軽作業などが達成感を得やすい場合もあり、児童に適した方法で自信や劣等感の回復に努めて欲しいと思います。進学先も全日制高校にこだわらず、定時制や特色のある私立高校なども選択肢の一つとして、子ども自身が年齢相応に学校生活を楽しめるようになることが回復の目安と言えます。

ところで、社会的養育で出会う子どものなかには被虐待の影響に悩む者も少なくありません。それが保護者による暴言や暴力であれ、適切さに欠ける関わりであれ、子ども自身が感じる傷つきには根深いものがあります。支援が始まると暴言や暴力を示す子どもがいますが、その激しい攻撃性の一方で「見捨てられ不安」は強く、本音の部分ではまだ子どもとして守り育んで欲しいと訴えているようにも感じられます。他者への不信感や被害意識は多くの子どもに共通する課題であり、支援者はそれに巻き込まれないように気をつけながら子どもの感情調節や記憶の整理に寄り添います。また、過去の不適切な体験が現在の自分に及ぼしている影響には無頓着な子どもが多く、最近ではTF-CBT（トラウマフォーカスト認知行動療法）などの心理教育を用いて適切な理解を促し、リラックス方法を学びながら自らの強みに気づけるような支援にも取り組まれています（亀岡ほか2015，白川 2016）。入所時には「今日までどう生きてきたのか」「これからどうなりたいか」などの話をすることが支援の入口ですが、それは新生活への動機付けであると同時に、支援者として子どもに関わる第一歩でもあります。相手の人生に踏み入る覚悟をもちながらも、一方的な情報の搾取にならない配慮が不可欠です。実際の支援においては核心部分に蓋をして逃げているように見える子どももいますが、生活の安定のためにはそれが一時的に必要な場合もあります。ただし、受験や卒園などのタイムリミットがあり、そこから逆算して必要な支援に取り組むことが求められます。

なお、性的虐待ではトラウマ反応が顕著にあらわれる場合があり、日々の生活にも本人が予想できない影響を及ぼすことがあります。性的なことに拒否的であると同時にそのことから目を逸らせず、きっかけ次第では性的逸脱行為を繰り返す子どももいます。そこには被害の矮小化や自罰的な意味もあれば、性において優位に立ちたい願望など複雑な想いがあります。山本（2017）は自身の経験からこれらに対する周囲の理解不足や対応の不備を指摘しており、愛着や解離などの問題には支援者として専門的な理解に努めたいところです。

（4）家族・社会と再びつながること

ひとり親家庭や経済的に困っている家庭が、必ずしも施設入所を望むわけではありません。むしろその多くは、家族が一緒に暮らせることを優先し、不自由さはありながらも助け合うことで、それぞれに果たすべき役割や進路も決まります。このように、家族との関わりのなかに現実的な進路選択があるならば、親子分離に至った家族が再び家族としてどう関わるのか、社会とのつながりをどう再構築していくのかは大切なテーマです。

入所している子どもたちは入所理由や家族の状況を適切に理解できていない場合も多く、ライフストーリーワークの重要性は周知のとおりです（楢原 2015，才村 2016）。入所の必要性（要保護度）は子どもの成長などで変化しますが、それが改善しているにもかかわらず施設生活の継続を希望する親子は意外にも多い実感もあります。施設に入所すると、子どもの生活支援は施設職員が担うようになり、親子は余暇や遊びなど非日常での関わりが中心になります。楽しむことが目的になるため、無意識的にトラブルを避けたり遠慮しあうばかりの関係性にも陥りがちです。しかしながら児童養護施設を利用できるのは数年間だけであり、在園中から「家族が一緒に暮らす生活」について検討していくことは大切です。保護者には近況のやりとりなどから今後の意向を尋ねるほか、子どもには学年が変わる時に担当職員と現状や見通しを確認しあうこともよいと思われます。子どもらが当事者として福祉や社会的養育について適切な理解を持つことも大切ですが、そのためのノウハウが職員側に不足していることは今後の課題です。また児童指導員や保育士でもケースワークの視点を持ち、施設内だけでなく外部の関係機関をふくめた調整に積極的に取り組む姿勢が求められます。なお、性的虐待をふくめて保護者との交流が乏しいケースでは現実的な進展が乏しくその対象外とされる場合があります。しかしながら家族再統合が不要なわけではなく、むしろ生い立ちの整理などはタイミングを逃さずに取り組まれることを願います。

ところで、児童養護施設は集団生活の場ですが、そこでの人間関係は目標のために協力しあうものではなく、むしろ「しがらみ」のように感じている子どもは多いかもしれません。対人関係をふくめた社会性の未熟さを指摘する声は多く、就労にむけては自分の得意・不得意を知ることや他者とうまく関われるようになることが大切です。なお、アルバイトの採用でも住所や連絡先、保証人や銀行口座が必要であり、施設に入所していなければそれらを用意できなかった子どもは多いかもしれません。携帯電話の契約や銀行口座の開設は子どもだけでは不可能であり、成人してからも保証人の問題などで苦労することもあるでしょう。この事実について、職員と子どもは正しく直面すべきです。高橋ら（2015）が指摘するとおり、保護者を頼れないことの負担は退所後のほうが大きく、収入がなくなれば住む家と携帯電話を失い、それらがなければ再就職することも容易ではありません。働き続けなければすぐに生活が破綻する彼らにとって、卒園と同時に大人が不在になることは大きな不利であり、出身施設との関係性が決裂せずに退所できることは大切です。卒園生には施設とのつながりが一つの社会資源であり、入所児には卒園生が将来のモデルでもあります。卒園生として施設を訪れる子どもたちを見ていると、それは所属（ホーム）を持てることにも繋がるのかもしれません。自立は孤立とは異なると言われます。被虐待のケアにおいても同様であり、子どもたちが他者とともに生きていけるようになることをわれわれは目指しています。　（森歩夢）

〈引用・参考文献〉

・American Psychological Association (2012) Resilience Guide for Parents & Teacher. http://www.apa.org/helpcenter/resilience.aspx (Retrieved 2017. 8. 22)

・American Psychological Association (2012) The road to resilience. http://www.apa.org/helpcenter/road-resilience.aspx (Retrieved 2017. 8. 22)

・Cohen, J. S., Anthony, P. M. & Deblinger, E. (2012) *Trauma-Focused CBT for Children and Adolescents: Treatment Applications*. New York: The Guilford Press.〔ジュディス・A・コーエン／アンソニー・P・マナリノ／エスター・デブリンジャー著亀岡智美ほか監訳（2015）『子どものためのトラウマフォーカスト認知行動療法―さまざまな臨床現場におけるTF-CBT実践ガイド』岩崎学術出版社〕

・Gathercole, S. E. & Alloway, T. P. (2008) *Working Momory and Learning*, Sage Publication of London, Thousand Oaks and New Deli and Singapore.〔S. E.ギャザコー

ル／T. P.アロウェイ著、湯澤正通／湯澤美紀訳（2009）『ワーキングメモリと学習指導―教師のための実践ガイド』北大路書房〕
・平野真理（2015）『レジリエンスは身につけられるか―個人差に応じた心のサポートのために』東京大学出版会
・Kobasa, S. C. (1979) Stressful life events, personality, and health; An inquiry into hardiness. *Am J of Community Psychology*, 37; 129-135.
・厚生労働省（2015）児童養護施設入所児童等調査結果（2013年2月1日現在）. http://www.mhlw.go.jp/stf/houdou/0000071187.html (Retrieved 2017. 8. 22)
・Lahad, M. & Shacham, M. & Ayalon, O. (2012) *The "BASIC Ph" Model of Coping and Resiliency Theory*, Research and Cross-Cultural Application〔ムーリ・ラハド／ミリ・シャシャム／オフラ・アヤロン編著、佐野信也／立花正一監訳（2017）『緊急支援のためのBASIC Phアプローチ―レジリエンスを引き出す6つの対処チャンネル』遠見書房〕
・Masten, A. S., Best, K. M. and Garmezy, N. (1990) Resilience and development: Contributions from the study of children who overcome adversity. *Development and Psychopathology*, 2(4); 425-444.
・増沢高（2016）「虐待を受けた子どもの育ちを支える」『発達』145、ミネルヴァ書房、19-23
・松本伊智朗編著（2010）『子ども虐待と貧困―「忘れられた子ども」のいない社会をめざして』明石書店
・宮地尚子（2016）「虐待サバイバーとレジリエンス」『子ども虐待とネグレクト』17（3）、346-352.
・文部科学省（2016）「平成28年度学校基本調査」
・中村有吾／瀧野揚三（2015）「トラウマインフォームケアにおけるケアの概念と実際」『学校危機とメンタルケア』7、69-83.
・楢原真也（2015）『子ども虐待と治療的養育―児童養護施設におけるライフストーリーワークの展開』金剛出版
・NPO法人ブリッジフォースマイル（2017）「自立支援白書2016」
・小花和Wright 尚子（2002）「幼児期の心理的ストレスとレジリエンス」『日本生理人類学会誌』7（1）、23-52.
・小花和Wright 尚子（2004）『幼児期のレジリエンス』ナカニシヤ出版
・小花和 Wright 尚子（2016）「幼児期のレジリエンスと虐待」『子ども虐待とネグレクト』17（3）、340-345.
・Rapp, C. A., Goscha, R. (2006) *The Strengths Model: Case Management with People with Psychiatric Disabilities*, Second Edition. Oxford University Press〔チャールズ・A・ラップ／リチャード・J・ゴスチャ著、田中英樹監訳（2008）『ストレングスモデル―リカバリー志向の精神保健福祉サービス』金剛出版〕
・才村眞理／大阪ライフストーリー研究会編著（2016）『今から学ぼう！ライフストーリー

ワーク』福村出版
・佐々木正美(1996)『生き方の道標　エリクソンとの散歩』子育て協会
・白川美也子(2016)『赤ずきんとオオカミのトラウマ・ケア―自分を愛する力を取り戻す』アスク・ヒューマン・ケア
・庄司順一(2009)「レジリエンスについて」『人間福祉学研究』2(1)、35-47.
・Southwick, S. M. & Charney, D. S. (2012) *Resilience: The Science of Mastering Life's Greatest Challenges*. Cambridge University Press〔スティーブン・M・サウスウィック／デニス・S・チャーニー著、森下愛／西大輔／森下博文監訳(2015)『レジリエンス―人生の危機を乗り越えるための科学と10の処方箋』岩崎学術出版社〕
・高橋亜美／早川悟司／大森信也(2015)『子どもの未来をあきらめない―施設で育った子どもの自立支援』明石書店
・宅香菜子(2016)『PTGの可能性と課題』金子書房
・Tedeschi, R. G. & Calhoun, L. G. (1996) Posttraumatic Growth Inventory: Measuring the positive legacy of trauma. *Journal of Traumatic Stress*, 9(3); 455-471.
・若島孔文／千葉柊作(2016)「人の「心的外傷後の成長」」『児童心理』1015、28-34.
・Werner, E. E. (1989) High-risk children in young adulthood: a longitudinal study from birth to 32 years. *American Journal of Orthopsychiatry*, 59 ; 72-81.
・Werner, E. E. & Smith, R. E. (1982) *Vulnerable but Invincible: A longitudinal study of resilient children and youth*. McGraw-Hill: NY.
・White, M. & Epston, D. (1990) *Narrative Means to Theraputic Ends*. New York: Norton.〔マイケル・ホワイト／デビット・エプストン著、小森康永訳(1992)『物語としての家族』金剛出版〕
・Wolin, S. J. & Wolin, S (1993) *The Resilient Self: How Survivors of Troubled Families Rise Above Adversity*. Villard Books〔スティーヴン・J. ウォーリン／シビル・ウォーリン著、奥野光／小森康永訳(2002)『サバイバーと心の回復力―逆境を乗り越えるための七つのレジリアンス』金剛出版〕
・山本潤(2017)『13歳、「私」をなくした私―性暴力と生きることのリアル』朝日新聞出版

第11章 児童自立支援施設や医療少年院での取り組みを巡って

第1節 児童自立支援施設での取り組み

児童自立支援施設は「不良行為をなし、又はなすおそれのある児童」に加え、1997年の児童福祉法改正により、「家庭環境その他の環境上の理由により生活指導等を要する児童」が入所するようになりました（児童福祉法第44条）。社会では非行少年が減ったと言われ、虐待相談が急増しているわけですが（警察庁 2017）、児童自立支援施設における入所児童の様子も随分と様変わりしています。ひと昔まえはいわゆる"不良少年"が多かったわけですが、現在はむしろ"幼くて不器用な子どもたち"ばかりが目につきます。そのため、児童自立支援施設における支援も、発達障害児のためのSSTや被虐待児のためのトラウマ・インフォームドケアなどを取り入れた、よりきめ細かい専門的なケアへのシフトチェンジが必要となっています。

1. 児童自立支援施設に入所する性暴力・性的虐待（家庭内性暴力被害）を受けた子どもたち

全国58カ所の児童自立支援施設には、2016年10月時点で約1,400人の子どもたちが入所しています（厚生労働省 2017）。直接の入所理由はさまざまですが、背景に被虐待のあるケースは、児童養護施設とほぼ同比率で約6割に上ります（図11-1）。そのなかでも性的虐待を受けた子どもの比率は、里親や児童養護施設に入所する子どもたちとこれもほぼ同程度で、全体の4～5%という割合です（図11-2）。

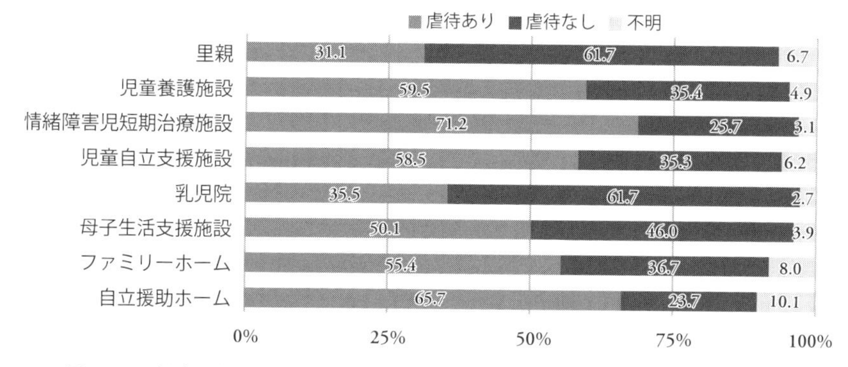

図11-1　社会的養護関連施設入所児童における被被虐待率（2013年2月1日現在）
（出典）厚生労働省，2015

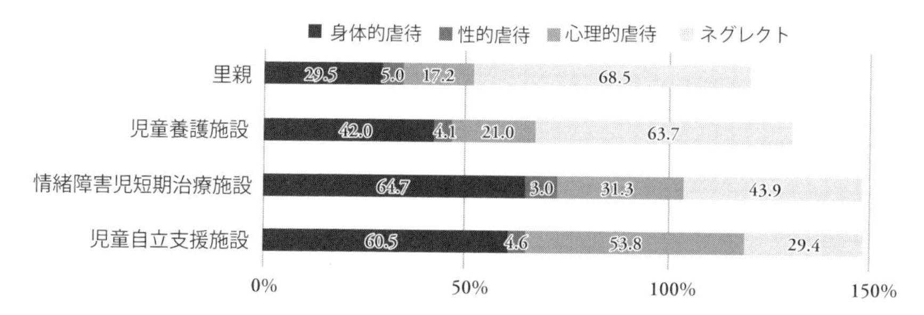

図11-2　社会的養護関連施設入所児童における被虐待種別率（重複回答可，2013年2月1日現在）
（出典）厚生労働省，2015

今度は、入所理由から見てみましょう。性暴力や性的逸脱行為、売春や不順異性交遊等の「性非行」を主訴に入所してきた子どもは、2013～2015年度は15％前後を推移しています（図11-3）。児童自立支援施設・W学園における過去6年間の性非行ケース（男子42件、女子14件）のうち、過去に自分自身が性暴力や性的虐待（家庭内性暴力被害）に遭っていた子どもは、男子が過半数、女子は実に100％というデータが得られました（図11-4）。男子の場合は、自宅でポルノ画像・動画や親の性交渉に触れやすい不適切な環境、児童養護施設内における男児間の性的逸脱行為や性被害、女子の場合は、父親や内縁男性からの性的虐待、児童養護施設における男児からの性被害、SNSをとおした男性から裸の撮影や画像送信の強要やレイプ（未遂）被害等を受けていることが多いです。

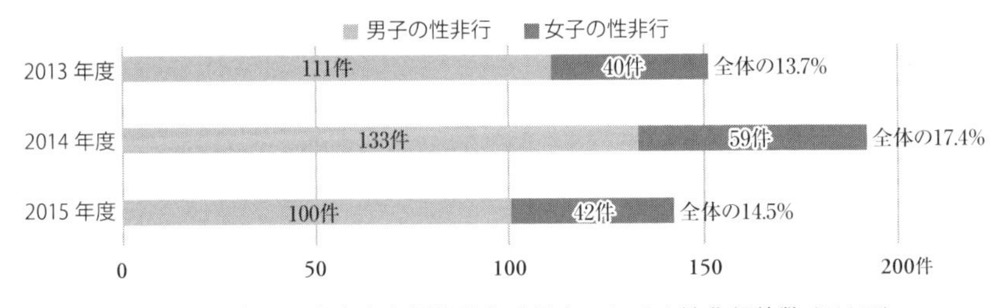

図11-3　全国児童自立支援施設入所児童における性非行件数（男女別）
（出典）全国児童自立支援施設協議会，2015

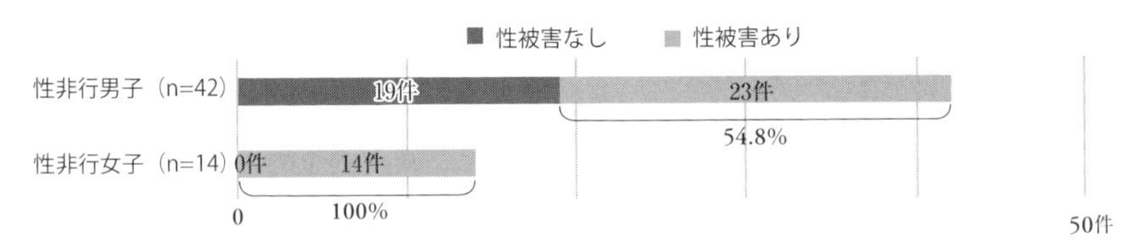

図11-4　W学園における性非行ケースにおける性被害率（男女別，2011～2016年度）
（出典）樋口，2017

2．児童自立支援施設における支援とケア

上述のように、昨今の児童自立支援施設には過去に性暴力や性的虐待（家庭内性暴力被害）を受け、かつ、自分自身に性的問題のある入所児童が一定数おり、施設内における性的問題の予防や再発防止に力を注がなければならない現状があります。しかし、そういった子どもに限って、施設における日課のうえでは一見問題が目立たず、にもかかわらず、退所後に問題再発してしまうことも少なくなく、従来の指導・ケアに行き詰まりを感じるようになっていました。

そのようななか、2000年代初頭から大阪の児童自立支援施設で「性暴力治療教育プログラム」が導入され（浅野 2008）、全国的に広がりを見せました。また、女子（松井 2014）や小学生（樋口 2015）などを対象に、トラウマからの回復を要素に入れたグループワークの実践報告もあります。

以下、W学園における支援とケアの実践例を紹介したいと思います。

3．W学園の実践例

W学園では、性的問題のある子どもを対象に再発防止を目的とした「個

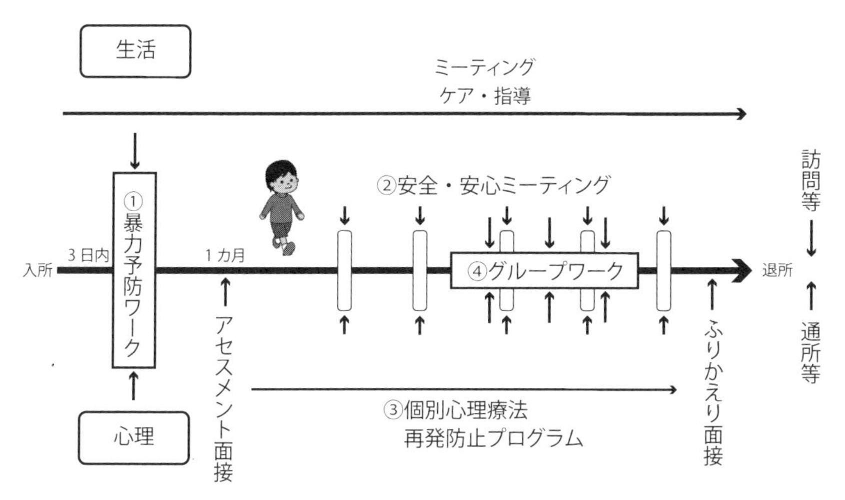

図11-5　児童自立支援施設・W学園における性暴力・性的虐待（家庭内性暴力被害）を受けた子どもたちへの総合的支援

別心理療法」に加え、心理職と生活担当職員が協働した予防的アプローチとして、入所時に「暴力予防ワーク」、在所中に「グループワーク」や生活場面における「安全・安心ミーティング」を取り組んでいます（図11-5）。

（1）暴力予防ワーク

新入生には必ず、生活担当職員と心理士が協働して、個別に本ワークを実施しています（30分程度）。なにが暴力か（暴言、無視や嫌がらせ、プロレスごっこなども含めて）、イライラしたとき、暴力以外にどんな対処方法があるか（深呼吸や10かぞえる、自室に戻る、職員に言うなど）、プライベートパーツと人との距離感（施設での遵守事項）、もしも暴力を受けた場合、どうすればよいか（窓口となる職員、日記、苦情箱等）、もしも暴力をふるってしまったら、どうなるか（施設のルール、触法／犯罪行為の対応について）を、イラストや例を記載したワークシートを用いて説明しています。男子には、マスターベーションのマナー（プライベートな場所や時間帯、衛生面や処理）も教え、健全な集団生活となるように導入しています。

入所児童の今までの暴力被害／加害歴や性に関する悩み、第二次性徴の状況を把握・アセスメントする機会にもなっています。ワーク受講後は、簡単な小テストを用意し、その理解の程度も測っています。

（2）安全・安心ミーティング

生活する寮／ユニットごとに、生活担当職員が毎晩ミーティングを促し、1日をふりかえる機会を設けています。もちろん、トラブルがあればそれをふりかえらざるを得ないわけですが、できるだけ他児の良い行いや声かけをフォードバックし合えるように努めています。また、子どもたちが主体的に責任を持って活動できるように、発表、記録や進行の練習の場ともなっています。

数カ月に1回、心理士がミーティングに参加し、心理教育の機会を設けています。テーマは、その寮／ユニット、その時期の課題に合わせて、生活担当職員と相談して企画しています。例えば、少しエッチな場面のある漫画を見せびらかす子がいるが、どう扱うか、性化行動のある入所したての年少児を、みんなでどうかかわっていくか、などを話し合ったこともありました。また、心理士が参加するミーティングの際には必ず「移動式意見箱」を実施し、匿名でよいので、困っていることがなくても必ず白紙で投票すること、寮／ユニットの安全得点（0～10点）、個別に相談したいことがあるかどうか、などを記入してもらっています。積極的にアンケートを書いてもらうと、些細だけれども見逃しがちな“ヒヤリハット”な案件を書いてくれて、子どもたちの考えていることが興味深くもあり、日常のケア／指導のうえで大変役に立っています。

（3）個別心理療法・再発防止プログラム

性非行を主訴に入所してきた子どもについては、週1回もしくは隔週1回の心理療法を実施しています。

男子の性非行ケースには、

- 藤岡淳子（2006）『性暴力の理解と治療教育』誠信書房
- T・J・カーン著、藤岡淳子訳（2009）『回復への道のり―性的問題行動・性犯罪の治療教育1～3』誠信書房〔Kahn, T. J.(1990) *Pathways guide for parents of children and adolescents with sexual behavior problems*; (1996) *Pathways:a guided workbook for youth beginning treatment*; (1999) *Roadmaps to*

recovery:a guided workbook for children in treatment, Safer Society Press〕

- パメラ・M・イエイツ／デビッド・S・プレスコット著、藤岡淳子訳（2013）『グッドライフ・モデル―性犯罪からの立ち直りとより良い人生のためのワークブック』誠信書房〔Yates, P. M., & Prescott, D. S. (2011) *Building a better life: A good lives and self-regulation workbook*, Safer Society Press〕
- クリシャン・ハンセン／ティモシー・カーン著、本多隆訳（2015）『性問題行動のある知的障害者のための16ステップ―「フットプリント」心理教育ワークブック』明石書店〔Hansen, K., & Kahn, T. J. (2006) *Footprints: Steps to a Healthy Life*, Safer Society Press〕
- 宮口幸治／川上ちひろ（2015）『性の問題行動をもつ子どものためのワークブック―発達障害・知的障害のある児童・青年の理解と支援』明石書店

など、市販されている書籍を参考に、個別に実施しています。ただし、知的発達の未熟さやアンバランス、残りの在園期間、ケースの経緯などによって、内容を簡略化させたり、必要と思われる内容を補足したり、取り組む章やホームワークを調整したりしているのが現状ですし、これらのエッセンスからオリジナル版を作成もしています。生活担当職員や児童相談所担当者と連携できるように、章ごとにレポートを作成してコメントをもらうような工夫をしたり、外泊中に保護者といっしょに取り組んでもらうホームワークを課したりもしています。

女子の性非行ケースには、

- 野坂祐子／浅野恭子（2016）『マイステップ―性被害を受けた子どもと支援者のための心理教育』誠信書房

などの心理教育要素を加えながら、TF-CBTや臨床動作法、トラウマ・ナラティヴなアプローチをしています。

（4）グループワーク

W学園では、心理士が中心となって、生活担当職員や学校教員と協働して、小学生と退所を控えた中学3年生男子、中学3年生女子のそれぞれに、主体的・体験的に学べる場として「グループワーク」を実施しています。実施期

表11-1　児童自立支援施設・W学園におけるグループワークの実施状況

	小学生	中学3年生男子/女子
期間	4カ月間	1年間
頻度・回数	隔週1回・全8回+1回	隔月1回・全6回
内容	①はじめに ②「気持ち」を知る ③じょうずな「自己主張」 ④大切ないのち ⑤新しい「行動」を試す ⑥新しい「行動」を試す（その2） ⑦プラスの「考え」にきりかえる ⑧大切ないのち（その2） ⑨復習（3カ月後）	①人間関係 ②いのちの教育 ③卒園生の体験談 ④薬物乱用予防 ⑤スマホとの付き合い方 ⑥卒園に向けて

間、頻度・回数、内容は表11-1のとおりです。小学生グループワークでは、TF-CBTの前段部分（PPRACTICEの"PPRAC"）の要素を取り入れて、集団実施しています。

直接的なテーマとして"性教育"を実施する回もありますが、パーソナルスペースや感情のモニタリング、ストレスコーピングやリラクセーション、アサーショントレーニングやアンガーマネジメントなどのスキルを身につけることが、性暴力や性的虐待（家庭内性暴力被害）を受けない、もしくは、自分が加害者とならないために大切なことだと考えています。

4．児童自立支援施設における課題

児童自立支援施設でも心理教育的な実践を取り入れはじめたわけですが、退所後に問題が再発してしまったり、不適応に陥ってしまったりしてしまうケースも少なくはなく、アフターフォロー体制の強化が大きな課題となっています。

より実生活に近いリアルなソーシャルスキル向上の機会と、アフターフォローしていける体制を模索しています。　（樋口純一郎）

第2節

医療少年院での取り組み

――発達障害、知的障害のある性加害少年の考え方――

1．発達障害、知的障害をもった性加害少年は最難関

性に対する欲求は人の三大欲の一つにも挙げられ、決してなくすことができない強いものです。さらに性に関する問題は他の問題と比べて特殊性を伴います。性行動そのものは生命誕生のための欠かせない営みであり、極めてプライベートな性質をもっています。覚醒剤使用や傷害・殺人事件などはそもそもその行為自体が犯罪に相当しますが、例えば強姦では相手の同意があった、なかったなど当事者間の関係性で犯罪になるかが分かれたりすることもありますので、性行為自体が犯罪行為になるわけではありません。

つまり性的な欲求自体は問題があるわけではなく、逆にこれがないと人類は滅びてしまいますので、覚醒剤のように絶対的にダメと言えず、少年たちには"適切な相手と適切に使いなさい"と伝える必要があるのです。しかしこの"適切に"が微妙であり、発達障害や知的障害をもった少年たちにはとても難解です。医療少年院や女子少年院に在院する少年たちの性の問題行動にも、その"適切さ"が理解できずその意図がなくとも結果的に犯罪行為・虞犯になったというケースも多くみられます。

2．性加害の問題点

注意すべき点は、"性の問題だけにとらわれない"ことです。性が問題になる子どもは果たして性の問題だけなのかという点です。本当に性の問題さえなくなれば他に問題が何もないでしょうか。決してそんなことはありません。性の問題がなくなったとしても、発達の問題、対人関係の問題、感情の問題、イジメの問題、家庭環境の問題などが背景に必ず隠れています。どちらかというとそれらの背景の問題がきっかけで性の問題行動を引き起こしていることが殆どなのです。特に対人関係の問題は大きく関係してきます。対人関係はコミュニケーション力と強く関係しています。

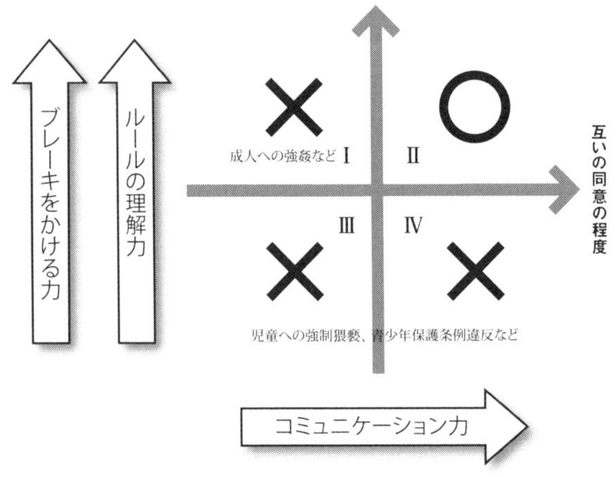

図11-6　性加害の問題

（出典）宮口幸弘（2017）『教室の困っている発達障害をもつ子どもの理解と認知的アプローチ―非行少年の支援から学ぶ学校支援』明石書店

そこで性加害の問題を図11-6のように図式化してみます。縦軸が性に関する社会的規制を守る力で、横軸をお互いの同意の程度とします。それぞれに影響を与える因子として、社会的規制を守る力には、“ルールの理解力”と“ブレーキをかける力”が、お互いの同意の程度にはお互いの“コミュニケーション力”が考えられます。縦軸の社会的規制で分かりやすいのが年齢です。例えば相手の合意があってもなくても13歳未満と性的な行為をした場合（III、IV）や、相手の同意があっても18歳未満に淫行すると（IV）、児童への強制猥褻や青少年保護条例違反に相当します。これは年齢というルールの理解力が必要になります。さらにルールを理解していても自分の行動を抑える力（ブレーキをかける力）も必要になるでしょう。

横軸の同意は、相手との相互のコミュニケーションを指します。いくら年齢というルールを守ってもお互いが同意なしに性的な行為を行うと（I）強姦罪などになります。したがって性加害の問題は、社会的なルールが理解できず、または自分を抑える力が弱く、お互いの同意がないときに生ずるのです（I、III、IV）。逆に考えればしっかりルールを理解して年齢といった社会的規制を守り、さらに自分の欲求にブレーキをかけ、しっかりコミュニケーションして互いに同意すれば全く問題がない（II）のです。

ですので、性加害の問題を減らす支援の方向は、社会的規制を理解させること、行動にブレーキをかける力とコミュニケーション力をつけさせて「I、III、IV → II」の状態にもっていくことにあるのです。社会的規則は知識として理解させるために何度も繰り返し伝えるとして、われわれ支援者ができることは、**異性や性的刺激から遠ざけたり性的な欲求や行動を問題視したりするのではなく、“適切な相手と適切に性的な関係を持つためのコミュニケーション力”と、“不適切な行動にブレーキをかける力”**をいかにつけさせるかということに尽きるでしょう。

3．性に必要なコミュニケーション力とは？

では、性加害を減らすためのコミュニケーション力にはどのようなことが必要でしょうか？　異性と知り合い、性的な関係をもちたいと一方が考えた場合、具体的には以下のようなものが考えられます。「→」は留意点です。

・相手の表情を読む、その表情の背景を読む
　→相手が嫌そうにしていないか？
　　ニコニコしていても実は愛想笑いではないか？
・言葉を理解する、言葉の裏を理解する
　→遠まわしに拒否の言葉を使っていないか？
　　「いいよ」と言っても実は嫌われたくないからではないか？
　　怖くて「いいよ」と言ったのではないか？
・動作やしぐさを理解する
　→身体が拒絶していないか？
　　恥ずかしそうにしていても実は恐怖に怯えていないか？
　　怖くて逃げようとしていないか？
・共感する
　→戸惑い、不安、後ろめたさなど相手の気持ちをお互い理解しようとしているか？
・気持ちを伝える・共有する
　→性的な関係をもちたいという気持ちをお互い共有しているか？

これらの1つでもうまくいかなければ、つまり同意を得たと思っても実は勘違いをしていれば、結果的に性加害になったり、後になって性加害を受けたと訴えられたりすることになるのです。特に発達障害や知的障害をもった少年たちにとっては、こういった微妙なやり取りの背景を理解するのがとても難しいはずです。実際に、SNSなどを利用して“この女性なら分かってくれる”と勝手に思い込んで強制猥褻や公然猥褻などで逮捕されたりストーカー行為を繰り返したりする少年たちもいました。

しかしここで注意すべきはこれらが特に**“性の問題に特化したコミュニケーション力ではなく通常の対人関係でも要求されるものと変わりがない”**という点です。この点もやはり同様に発達障害や知的障害をもった少年たちが特に苦手とするところですので、性加害についてはそもそもリスクを抱えているとも言えるでしょう。ですので、彼らへの支援としてはまずは通常の対人関係におけるコミュニケーション力をトレーニングすることが必要なのです。

4．ブレーキをかける力とは？

“やっていけないことは分かっていてもついやってしまう”、“人に流されやすい”といった非行少年たちがいます。万引きや窃盗、薬物使用などに加え、性の問題行動も同様です。頭では悪いことと分かっていても欲望に負けたり、ストレスから痴漢や強制猥褻をしてしまったりします。これらを行わないようにブレーキをかける力が必要なのですが、ブレーキには“心理的ブレーキ”、“社会的ブレーキ”などがあります。心理的ブレーキとしては被害者の気持ちを想像する、自分の家族の悲しむ姿を想像する、悪いことはしたくない、などで、社会的なブレーキとしては、社会的な制裁を受けること（逮捕される、刑務所や少年院に入る、職を失う、皆に知られてしまう等）などが考えられます。逆にブレーキを弱くする影響因子として、家庭環境やイジメ被害などからくるストレスがあります。

性の問題行動を減らすにはコミュニケーション力をつけさせる以外にもう一つの彼らへの支援として“ブレーキをかける力を強化すること”が必要です。ただ彼らの神経心理学的特徴として、注意の抑制機能が低いことも考えられます。注意の抑制とは、やってはいけない刺激にストップをかける脳機能の一つなのですが、犯罪者の特徴としてこの力が弱いことがこれまでに報告されています。これに対しては注意の抑制力を向上させるための認知機能強化トレーニングが効果的です。

従って性の問題行動に対しては心理的アプローチと脳機能的アプローチを併用することが最も効果的と考えられるのです（Miyaguchi & Shirataki 2014）。

（宮口幸治）

〈引用・参考文献〉

・浅野恭子（2008）「児童自立支援施設における実践」藤岡淳子編『関係性における暴力』岩崎学術出版

・Cohen, J. S., Anthony, P. M. & Deblinger, E. (2012) *Trauma-Focused CBT for Children and Adolescents: Treatment Applications*. New York: The Guilford Press.〔ジュディス・A・コーエン／アンソニー・P・マナリノ／エスター・デブリンジャー著亀岡智美ほか監訳（2015）『子どものためのトラウマフォーカスト認知行動療法―さまざまな臨床現場におけるTF-CBT実践ガイド』岩崎学術出版社〕

・樋口純一郎（2012・2013・2014・2015・2016・2017）「心理業務について」児童自立支援施設・W学園 統計（平成23～28年度）

・樋口純一郎（2014）「児童自立支援施設における心理教育的グループワークの効果検証―心理職と生活職員の協働実践」第20回日本子ども虐待防止学会学術集会名古屋大会プログラム・抄録集20、p.129

・警察庁（2017）「平成28年における少年非行、児童虐待及び児童の性的搾取等の状況について」

・厚生労働省雇用機会均等・児童家庭局（2015）「児童養護施設入所児童等調査結果」

・厚生労働省雇用機会均等・児童家庭局家庭福祉課（2017）「行政説明資料」平成29年度 全国児童自立支援施設長会議 社会的養護を担う児童福祉施設長研修会

・松井智代（2014）「児童自立支援施設女子グループワークメンバーの特徴とグループ実施前後の変化および寮担当者の支援の在り方について」第20回日本子ども虐待防止学会学術集会名古屋大会プログラム・抄録集20、p.54

・松本伊智朗編著（2010）『子ども虐待と貧困―「忘れられた子ども」のいない社会をめざして』明石書店

・Miyaguchi, K. & Shirataki, S. (2014). Executive functioning problems of juvenile sex offenders with low levels of measured intelligence. *Journal of Intellectual and Developmental Disability*, 39, pp.253-260.

・文部科学省（2016）「平成28年度学校基本調査」

・楢原真也（2015）『子ども虐待と治療的養育―児童養護施設におけるライフストーリー

ワークの展開』金剛出版
・NPO法人ブリッジフォースマイル（2017）「自立支援白書2016」
・才村眞理／大阪ライフストーリー研究会編著（2016）『今から学ぼう！ライフストーリーワーク』福村出版
・佐々木正美（1996）『生き方の道標　エリクソンとの散歩』子育て協会
・白川美也子（2016）『赤ずきんとオオカミのトラウマ・ケア―自分を愛する力を取り戻す』アスク・ヒューマン・ケア
・高橋亜美／早川悟司／大森信也（2015）『子どもの未来をあきらめない―施設で育った子どもの自立支援』明石書店
・山本潤（2017）『13歳、「私」をなくした私―性暴力と生きることのリアル』朝日新聞出版
・全国児童自立支援施設協議会（2015）「運営実態調査（平成24～26年度）」

資料 Ⅰ.「性的虐待を受けた子どもへのケア・ガイドライン」(平成22年度版)

Ⅱ. 情緒障害児短期治療施設版　性的虐待・家庭内性暴力被害児の生活支援、心理ケア、医療ケアのガイドライン(平成27年度版 試行)

Ⅰ.「性的虐待を受けた子どもへのケア・ガイドライン」(平成22年度版)

1.「性的虐待を受けた子どもへのケア・ガイドライン」(平成22年度版)の有効性

分担研究者(八木)らは2008年度～2010年度の厚生労働科学研究費補助金(政策科学総合研究事業)「性的虐待を受けた子どもの中長期ケアの実態とそのあり方に関する研究」の調査研究を踏まえ「性的虐待を受けた子どもへのケア・ガイドライン」(平成22年度版)を作成した。以下に参考資料として、そのガイドラインを示す。

この研究は情短のみならず全国の児童養護施設にも質問紙調査を行い、その結果を基に作成したものである。以下のとおり、ガイドラインに関しては被性的虐待児童(この際も現行法である児童福祉法［児童虐待の防止に関する法律］の範疇に属さない家庭内性的暴力被害児を念頭に置いて調査検討を行った)のみならず、他の被虐待児童への基本的支援(STEP 1)が十分に定着しているかを重要視した。さらに、施設内での他職種における連携の大切さ、すなわちチームアプローチが適切に図られているかを重要視した(STEP 2)。そして、施設内外のソーシャルワークのネットワーキングや施設(情短や児童養護施設など)の専門的支援やケアのあり方について、先駆的な取り組みをしている情短や児童養護施設を紹介して、課題を抱える児童福祉施設への啓蒙的な指針(ガイドライン)を提供したと考える。

今回、改めて「性的虐待を受けた子どもへのケア・ガイドライン」(平成

22年度版）と「情緒障害児短期治療施設版　性的虐待・家庭内性暴力被害児の生活支援、心理ケア、医療ケアのガイドライン（試行）」と比較検討を行ったが、平成22年度版は基礎的な施設支援やケアのあり方が網羅されており、決して遜色ないものであり、これを大切に児童福祉施設の基盤づくりを図ってもらいたいと確認した。

情短が全国で43箇所（2015年4月1日現在）を数え、この10年間において増加が著しい。それは今や昭和時代の「不登校中心の情短」（不登校も重要な児童課題であるが）ではなく、よりシビアな児童虐待の子どもたちの「命とこころを守る最先端の治療施設」という認識が日本国中で広まってきたからであると強く考える。したがって、この度、提供する「情緒障害児短期治療施設版　性的虐待・家庭内性暴力被害児の生活支援、心理ケア、医療ケアのガイドライン（平成27年度版 試行）」は、今日の情短における最新の生活支援、心理ケア、医療ケアを中心に児相や関係機関とのソーシャルワーク展開も加えて作成したものである。

情短であっても、家庭内性暴力被害児に関しては最も難しい支援やケアで大変であろう。専門職種が整ってはいない児童養護施設においては一層であると推察される。その際に、今回の「情緒障害児短期治療施設版　性的虐待・家庭内性暴力被害児の生活支援、心理ケア、医療ケアのガイドライン（平成27年度版 試行）」と併せて、「性的虐待を受けた子どもへのケア・ガイドライン」（平成22年度版）も活用いただければありがたいと考える。

2．ケア・ガイドラインの基本的枠組みについて

●STEP1「子どもが安全・安心して生活できる環境の整備」

子どもたちが安全・安心に生活できる環境を作ることを目指す。性的虐待を受けた児童だけではなく、すべての入所児童への施設ケアの土台づくり。

●STEP2「健全な発達を促進する支援体制づくり」

子どもたちの再被害や問題行動を組織的に予防し、その健全発達（性的な発達を含む）を促進していくことを目的としている。

●STEP3「性的虐待を受けた子どもと家族の個別課題を理解して行う専門的支援」

時期		項目（STEP1-1 ～ 1-5）	内　容（一部抜粋）
入所前	**施設構造・時間への配慮**	施設内の建物・構造の問題点の把握	✓ 児童の発達に応じた安全性の確認 ✓ ヒヤリハットの共有
		目の届きにくい空間の把握	✓ 生活時間帯ごとの死角を把握 ✓ 空間自体の改善と職員の動きによるカバー
		緊急時に使用できる部屋の準備	✓ 児童にとって、活用する意味を職員間で共有する ✓ 児童と使用ルールについてあらかじめ合意する
		年齢に応じた個のスペースづくり	✓ 個人の空間・共有の空間を区別する意識（境界） ✓ 個人空間が尊重されるように、使用のルールを話し合い、自尊感情を育てる
		問題の発生しやすい時間の把握	✓ 問題が発生した状況や時間帯について記録する ✓ 問題が発生しやすい時間帯に応じた勤務体制の調整を行う

施設内外の機関と連携しながら、子ども・保護者の抱える課題を理解して、個別的・専門的・治療的な支援を行う。

3．STEP 1　安全・安心して生活できる環境づくり

時期		項目（STEP1-6 ～ 12）	内　容（一部抜粋）
入所時①	**施設生活への準備と信頼づくり**	職員全員で子どもの状況を確認している	✓ 児童相談所から事前の情報（生活記録・診断表等）を得る ✓ 施設内において、関係職員で入所前のカンファレンスを行い、予想される問題やリスク等について共有する
		子どもの権利について説明している	✓ 施設生活の説明と合わせて、「権利ノート」についての質問に答える ✓ 児童にわかりやすく説明し、質問に答えるための研修を実施する
		施設生活のルールについて説明している	✓ 児童の年齢に応じて、施設生活のルールとその意味について説明 ✓ 児童から質問を積極的に促し、説明する
		子どもと職員間に信頼関係がある	✓ 暴力を許さない文化づくりを施設全体で行うこと ✓ 児童の意見・思いを汲み取るための方法や機会が複数設定されていること
入所時②	**組織的な支援体制づくり**	日常的な引き継ぎができている	✓ 引き継ぎに関する会議の持ち方、参加職員を工夫し、全体で共有する ✓ 引き継ぎに関して、事実の伝達だけではなく、理解の伝達を行う

入所時②	組織的な支援体制づくり	職員同士で相談できる体制づくり	✓ 今後起こりうるリスクについて、話し合える機会を設定 ✓ 子どもの性発達に関する最低限の医学的、心理的知識を共有し、職員間でオープンに話し合える雰囲気を作る
		役割分担がはっきりしており、スーパーバイズの体制が整っている	✓ 職員の個別性を認めながらも、組織的な役割分担・連携について明確にし、共有している ✓ トラブル発生時の報告・協議など対応体制を事前に決めておく ✓ 施設内の新たな問題について対応する際に外部のスーパーバイザーの支援を受けるなど体制を整えておくこと

4．STEP 2　健全な発達（性の健全な発達を含む）を促進する支援体制づくり

時期		項目（STEP2-1 ～ STEP2-3）	内容（一部抜粋）
入所中	アセスメント・支援計画	一人ひとりの子どものアセスメントができている	✓ 入所前に児童相談所に依頼し、児童記録や心理所見、一時保護中の行動記録などの情報を得る ✓ 入所前にカンファレンスを行い、事前に予測される問題への対応を職員全体で共有する
			✓ 一定期間の観察を経て、情報を集約し、施設としてのアセスメントを行う ✓ 施設内のアセスメント結果と支援方針について、児童相談所とすりあわせて、共有する
		子ども集団の状況について、定期的にアセスメントする機会をもっている	✓ 日常の記録をもとに、子ども個人・集団力動に関する情報を共有する ✓ 施設全体で把握した子ども個人・集団力動について定期的にアセスメントする
		子どもの支援計画を作成する人が決まっている	✓ 支援計画の作成にあたって、担当、主任、心理職員、FSWなどの役割分担を決める

時期		項目（STEP2-4 ～ STEP2-5）	内容（一部抜粋）
入所中	暴力予防の取り組み	子どもの再被害や問題行動を予防する取り組みを行っている	✓ これまで受けてきた虐待や被害について、暴力として認知できるように支援する ✓ 暴力から守られる権利があることについての話し合う機会を繰り返し持つ ✓ 子どもが自らを守る方法を身につけ、信頼できる大人に助けを求められるようＣＡＰプログラムなどの学習機会を作る

時期		項目(STEP2-4 ～ STEP2-5)	内容（一部抜粋）
入所中	**暴力予防の取り組み**	暴力防止に対する取り組みを行っている	✓ 自分の気持ちを暴力以外の方法で伝えられるように日常生活の中での具体的な援助を行う ✓ 年齢に応じて、自分の感情に気づき、社会的に認められる方法で伝えられるよう、セカンドステップなどのプログラムを実施する ✓ 感情のコントロールができず、自分の気持ちを暴力で示してしまう子どもに対する対応について、周囲の子どもにアドバイスをする

時期	項目(STEP2-4 ～ STEP2-5)	内容（一部抜粋）
入所中	**子ども全員に対して、性の健全な発達を促す教育を行っている**	✓ 性教育を実施する目的について、職員全員で共有する ✓ 性教育の実施にあたって、講義形式だけはでなく、日常的に個別に実施するなど　さまざまな手法を検討する ✓ 性的虐待を受けた経過のある子どもやその可能性のある子どもについては、集団での性教育場面への参加について、意思を確認するなど個別に対応を協議する ✓ 性に関する正しい知識を子ども全員が持てるように性教育を行う

（1）児童養護施設における性教育の基本的視点

1）愛着　2）信頼関係　3）発達の理解　4）性情報の氾濫を防ぐ

（2）児童養護施設の性教育

1）「学習会形式」　2）「生活場面の性教育」

（3）性教育を行う職員の課題

1）抵抗感　2）自分の性に対する認識　3）職員間の共通理解

5．STEP 3　子どもと家族の個別的な課題を理解して行う専門的支援

時期	項目(STEP3-1)	内容（一部抜粋）
入所中	性被害を受け、治療を受けている子どもの専門的な生活ケアの体制がある	✓ 性的虐待が子どもに与える影響について、職員全体で共有する ✓ 婦人科治療等を受ける場合、自分の身体について誤ったイメージを持っている可能性を踏まえて、医師との連携のもとに診断結果を伝えてもらう

入所中	性被害を受け、治療を受けている子どもの専門的な生活ケアの体制がある	✓ 心理治療にあたって、施設心理士、児相の児童心理司、児童精神科医と連携しながら、治療開始の時期、内容、役割分担を協議する ✓ 精神科受診・医師との連携について、児童相談所と協議しながら、集団生活の可否について相談する

○性的虐待・性暴力被害を受けた子どもへのケア

①トラウマ性の問題

②自己イメージの低下への対処

③性的行動の再現性への対応

④健康な性的発達の促進

⑤性被害体験と関連する問題

⑥境界線（バウンダリー）の課題

時期	項目（STEP3-2～4）	内容（一部抜粋）
入所中	性被害を受け、専門的治療が必要な子どもへの心理治療が実施できる体制がある	✓ 施設心理士を中心に他機関と連携しながら、治療の時期・内容・役割分担を協議し、治療過程でのリスク、問題行動等について予測する ✓ 状況に応じて、施設外の機関での治療を検討する
	性的虐待や性被害を受けた子どもへの性の健全な発達に関する心理教育を実施している	✓ 子ども全員を対象とした性教育とは別に、個別に慎重に実施手法について検討する ✓ 性教育を受けるにあたって、心の準備が必要になるため、実施するかどうか、実施手法等について子どもの意思を尊重する
	性暴力治療（心理）教育プログラムを実施している	✓ 地域や施設内で他の子どもに対する性暴力を起こした場合、今後の処遇について検討する ✓ 入所を継続する場合、一時保護の活用や再発防止に向けたプログラムを検討する

○性的虐待や性被害を受けた子どもへの心理教育

①実施方法についての検討

②子どもの意思の尊重

③リスク管理

○性暴力治療（心理）教育プログラム

ロードマップ、パスウェイズ、フットプリント等

ケアガイドラインチェックリスト（STEP1、STEP2、STEP3）

入所前／入所時

STEP1　子どもが安心して生活できる環境整備

入所前

STEP1-1　年齢に応じて個のスペースを意識した空間作りを工夫している（個人スペースと公スペースの区別、また持ち物の整理・管理など）

STEP1-2　緊急時に使用する部屋がある（静養室・個室など）

STEP1-3　施設の建物構造の課題や問題点を把握している

STEP1-4　施設内で職員の目が行き届きにくい場所を把握している

STEP1-5　子どもの問題が起きやすい時間を把握し、それに応じた勤務体制を工夫している

入所時

STEP1-6　入所前に職員全員で子どもの状況を確認している（入所前カンファレンス）

STEP1-7　入所前に「子どもの権利」について説明している

STEP1-8　入所前に施設生活のルールについて説明している

STEP1-9　子どもと職員に信頼関係ができている

STEP1-10　日常的な子どもの状況について引き継ぎができている（記録と引き継ぎ）

STEP1-11　職員同士で相談できる体制がある（職員同士で性の課題について、オープンに話せる雰囲気がある）

STEP1-15　職員の役割分担がはっきりしておりスパーバイズ体制がある

STEP1-13　職員のスキルアップを図る体制が整っている（施設内研修の実施や外部研修への派遣等）

STEP1-14　幼稚園や学校の先生との連携がとれている

STEP1-15　児童相談所との連携がとれている

STEP1-16　問題が生じたときに相談できる外部機関がある

入所中

STEP2　健全な発達（性の健全な発達を含む）を促進する支援体制

STEP2-1　一人ひとりの子どものアセスメントができており、職員全員で共有している

STEP2-2　子ども集団の状況について、定期的にアセスメントする機会を持ち、職員全員で共有している

STEP2-3　子どもの支援計画を作成し、活用している

STEP2-4　子どもの再被害や問題行動を予防する取り組みを行なっている（CAP プログラム等）

STEP2-5　暴力防止に対する取り組みを行っている（セカンドステップ・プログラム等）

※問題のある子どもへの取り組みのみならず、周囲の子どもも育てるプログラムの展開、問題の子どもを周囲の子どもで抱えることができる集団作り

STEP2-6　施設内で性的加害・被害が起こったときの対応マニュアルがあり、活用している

STEP2-7　子ども全員に対して性教育を行っている

STEP2-8　子どもが精神的に不安定になったときに受診できる医療機関を持っている

STEP2-9　児童相談所との連携による外泊や面会のマネジメントができている

STEP3　性的虐待を受けた子どもと家族の個別課題を理解して行う専門的支援

STEP3-1　性被害を受け、治療を受けている子どもの専門的な生活ケアの体制がある

STEP3-2　性被害を受け、専門的治療が必要な子どもへの心理治療が実施できる体制がある（施設心理士による実施、もしくは外部機関との連携による実施）

STEP3-3　性的虐待や性被害を受けた子どもへの性の健全発達に関する心理教育を実施している

STEP3-4　性暴力治療（心理）教育プログラムを実施している

STEP3-5　外部のスーパーバイザーを招いてケースカンファレンスを実施している

STEP3-6　性的虐待の被加害保護者を中心とした家族への支援ができている

Ⅱ．情緒障害児短期治療施設版　性的虐待・家庭内性暴力被害児の生活支援、心理ケア、医療ケアのガイドライン（平成27年度版 試行）

1．生活支援

【建築構造・職員体制】
● 居室は1～2人部屋が多く、ほとんどの施設でトイレや風呂は男女別であった。 ● 多くの施設で男女の生活空間を分離していて、男女の共有空間になる食堂や運動場は、使用時間をずらしたり、職員が見守りを行ったりしていた。 ● ほとんどの施設が死角になる場所を把握していて、巡回やミラー設置等の対策を講じていた。
【支援内容】
● 性的虐待を受けた児童の支援において特に重要なことは「安心できる生活」だと、ほとんどの施設が考えていた。次いで「治療的な関与」、「境界が明確な生活」と答えた施設が多かった。 ● 安全・安心のために、多くの施設が権利擁護の施設内研修と子どもの自治会活動を実施しているほか、申し送りや苦情解決制度を活用して日々の取り組みを点検している施設もあった。 ● ほとんどの施設が子ども間の暴力の予防に取り組み、半数の施設がアンガーマネジメントやSSTを実施していた。 ● ほとんどの施設で居室の行き来や他児のベッドに入ることを禁止していたほか、持ち物の区別に留意し、子ども同士の適切な距離感や異性間の身体接触について教えていた。 ● 多くの施設が漫画や小説の性的描写を確認していて、性器や性行為の描写があるものは所持を認めていなかった。 ● 約1/3の情短が入所児同士の交際を容認していた。 ● 性的トラブル時の支援内容は、性教育と衣類等の私物の整理が最も多く、次いでマナー教育と個別日課が多かった。 ● 特に重点を置く支援は、対人関係の持ち方に関する支援であり、次いで生活習慣、感情面の安定化、行動面の問題のコントロールの順だった。 ● 集団的アプローチとしては、性教育を行う施設が多く、身体的な性徴の説明だけでなく、生命の貴さについて児童たちと話し合う取り組みを行っていた。

【成果】
● 性的トラブル時の支援の結果、安全・安心感、症状や問題行動、生活習慣、対人関係のいずれにおいても、90%前後の児童に改善が見られた。特に生活習慣については、半数の児童にかなりの改善があった。
【課題】
● 約1/3の施設が性的虐待を受けた児童の受け入れに不安があり、主な不安要因は職員のスキル不足、他児との関係、職員数不足、建築構造であった。 ● ほとんどの施設が、支援において特に重要なこととして、家庭的な雰囲気を挙げなかった。 ● 2/3の施設で複数の子どもが一緒に入浴しているが、常に職員がついていられない施設もある。 ● 所持を認められない性的描写という判断に幅がある。また、フィルターをかけても、携帯電話等で性的映像を閲覧できてしまう。 ● 性的トラブル時の支援の結果、対人関係がかなり改善したと評価された児童は17.6%だった。 ● 性教育は多くの児童に実施されていたが、重点的に行った支援として挙げられる割合は半数に満たない。
【調査結果の分析】
● 性的トラブル時の支援の結果、ほとんどの児童で、安全・安心感、症状や問題行動、生活習慣、対人関係の改善が認められる。 ● ただ、対人関係については職員が期待するほどの改善が見られない。これは、家庭的な雰囲気を重視していないことが愛着の伸びを鈍らせている可能性が考えられる。 ● 安心できる生活環境、治療的な関与、境界が明確な生活等が有効な援助方針と言える。 ● ほとんどの施設が、男女の境界や自分と他人の間の境界を意識して生活できるように環境を整え、子ども同士が互いの個人空間を大切にするように教えている。 ● 思春期の子どもにとって、恋愛は大切な発達課題であると同時に、入所児と職員が恋愛や性について話し合える関係にあることも大切だと考えられる。 ● 性的トラブルがあると、多くの施設で性教育が行われているが、職員は性教育をあまり重要と考えていない。職員が重視している対人関係の改善に、性教育があまり寄与していないのではないかと考えられる。 ● 暴力防止プログラム、心理教育、認知行動療法など多様な手法が活用されているが、特に有効な特定の手法があるわけではなく、子どもの特性や集団の状況に応じて、さまざまな手法を使い分けていると考えられる。

生活支援のチェックリスト
□ 生活支援の基本方針が次の3点に沿っている。 [①安心できる生活環境、②治療的な関与、③境界が明確な生活]
□ 自分の境界を守ってもらえる安全感と他人の安全を脅かさないことの意味を、子どもが体験できるよう次の4点に気をつけている。 [①個人所有、②個人空間、③距離感、④男女の区分]
□ 安全管理や未然防止策が、子どもの安心感や家庭的な雰囲気を損なわないように配慮している。
□ 職員と子どもの間で恋愛や性について話し合えるよう、普段からの関係づくりを大切にし、権利擁護に関する職員研修も行っている。
□ 安心できる生活環境と頼れる大人との関係性という基盤を整えた上で、性教育や心理教育を実施している。

2．個別の心理療法

調査結果
【性的虐待を受けた子どもの心理治療】 92.2%のケースで実施 認識・対応できていること：職員間での情報・認識の共有/PTSD症状、解離、性や自己認識の歪みに関する確認/子どもには責任ないことの説明 認識・対応にバラつきがあること：被害確認面接の情報あり/身体を通じた技法の準備/入所時に性的虐待を子や親と共有/被害記憶に関する技法（暴露、EMDR等）の準備 【入所後の性的虐待発覚への対応】 認識・対応できていること：児相への報告、子と親との連絡・面接は児相と協議する/年齢不相応な性的興味や言動は性的被虐待のサインを疑う/聞き取りは安全な状況で実施/性的被虐待を受けた子の特徴周知/聞き取りの二次的加害性理解 認識・対応が低い：性的虐待を受けた子が自主的に報告しない場合があること/聞き取りは確認と治療的介入の開始であること 特に認識・対応が低い：被害確認面接を実施する上での児相との役割分担/マニュアルの作成

【被性的虐待児を受け入れへの職員の意識】
全ての施設で受け入れるべきとのコンセンサスがある
不安：職員のスキル不足、他児との関係性、職員数、施設のハード面、関係機関との濃密な連携
支援で特に重要なこと：安心できる生活、治療的関与、境界線が明確な生活

低い認識：非加害親との関係構築、同世代の仲間との関係、家庭的な雰囲気、虐待（加害）者の処罰、職員との信頼関係、信頼感の回復

【最近3年間の被性的虐待児の入所支援による変化】
改善・やや改善66.6%、悪化・やや悪化9.1%

【心理治療で扱ったテーマ】
多い：安全感の育み/情緒の安定/ストレス対処/対人関係
半数：家族関係、自己認知、家族や自分を振り返る
少数：衝動統制、他者認知
最下位：性暴力被害体験の整理、性に関する問題、PTSD症状

【介入方法】
多い：カウンセリング（治療的会話）と遊戯療法
中：心理教育、SST、芸術療法、リラクゼーション、自律訓練法、動作法、認知行動療法
少数：ライフストーリーワーク、暴露療法(PE、EMDR、NET等)、交流分析、ゲシュタルト療法

【家族面接】
半数に実施

【被性的虐待児の心理治療による改善】
安全・安心感　：かなり改善30.1%、やや改善58.2%、効果なし6.5%
症状・行動　　：かなり改善15.7%、やや改善64.7%、効果なし14.4%
基本的生活習慣：かなり改善30.7%、やや改善52.3%、効果なし10.5%

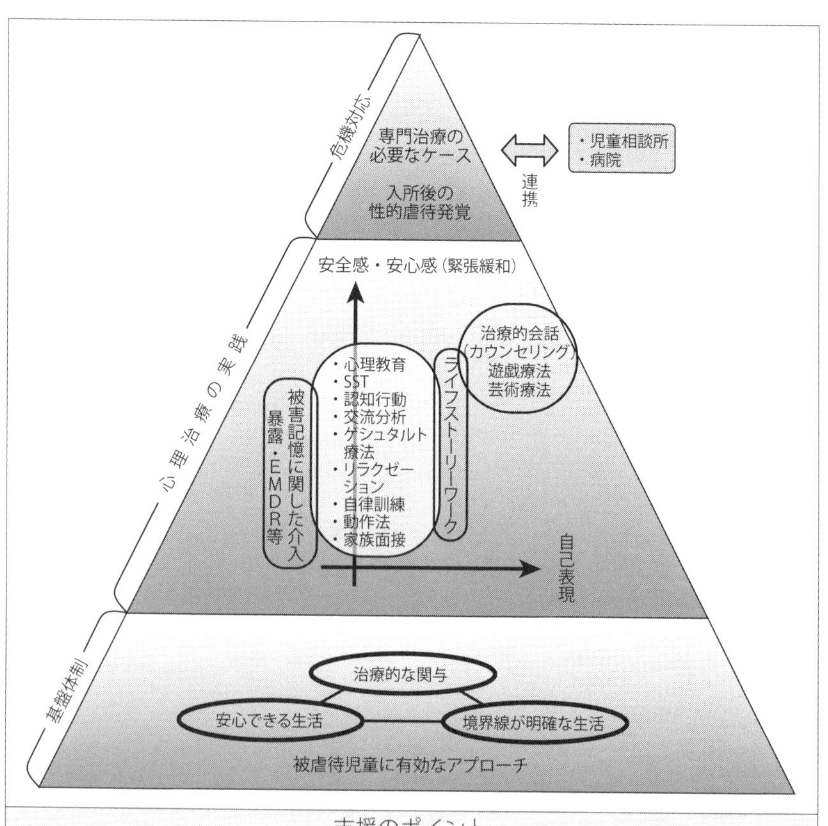

支援のポイント

- □ 「安心できる生活」、「治療的な関与」、「境界線が明確な生活」といった支援の基盤体制ができている。
- □ 入所後の性的虐待発覚への対応は準備できている。
- □ 安全・安心感覚（緊張緩和）、自己表現の課題を扱えている。
- □ 被害体験を安全なものに加工していく支援において、「言葉」や「遊び等」を通した交流を十分活用している。
- □ 「性に関する問題」は、扱うことができる時機への配慮に基づいている。（e.g.逸脱行動、症状、被害体験から距離を置いて眺められるようになった、一方的・侵襲的でない導入等）。
- □ ライフストーリーワークや被害記憶に関した介入（暴露、EMDR等）等の導入について適切に検討されている。
- □ 被性的虐待児童に対する専門性の高い治療が必要と判断された場合、病院等の地域資源活用が選択肢にある。

3．集団心理治療・心理教育

集団心理治療・心理教育に関する調査の概要（平成26年度、平成27年度の調査より）

・性的虐待を受けた子どもの治療
「PTSD症状の確認」「性や自己認識に歪みや不適切なものがないか確認」「虐待事実について子どもに責任がないことを説明」「施設での治療の意味合いや目標を明確にし、共有」などへの取り組みが高い確率で実施されていた。

・子どもの安心・安全を守るための取り組み
「施設内の子ども間の暴力や支配的な関係の予防」「アンガーマネジメントやSST」「セカンドステップ」「CAP」など心理教育的なアプローチが多くなされていることが明らかとなった。

・心理療法で扱ったテーマ
「安全な関係を通じての安心感の育み」「生活上のストレスや対処策について」「対人関係の持ち方」などが高い確率で扱われていた。

・介入方法
心理教育、社会生活技能訓練（SST）が高い確率で見られた。

・家族面接
約半数で実施されており、退所後家庭復帰する割合が約5割であることとの関連がうかがわれた。

・心理療法による改善
「症状や行動」よりも「安全、安心感（不安やおびえなど）」でより高い効果が示されていた。

調査結果の分析

□ 心理療法を行う際、治療過程で起こりうることや感情・対人関係の変化、治療のテーマとその意味などを意図的に心理教育的アプローチによって扱うことが有効である場合が多い。

□ 心理教育についてはセラピストが心理療法の枠組みの中で行うものと、生活担当者含め生活支援の枠組みの中で行われるものの2つに分類される。

□ 性教育や暴力防止のための取り組みは生活支援での取り組みが多く、学習会形式で小集団に対して実施されている傾向が強い。

□ SSTや心理教育を行う際、性的虐待・性暴力の問題の特性に鑑み、施設内での個別心理療法とは別個の取り組みとして外部機関を利用していくことにも積極的に取り組むことが有効である場合がある。

□ 性的虐待・性暴力被害を受けた児童に心理療法を行う際にはその治療課程で児童やセラピストが再体験や2次的外傷体験を受けることがある。そのため、児童のトラウマに焦点を当てた構造化されたセラピーを通常のセラピー担当者とは分けて行うことも有効である場合がある。
□ 治療効果として安心・安全感に高い効果が示されたが、心理教育的アプローチや集団心理治療がこれに寄与する可能性が高い。一方で症状や行動の改善に集団心理治療や心理教育がどのように効果を挙げていけるのかには検討の余地が残る。

性的虐待・性暴力被害に関する「集団心理治療・心理教育」

〈心理療法の枠組みの中で〉	〈生活支援の枠組みの中で〉	〈治療テーマ〉
・治療で起こることへの心理教育 ・対人関係の持ち方 ・ストレス対処 ・性教育 ・家族面接 ・トラウマ症状の取り扱い	・SST ・暴力防止プログラム ・アーガーマネジメント ・対人関係の持ち方 ・性教育	安心・安全を守る 境界の明確化 心理治療的関わり トラウマに焦点化された治療

〈集団心理療法・心理教育に関する支援の要点〉

□ 子どもの安心・安全を守るための取り組みとしてとらえられているかを検討する
□ 治療過程で起こりうる感情の変化や治療抵抗について心理教育的に伝える
□ 子どもと非加害保護者の関係の改善にどう取り組むか、その必要性も含め検討する
□ 性的虐待・性暴力被害に関するトラウマ体験や暴力・性的認知の歪みなどに焦点化した治療的取り組みを誰がどのような形で行うのかを検討する。
□ 必要に応じてトラウマ治療に焦点をおいた心理教育的アプローチの部分を別のセラピストが担うことを検討する
□ 集団心理療法・心理教育的アプローチで外部機関を積極的に利用することを検討する
□ 個別心理療法で扱うべき課題と集団心理療法で扱うべき課題を切り分ける
□ 症状の改善に有効な手段として集団心理療法や心理教育がどの程度有効であるか予め見立てる
□ 実施する治療的アプローチが治療テーマのどの部分を扱うのか明確にする。

4．ソーシャルワーク

性的虐待・家庭内性暴力被害を受けた児童、非加害保護者等の状況

子どもの虐待事実の受け止め（※2）

「性暴力被害体験について想起することが困難」が25.5％、「"被害"の認識が乏しい」は32.0％であった。また「性的暴力被害の事実について自責的に認識している」が22.2％であり、「自分について"汚れている"・"恥ずかしい"等の認識をしている」が23.5％であった。それ以外の項目でも、子どもの自分や性暴力についての認識についての項目は「不明」がどの項目でも多かった。

非加害保護者の状況の子どもへの態度・性暴力への事実についての認識

非加害保護者の子どもへの態度は「子どもの状態を心配している」が一定数（60.6％※1）あるものの、「混乱し、不安定な関わりをしている」は48.5％（※1）、「拒否的」は36.4％（※1）、「無関心」は36.4％（※1）という状況である。また、「性暴力の事実について」は「認めている」が41.8％（※2）にとどまっている。また、非加害保護者の状況を問う項目でも、「不明」の回答が多かった（※1、※2）

性的虐待・家庭内性暴力加害者の状況

虐待（加害者）が保護者の場合の施設側の対応として「加害保護者の接近（通信、面会の強要など）があった際に休日などで管理職がいない際も危機管理が徹底されている」は84.8％（※1）の施設で意識されているが、再接触の禁止がされているのは39.2％（※2）にとどまっている現状であった。

子どもと非加害保護者との関係改善（※1）

子どもと非加害保護者の関係改善のための支援においては「非加害保護者の状況、児相や施設が支援している内容・経過・方針を、子どもに伝える」は66.7％、「施設内での子どもの様子や成長・変化を非加害保護者に丁寧に伝える」は51.5％にとどまっていた。

現状と課題

現状としては、子ども性的虐待について否定的にとらえており、また子ども自身の性的虐待や家庭内性暴力被害についての認識や、非加害保護者の状況について施設側が十分に把握できていない状況だと言える。

しかし、実際には児相も非加害保護者への支援に困難さがあり、「虐待者との関係が継続している」（83.6％）、「児相への拒否が強く関わり困難」（78.3％）という状況もある（※3）。

子どもの治療・ケアを施設内での適切に行うためにも、非加害保護者との関係の安定やその後の家族再統合や自立に向けてケースワークや家族支援が重要であるが、子どもや非加害保護者の状況や認識を十分に把握して支援できている状況とはいえない。

※1　平成26年度「情緒障害児短期治療施設等における性暴力被害児への支援の在り方に関する研究（研究分担者八木修司）」

※2　平成27年度同研究

※3　平成26年度「性的虐待・家庭内性暴力事案の非加害保護者を中心とした家族支援の在り方に関する研究（研究分担者岡本正子）」

子どもの治療・ケアと非加害保護者の安定と関係改善のための支援

非加害保護者支援	児童相談所・関係機関との連携	子どもの支援
・非加害保護者の安定が重要。 ・非加害保護者も性的虐待について混乱している状況があるため、非加害保護者が事実を受け止めていけるような支援が必要。 ・家庭内性暴力の影響や子どもへの関わり方を児相、施設が協働して相談していくことが必要。	・非加害保護者は経済的問題やDVを抱えており(※1、※2)、児相をはじめ関係機関との連携が必要である。 ・児相による非加害保護者への支援の内容を適宜把握しておく必要がある。 ・児相にも適宜、子どもの状況や治療の進行を報告し、非加害保護者の状況を見て伝えてもらうことが必要。	・子どもの安全、安心の回復。 ・子どもの安定による、非加害保護者の安心。 ・非加害保護者と子どもへの関わり方の相談。 ・家庭内性暴力被害を受け止め、乗り越えていける支援。 ・家庭復帰が難しい場合は、自立支援が必要となるが、体や性に関しての支援も継続して受けられる準備必要。

子どもの治療の要点

- □ 子どもの性的虐待・家庭内性暴力被害についての認識を把握するように努めている。
- □ 子どもの非加害保護者・虐待者についての認識を把握するように努めている。
- □ 子どもが性的虐待・家庭内性暴力被害について適切に受け止められるよう支援している。
- □ 子どもに非加害保護者・虐待者の状況を必要に応じて伝えている。
- □ 子どもと非加害保護者との関わり方を相談している。
- □ 非加害保護者が虐待事実について適切に受け止められるよう、児童相談所と協力して支援している。
- □ 非加害保護者と性的虐待の影響や子どもへの関わり方について相談している。
- □ 子どもと長期的な処遇について、子どもの主体性を尊重しながら相談している。

※1　平成26年度「情緒障害児短期治療施設等における性暴力被害児への支援の在り方に関する研究（研究分担者八木修司）」

※2　平成26年度「性的虐待・家庭内性暴力事案の非加害保護者を中心とした家族支援の在り方に関する研究（研究分担者岡本正子）」

5．医療

平成26・27年度のアンケート調査結果のまとめ

- 情短の性暴力被害児の内、50%強が精神科医の定期診察を受け、40%強が向精神薬を内服している。
- 診察の頻度は1回／2週、1回／月が合わせて82%。
- 服薬の対象となる症状は「感情の変化（怒り、抑うつなど）」「過覚醒（不眠、情緒不安定など）」「行動の変化（暴力・暴言、過度な手洗い、自傷など）」の順で多い。
- 現在および退所時には、定期診察を受けている事例の91.1%で精神医療が有益だと感じられ、薬物治療を受けている事例の90.9%で向精神薬による症状が改善したと感じられていた。

アンケート結果の分析

- 別の調査から、情短の全入所児童の内55.5%が精神科受診をしており、43%が薬物治療を受けている（H26年）ことがわかっている→性暴力被害児だから精神医療の利用が多いわけではない。
- 通常の情短の支援では「感情の変化」は改善しづらいことが知られており、抑うつ気分や不安への効果が認められている抗うつ薬、抗不安薬の利用は有用。
- 入所直後の過覚醒をはじめとしたトラウマ反応を服薬でコントロールできれば、施設への適応上有用。
- 精神医療による支援は時間とともに有効性が増し、最終的には9割で効果が感じられている。
- 施設内での診療や常勤医師が配置できている情短は40%程度なのが現状（H26年情短の全国調査）→精神医療のニーズが本人にあっても容易に利用できないのが実情。
- 本調査では精神医療についての調査のみ行ったが、性暴力被害児のネグレクトの側面には身体への医療ケア（風邪の治療、スキンケア、歯科治療など）、性的な面に対しては婦人科的な医療ケア（月経に関連する症状、性病の治療など）を受けることが有益である。

性暴力被害児への医療のポイント

「性暴力被害児≠医療対象」の原則（"性暴力被害"は病気ではない!）

- 精神医療の利用が有効と考えられる症状はトラウマ反応（特に入所直後）、感情の問題である。
- 精神医療が有効な症状にじっくりと治療を行うと、9割以上で効果が認められている。
- ただし、現在の情短では、精神医療を利用したくても利用が困難な状況にある。
- 医療的な関与としては、向精神薬の使用以外にも身体疾患の治療や保健衛生的な関わりもあるが、情短にトラウマ反応や感情の問題を抱えた児童が多く入所している現状では、医療への現場のニーズとしてトラウマ反応や感情の問題への向精神薬の使用の方がはるかに高い。
- 情短と医療の間には現状ではまだ距離があり、医療と情短の連携は必ずしも進んでいない。また情短での医療の位置付けが不明確な現状は、専門分化が進んでいる医療職の働きにくさになっている。

・精神医療に対しては否定的認知を持つ人も多いので、本人はもちろんのこと、施設内、児童相談所、親権者に説明を行い、同意を得ることが必要である。
・入院治療の利用が必要な際にも困難がある状況もあり→施設への幾重もの支えの一つとして、入院可能な医療機関との連携を深めていくことも重要。

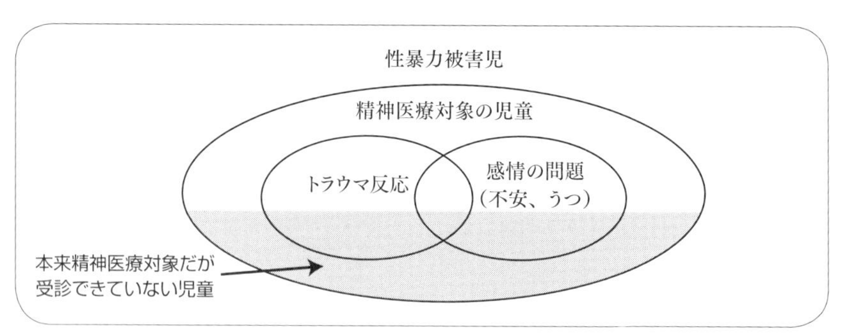

図1　性暴力被害児と精神医療の関係

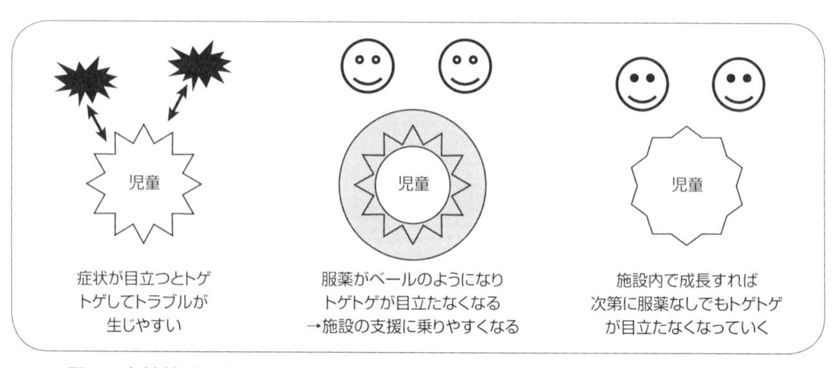

図2　向精神薬がトラウマ反応や感情の問題に有効である結果、得られる効果

子どもの治療の要点
・児童の要件
□　児童が通常の支援では対応困難なトラウマ反応を示している（特に入所初期）
□　児童が感情の問題を呈しており、通常の支援では改善が困難である
□　本児に医療の必要性を説明し、合意を得られている
・施設側の要件
□　施設が精神医療を安定して利用できる状況にある
□　精神医療に依頼する目的が明確になっている
□　施設内で精神医療の利用についての合意が得られている
□　児童相談所と可能であれば親権者に精神医療の必要性を説明し、合意を得られている

6．肯定的資源や資質（レジリエンスのあり方）

【『肯定的資質』に関する調査の概要】

・今回の調査で、肯定的資質として設定した18の質問項目すべてにおいて、該当者数の増加が見られた。
・ただし、肯定的資質に対する該当者数は、最も高い項目でも約60％程度であり、ほとんどが50％以下の水準にとどまっている。
・施設生活や支援が行われた結果、該当者数が50％以上であった項目として、「言葉の理解力がある」「自分の行動を振り返ることができる」「大人と安定した関係を築くことができる」であった。
・施設生活や支援が行われた結果、該当者数が40％以上であった項目としては、「施設職員以外に自分を支えてくれる人がいる」「さまざまなことに興味や関心を持つことができる」の項目であった。
・施設生活や支援が行われた結果、該当者数が30％以上であった項目としては、「他者の気持ちに共感できる」「自分の将来に肯定的な展望を持つことができる」「問題を解決するための行動がとれる」「新しいことや珍しいことに積極的に取り組める」
・一方、おおむね20％以下の低水準にとどまった項目として、「自己効力感がある」「自己肯定感がある」「ストレスに耐えることができる」「物事を柔軟に考えることができる」「ストレスに適切に対処できる」であった。

調査結果の分析

すべての質問項目で該当者数の増加が見られたことから、施設生活や支援が子どもの肯定的資質や資源を伸ばしていくことに役立っていることがうかがえる。

・全体としては、肯定的資質に対する高い該当率を示したとは言えないことから、中長期的に継続的な支援が必要と考えられる。
・相対的に該当率が高かった項目から、大人を中心とした安定的な関係を基礎に、問題を振り返ったり、ある程度の解決行動を起こしたりできるようになっていることが推測される。これは施設支援おいて、比較的によく見られる一般的な支援の形態による影響と考えられる。
・また施設において、自分自身の生活を取り戻し、未来に向けて一定の展望を抱けるようになっていることもうかがえる。
・相対的に該当率が低かった項目から、傷ついた自己イメージ、ストレス対処の不全がうかがえる。

【肯定的資質への支援の要点】

□ 安心、安全な日常生活の回復をはかる。
□ 大人との安定した関係を構築し、情緒的サポートを行えるネットワークを広げる。
□ 心理治療と生活支援との連携をはかりながら、傷ついた自己イメージの回復をはかる。
□ 問題解決力、ストレスコーピングなどのスキルの向上をはかる。
□ 子どもの興味関心を伸長し、自立に向けた将来的な展望を抱けるように支援する。
□ 退所後のケアを含めた中長期的な支援体制を整える。

おわりに

私たちが、前回、『性的虐待を受けた子ども・性的問題行動を示す子どもへの支援―児童福祉施設における生活支援と心理・医療的ケア』（八木・岡本編著）を明石書店から出版したのは2012年です。出版以降、児童福祉施設や児童相談所・市町村などの現場で、日々、子どもをケア・支援している方や、そのような実践者を支援する立場の人から、「実践的でわかりやすい」とのコメントを頂いてきました。

この間の社会の取り組みの大きな変化としては、編者の八木修司氏が冒頭で述べているように、「性犯罪の刑法改正」があります。この法律の制定・施行には、被害を受けた多くの方の声が原動力となっています。またそのことは同時に、「性暴力」という問題に対する「社会の認識」が変化してきたことを示しているともいえます。

日本における子どもへの「性的虐待・家庭内性暴力」の実態は、序章で山本恒雄氏が述べているように依然として明らかではないのですが、「性的虐待・家庭内性暴力被害を受けた・受けている」子どもは、厚生労働省による統計よりはるかに多いと考えられています。加えて近年のSNSの普及は、子どもが性的搾取・性犯罪に巻き込まれる危険性を増加し、ひいては子どもの性に関わる問題行動が増加している一因とも考えられており、世界的な懸念事項となっています。

このSNSの普及は、子どもの「性をめぐる問題」にも影響を与えています。性的問題行動のきっかけとなる刺激の増加や、問題行動の内容が以前には見られなかった様相を示すこともあり、児童福祉臨床現場で子どもをケア・支援する際に、ますます客観的な情報を共有した子どもの見立てと、支援計画を立てる必要が増しています。

さて、本書は、そのような背景を踏まえながら2014～2015年度にかけて行った、厚生労働科学研究補助金政策科学総合研究「性的虐待事案に係る児童とその保護者への支援のあり方に関する研究（研究代表者岡本正子）」の中の、「情緒障害児短期治療施設等における性暴力被害児への支援のあり方に関する研究（研究分担者八木修司）」と「性的虐待・家庭内性暴力事案の非加害保護者を中心とした家族支援の在り方に関する研究（研究分担者岡本正子）」の成果を中心に、ケアや支援に関する新たな動向を踏まえた実践書として企画されました。従って、本書の内容には、編者らが行った研究以外の、JSPS科研費16H03747「子どもの心的外傷関連障害治療プログラムの多機関における効果検証と応用に関する研究」（第1章第2節(2)）や他の調査研究の成果も含まれています。

ここで、本書を手に取ってくださった皆様に、本書と前書の違いを少し紹介したいと思います。児童相談所や児童福祉施設における基本的な対応や、子どもと家族への支援は前書でも扱っていますが、本書は、「児童心理治療施設をモデルとしたケアと支援」に重点が置かれていて、専門的な内容をわかりやすく実践場面で使えるように構成されています。また精神科医療や学校教育場面での実践に関する内容も入っており、児童養護施設や児童自立支援施設等で働く若い職員さん、そして虐待を受けた子どもたちに日々向き合っている教員の方々にも使いやすいように構成されています。さらに性的問題行動を示す子どもへの支援については、児童自立支援施設や少年院での取り組みの章もあります。

また新たな動向を踏まえた内容としては、①トラウマ体験に注目したトラウマ・インフォームドケアやトラウマへの心理教育、②レジリエンスに関すること、③非加害保護者（性的虐待を行っていない保護者）支援、④DVを背景に持つ事案への支援、などが加わっています。

前書でも紹介しましたが、本書のもう一つの特徴は執筆者にあり、執筆者は、児童福祉臨床現場で働いている実践家、あるいは以前働いていた研究者などによって構成されています。本書の執筆者は、前書と同じ人もいますが、新たに加わった人もいます。このことは、このテーマに関わる人の拡がりを示しているともいえ、この問題に携わってきた私たちに大きな希望を与えていることでもあります。

本書を手にしてくださった皆様も、重要でしかし困難な側面のある、この大きなテーマに関わる・関わっていく、大切な仲間だと思います。本書が、そのような皆様の一助となることを心から願っています。

最後になりましたが、原稿の完成に多大なご尽力いただいた明石書店の方々、特に深澤様、森様に心から感謝いたします。

また、調査にご協力いただいた全国の児童相談所、児童心理治療施設（旧情緒障害児短期治療施設）の多くの方々に、紙面を借りて深く感謝いたします。

編者　岡本正子

執筆者略歴（執筆順、【　】内は担当パート、＊は編著者）

＊**八木修司**（やぎ・しゅうじ）【はじめに／プロローグ／第２章／コラム３／参考資料】

山本恒雄（やまもと・つねお）【序章】
同志社大学文学部文化学科卒業（心理学専攻）。大阪府児童相談所（子ども家庭センター）で児童心理司、児童福祉司、次長兼虐待対応課長として勤務。2008年、日本子ども家庭総合研究所研究部長、2015年より社会福祉法人恩賜財団母子愛育会愛育研究所客員研究員。

薬師寺順子（やくしじ・じゅんこ）【第１章第１節】
大阪府立大学卒業（社会福祉学専攻）。児童相談所（大阪府子ども家庭センター）の児童福祉司として勤務。厚生労働省女性保護専門官を経て、2014年より大阪府福祉部子ども室家庭支援課長〔現職〕。社会福祉士。

伊庭千惠（いば・ちえ）【第１章第２節１（１）】
大阪市立大学生活科学部児童学科卒業。大阪府心理職として、児童相談所（大阪府子ども家庭センター）、障害者更生相談所（大阪府障害者自立相談支援センター）等で児童、青年、障害者を対象に心理支援、福祉支援に28年間従事する。2017年大阪教育大学大学院教育学研究科（健康科学専攻）修士課程修了。2016年より、「ライフデザイン・カウンセリングルーム」カウンセラー。現在、同ルームチーフカウンセラー、立命館大学非常勤講師など。臨床心理士。

島　ゆみ（しま・ゆみ）【第１章第２節１（２）】
京都大学教育学部卒業。大阪府心理職として勤務。児童相談所（大阪府子ども家庭センター）、大阪府精神医療センター松心園（当時）、知的障害者更生相談所を経て、現在、大阪府子ども家庭センター内の診療所にて心理職として勤務。臨床心理士。

渡邊治子（わたなべ・はるこ）【第１章第２節２（１）・（２）】
大阪大学文学部哲学科（社会学専攻）卒業。児童相談所（大阪府子ども家庭センター）の児童福祉司、大阪府池田子ども家庭センター所長を経て、現在、（社福）大阪水上隣保館。

河野真寿美（かわの・ますみ）【第１章第２節２（３）】
大阪市立大学大学院生活科学研究科修士課程修了。児童相談所（大阪府子ども家庭センター）の児童福祉司として勤務。社会福祉士。

池田かおり（いけだ・かおり）【第１章第２節２(３)】
龍谷大学社会学部臨床福祉学科卒業。児童相談所（大阪府子ども家庭センター）の児童福祉司を経て、2017年より大阪府福祉部子ども室家庭支援課に勤務。社会福祉士。

古田洋子（ふるた・ようこ）【第１章第２節３】
獨協医科大学医学部卒業。2007年より埼玉県中央児童相談所に勤務（現職）。児童自立支援施設「国立きぬ川学院」兼務。児童精神科医師。

＊**岡本正子**（おかもと・まさこ）【コラム１／おわりに】

増井香名子（ますい・かなこ）【コラム２】
大阪府立大学大学院人間社会学研究科博士後期課程単位取得満期退学。大阪府社会福祉職として、知的障害児入所施設、児童養護施設、婦人相談所などを経て、現在福祉総務課勤務。2017年博士（大阪府立大学、社会福祉学）取得。大阪府立大学客員研究員。社会福祉士。

中垣真通（なかがき・まさみち）【第３章第１節／第２節３／第３節】
金沢大学大学院文学研究科修了。静岡県心理判定員として採用され、精神科病院、児童相談所、情緒障害児短期治療施設、県庁、精神保健福祉センターに勤務。2015年4月より子どもの虹情報研修センター研修課長。臨床心理士。

新美裕之（にいみ・ひろゆき）【第３章第２節１・２／第３節】
大阪教育大学大学院教育学研究科修了。兵庫県立高齢者脳機能研究センター心理判定員、社会福祉法人阪南福祉事業会児童心理治療施設あゆみの丘主任セラピストを経て、2017年4月より児童養護施設「岸和田学園」主任。臨床心理士。

森　歩夢（もり・あゆむ）【コラム４／コラム５／第10章第２節２】
神戸親和女子大学大学院心理臨床学専攻修了。児童相談所の嘱託心理判定員や聴覚特別支援学校の非常勤講師の業務に従事。2007年より児童養護施設「立正学園」にて心理療法担当職員として勤務。臨床心理士。

平岡篤武（ひらおか・あつたけ）【第４章】
立教大学文学部心理学科卒業。静岡県心理判定員として、児童相談所、児童心理治療施設、県庁勤務を経て、2012年、静岡県立吉原林間学園園長。2017年より常葉大学教育学部教授。臨床心理士。

塩見　守（しおみ・まもる）【第５章／第８章】
中京大学文学部卒業（心理学専攻）。清水が丘学園（児童心理治療施設）の心理治療士として勤務。 2004年、同治療課長、2009年、同次長兼治療課長、2012年、同参事兼治療課長、2016年、同参事。心理治療士、臨床心理士。

中村有生（なかむら・ゆう）【第６章／第9章】
甲南大学文学部人間科学科卒業、武庫川女子大学大学院文学研究科修了。小児心療内科心理士、児童相談所一時保護所児童心理司、スクールカウンセラー等を経て、2008年より兵庫県立清水が丘学園（児童心理治療施設）。治療課主任。心理治療士、臨床心理士。

早川　洋（はやかわ・ひろし）【第７章／コラム６】
1998年京都大学総合人間学部卒業。2002年島根医科大学卒業。埼玉県立小児医療センター、国立精神神経センター国府台病院を経て2009年よりこどもの心のケアハウス嵐山学園勤務。現在、副園長兼診療部長。児童精神科医師。

平井寿子（ひらい・としこ）【コラム６】
毛呂病院附属高等看護学院卒業。埼玉医科大学病院毛呂病院等で精神科看護を経て2009年よりこどもの心のケアハウス嵐山学園。看護師。

高田豊司（たかた・とよし）【第10章第１節／第２節１】
兵庫教育大学大学院連合学校教育学研究科（博士課程）単位取得満期退学。心療内科クリニック、兵庫県スクールカウンセラー、重症心身障害児施設の心理療法士として勤務。 2003年から、アメニティホーム広畑学園、アメニティホーム光都学園（児童養護施設）主任心理士。2017年4月より関西福祉大学社会福祉学部講師。臨床心理士。

樋口純一郎（ひぐち・じゅんいちろう）【第11章第１節】
大阪市立大学生活科学部卒業、関西大学大学院社会学研究科修了。2013年に神戸市の心理判定員として入職。神戸市こども家庭センターの児童心理司を経て、2012年から児童自立支援施設・神戸市立若葉学園に勤務。主任心理療法士。臨床心理士。

宮口幸治（みやぐち・こうじ）【第11章第２節】
京都大学工学部卒業。神戸大学医学部医学科卒業。神戸大学医学部附属病院等勤務の後、宮川医療少年院、交野女子学院を経て2016年より立命館大学産業社会学部・大学院応用人間科学研究科教授。精神科医（医学博士）。臨床心理士。

■編著者略歴

八木修司（やぎ・しゅうじ）

関西学院大学文学部心理学科卒業。関西福祉大学社会福祉学部教授。

兵庫県立清水が丘学園（児童心理治療施設－旧情緒障害児短期治療施設）、兵庫県立自立生活訓練センター（身体障害者更生施設）、兵庫県立赤穂精華園（知的障害者〔児〕更生施設・授産施設）などを経て、2006年から関西福祉大学社会福祉学部講師、2010年から関西福祉大学社会福祉学部准教授、2015年から関西福祉大学社会福祉学部教授。臨床心理士。日本児童青年精神医学会評議員、日本心身医学会代議員を歴任して、現在、日本子ども虐待防止学会代議員、兵庫県臨床心理士会理事。

〔主な著書〕

『性的虐待を受けた子ども・性的問題行動を示す子どもへの支援』（編著）明石書店（2012）、「情緒障害児短期治療施設のアプローチとスクールソーシャルワーク」（『子どもの心と学校臨床』第2号、遠見出版、2010）、「情緒障害児短期治療施設における心理士の役割」（前田研史編著『児童福祉と心理臨床』福村出版、2009）、『トラウマとPTSDの心理援助―心の傷に寄り添って』（共著）金剛出版（2009）、「情緒障害児短期治療施設における被虐待児童の生活支援と心理治療」（『発達』117号、ミネルヴァ書房、2009）、平成26・27年度　厚生労働科学研究費補助金（政策科学総合研究事業）「性的虐待事案に係る児童とその保護者への支援の在り方に関する研究」（2014～2015）他

岡本正子（おかもと・まさこ）

京都府立医科大学卒業。大阪市立小児保健センター、大阪府立精神医療センター松心園、大阪府こころの健康総合センター、大阪府中央子ども家庭センター、大阪教育大学教育学部教授などを経て、2017年から大阪府衛生会付属診療所勤務（大阪教育大学学校危機メンタルサポートセンター共同研究員）。日本児童青年精神医学会認定医。日本子ども虐待防止学会代議員。

〔主な著書〕

『性的虐待を受けた子ども・性的問題行動を示す子どもへの支援』（編著）明石書店（2012）、『教員のための子ども虐待理解と対応』（編著）生活書院（2009）、「子ども虐待の通告と介入」（小野善郎・本間博彰編『子ども虐待と関連する精神障害』中山書店、2008）、「児童虐待と子どもの精神保健―性的虐待を中心に」（小野善郎編『子どもの福祉とメンタルヘルス』明石書店、2006）、「性的虐待の医療的側面への長期的影響」（ロバート・M.リース編、郭麗月監訳『虐待された子どもへの治療』訳書、明石書店、2005）、平成26・27年度　厚生労働科学研究費補助金（政策科学総合研究事業）「性的虐待事案に係る児童とその保護者への支援の在り方に関する研究」（2014～2015）他

性的虐待を受けた子どもの施設ケア
——児童福祉施設における生活・心理・医療支援

2017年12月10日　初版第1刷発行

編著者　八木修司
　　　　岡本正子
発行者　石井昭男
発行所　株式会社 明石書店
〒101-0021 東京都千代田区外神田6-9-5
電話 03（5818）1171
FAX 03（5818）1174
振替 00100-7-24505
http://www.akashi.co.jp
装丁　明石書店デザイン室
印刷・製本　モリモト印刷株式会社

（定価はカバーに表示してあります）　ISBN978-4-7503-4593-2